Leonhard. Kessler

Zur Entwickelung des Auges der Wirbelthiere

Leonhard. Kessler

Zur Entwickelung des Auges der Wirbelthiere

ISBN/EAN: 9783744603065

Hergestellt in Europa, USA, Kanada, Australien, Japan

Cover: Foto ©berggeist007 / pixelio.de

Weitere Bücher finden Sie auf **www.hansebooks.com**

ZUR
ENTWICKELUNG DES AUGES

DER

WIRBELTHIERE

VON

DR. **LEONHARD KESSLER,**

DOCENT AN DER UNIVERSITÄT DORPAT.

MIT 9 HOLZSCHNITTEN UND 6 TAFELN.

LEIPZIG,
VERLAG VON F. C. W. VOGEL.
1877.

INHALTSVERZEICHNISS.

	Seite
Vorwort	V
Litteraturverzeichniss	VII
Cap. I. Erste Anlage des Sehorgans	1
Cap. II. Entwickelung der Linse	7
Hühnchen	8
Lacerta	11
Triton	12
Säuger	13
Cap. III. Bildung der secundären Augenblase, der sog. Augenblasenspalte und des Glaskörpers	20
Hühnchen	21
Lacerta, Viper, Hecht	38
Säuger	39
Triton	42
Cap. IV. Entwickelung der Linsenkapsel und der Membrana limitans interna	45
1. Linsenkapsel	45
Hühnchen	49
Säuger	58
2. Membr. limitans int.	64
Cap. V. Schluss der Augenblasenspalte. Bildungsendproducte der Arteria centralis. Glaskörper	66
Hühnchen	66
Lacerta	75
Säuger	76
Cap. VI. Entwickelung der Cornea	83
Hühnchen	83
Triton	88
Säuger	91
Cap. VII. Entwickelung der Iris und der Ciliarfalten	95
Hühnchen	95
Triton	101
Säuger	104
Erklärungen zu den Tafeln	109

VORWORT.

Vorliegende Blätter enthalten die Resultate von Beobachtungen, deren erste Ergebnisse schon in einer von der Dorpater medic. Facultät im Jahre 1869 gekrönten Preisarbeit niedergelegt nur zum Theil in meiner Dissertation (Litteraturverzeichniss 19) veröffentlicht wurden, und die ich seitdem nach Möglichkeit zu controliren, zu vervollständigen und weiterzuführen gesucht habe. Aus jener Preisarbeit sind einzelne Partieen fast wörtlich in die gegenwärtige übergegangen; so, ausser den der Dissertation entnommenen in Capp. VI und VII, namentlich diejenigen über die Entwickelung des Glaskörpers beim Hühnchen und die des Pecten und seines Verhältnisses zur Papilla Nervi optici; ebenso sind die Figg. 9; 15—22; 45—55 A. und 56—64 bereits im Jahre 1869 gezeichnet.

Der schon bei den ersten Studien am Hühnchen erkannten Nothwendigkeit, noch andere Thierclassen in den Bereich der Untersuchungen hineinzuziehen — zunächst um durch die *Vergleichung* die Bestätigung oder Erklärung gewisser auffallender oder schwer zu deutender Wahrnehmungen zu gewinnen —, hätte ich gern in ausgedehnterem Maasse entsprochen als die Berufsgeschäfte und die Schwierigkeit der Beschaffung des Materials es gestattet haben. Letzterer Umstand trägt auch die Schuld, dass auch bei den zur Untersuchung gekommenen Thieren gewisse Entwickelungsvorgänge nicht in der gewünschten Continuität haben verfolgt werden können. Die zur Ausfüllung der Lücken nöthig gewordenen Hypothesen oder Vermuthungen glaube ich im Text überall mit genügender Deutlichkeit als solche den vollkommen sicheren und unzweifelhaften Beobachtungsthatsachen gegenübergestellt zu haben. Ich halte es nicht für überflüssig, dies hier ausdrücklich zu bemerken.

Wenn ich trotz der erwähnten Lücken diese Arbeit jetzt schon der Oeffentlichkeit übergebe, so geschieht es zum Theil um gewissen irrthümlichen Anschauungen und Darstellungen über die Entwickelung des Auges entgegenzutreten. Die weite Verbreitung, die denselben durch den Uebergang in verschiedene Hand- und Lehrbücher zu Theil geworden, und der allgemeine Glaube, den dieselben gefunden zu haben scheinen, hat mich veranlasst, dieselben ausführlicher zu besprechen resp. zu widerlegen, als sonst vielleicht erforderlich gewesen wäre.

Die Art und Weise, wie ich zu meinen Resultaten gelangt bin, habe ich S. 21 und S. 53—57 angegeben; sowol in die mikroskopische Technik als in die Methode der embryologischen Forschung habe ich das Glück gehabt, von Herrn Prof. Dr. E. Rosenberg eingeführt zu werden. Wer aus dem Text sich überzeugt haben wird, dass ich einen Theil der von mir gewonnenen Resultate nur jener von ihm gelernten Methode zuschreibe, wird selbst bemessen können, zu wie grossem Dank ich mich ihm verpflichtet fühle. — Auch des freundschaftlichen Interesses, welches Herr Prof. Dr. Alex. Rosenberg meinen Arbeiten geschenkt hat, gedenke ich hier gern.

Die Zeichnungen auf den beigegebenen Tafeln sind sämmtlich — und zwar, wo es irgend darauf ankam, bis auf jede einzelne Zelle — mit dem Zeichnenprisma aufgenommene Copieen der Präparate; dadurch, sowie durch die relativ starken Vergrösserungen, bei denen sich auch das kleinste Detail durchweg mit der erforderlichen Deutlichkeit hat wiedergeben lassen, beabsichtigte ich nicht nur das Verständniss des Textes zu erleichtern, sondern auch denjenigen Lesern, welchen eigene entsprechende Präparate nicht zur Disposition stehen, eine selbstständige Beurtheilung der schwebenden und Streitfragen zu ermöglichen. Dem Herrn Verleger, welcher auf das Bereitwilligste die Arbeit mit diesem so wesentlichen Hülfsmittel der Verständigung und Förderung — wie ich hoffe: richtiger Vorstellungen ausgestattet und die aus der so sorgfältigen und sauberen Herstellung der Tafeln erwachsenden grossen Kosten nicht gescheut hat, darf ich gewiss auch im Namen des Lesers danken. Noch viel mehr aber drängt es mich, demselben meinen persönlichen Dank auszusprechen und die ausserordentliche Liberalität und Liebenswürdigkeit, mit welcher derselbe allen meinen Wünschen entgegengekommen ist, öffentlich zur Anerkennung zu bringen.

Dass die im Text häufig wiederkehrenden Ausdrücke: proximal und distal einen dem Hirnrohr näheren oder zugewandten, resp. von diesem entfernteren oder abgekehrten Theil der Anlage des Sehorgans bezeichnen, würde der Leser zweifelsohne auch ohne diese Bemerkung aus dem Zusammenhang ersehen haben. Die bei den verschiedenen Thieren verschiedene Stellung der optischen Axe zur Medianebene und die bei einer grossen Zahl derselben während der embryonalen Entwickelung stattfindende allmälige Aenderung ihrer Stellung fordern den Gebrauch von Terminis, deren Correctheit durch diese Wechsel nicht alterirt wird.

Die während des Druckes anfänglich in Aussicht genommenen „Nachträge" haben sich mit Ausnahme des Seite 13 angezeigten sämmtlich vermeiden lassen; daher habe ich vorgezogen, dasjenige was ich zu Seite 13 nachträglich hinzuzufügen hatte, nicht in Form eines Nachtrags, sondern unter der Erklärung zu Taf. IV. Fig. 55, auf welche es sich beziehen sollte, zu geben, wo ich dasselbe im Anschluss an jene Stelle nachzulesen bitte.

LITTERATUR.

1. Ammon, von. Die Entwickelungsgeschichte des menschlichen Auges. Graefe's Archiv für Ophthalmologie, IV. Bd. 1. Abth. 1858.
2. Arnold, Julius. Beiträge zur Entwickelungsgeschichte des Auges. Heidelberg 1874.
3. —— —— Entwickelung der Linse, in Graefe-Saemisch's Handbuch der gesammten Augenheilkunde I. 1. Leipzig, 1874. S. 309 ff.
4. Babuchin. Beiträge zur Entwickelungsgeschichte des Auges, in Würzburger Naturwissenschaftliche Zeitschrift. IV. Bd. S. 71 ff.
5. —— Würzburger Naturwissenschaftliche Zeitschrift V. S. 127 resp. 141.
6. Baer, K. E. von. Untersuchungen über die Entwickelung der Wirbelthiere. Königsberg 1828.
7. Barkow. Anatomisch-physiologische Untersuchungen, vorzüglich über das Schlagadersystem der Vögel, in Meckel's Archiv für Anat. und Phys. 1829.
8. Bischoff, Th. L. W. Entwickelungsgeschichte des Hundeeis. Braunschweig 1845.
9. —— Entwickelungsgeschichte des Kanincheneies. 1842.
10. Erdl. Die Entwickelung des Menschen und des Hühnchens im Ei. Leipzig 1845 6.
11. Foster, M. und Francis M. Balfour. The Elements of Embryologie. London 1874.
12. Goette, Alex. Die Entwickelungsgeschichte der Unke (bomb. ign.) als Grundlage einer vergleichenden Morphologie der Wirbelthiere. Leipzig 1875.
13. Henle, F. G. J. De membrana pupillari. Bonnae 1832.
14. Hensen, V. Ueber den Bau des Schneckenauges etc. in M. Schultzes Archiv. II. Bd. 1866.
15. His, W. Untersuchungen über die erste Anlage des Wirbelthierleibes. Leipzig 1868.
16. —— Unsere Körperform und das physiologische Problem ihrer Entstehung. Leipzig 1875.
17. Huschke, E. Ueber die erste Entwickelung des Auges und die damit zusammenhängende Cyklopie, in Meckel's Archiv für Anat. und Physiol. Jahrgang 1832.
18. Huschke, Aem. Commentatio de pectinis in oculo avium potestate anat. et physiol. Jenae 1827.
19. Kessler, Leonh. Untersuchungen über die Entwickelung des Auges, angestellt am Hühnchen und Triton. Dorpat 1871.
20. —— Ueber Entwickelung des Auges. Sitzungsberichte der Dorpater Naturforschergesellschaft. Vortrag vom 3. Mai 1875. — S. A.
21. Kölliker, Albert. Entwickelungsgeschichte des Menschen und der höheren Thiere. Leipzig 1861.
22. —— Handbuch der Gewebelehre des Menschen. Leipzig 1867.
23. —— Ueber die erste Entwickelung des Säugethierembryo. Separatabdruck aus Band IX der Verhandlungen der physikalisch-med. Gesellschaft zu Würzburg. 1875.
24. Kupffer, C. Beobachtungen über die Entwickelung der Knochenfische, in M. Schultze's Archiv. IV. Bd.
25. —— Die Entwickelung der retina des Fischauges, im Centralblatt für die medicin. Wissenschaften. 1868. No. 41.
26. Langerhans, Paul. Untersuchungen über Petromyzon Planeri. Freiburg i. B. 1873.
27. Leuckart, Rud. Organologie des Auges, in Graefe-Saemisch's Handbuch der gesammten Augenheilkunde. II. Bd. 2. Theil. Leipzig 1876.

28. LIEBERKÜHN, N. Ueber das Auge des Wirbelthierembryo. Cassel 1872.
29. MANZ, Prof. Entwickelungsgeschichte des menschlichen Auges, in Graefe-Saemisch's Handbuch der gesammten Augenheilkunde II. 2.
31. MEYER, H. Beitrag zur Streitfrage über die Entwickelung der Linsenfasern, in Müller's Archiv. 1851.
32. MIHALKOWICS, V. Untersuchungen über den Kamm des Vogelauges, in M. Schultze's Archiv. IX. Heft 3. S. 591 ff.
33. MÜLLER, Heinrich. Ueber den Accommodationsapparat im Auge der Vögel, in: Heinr. Müller's gesammelte und hinterlassene Schriften zur Anatomie und Physiologie des Auges; herausgegeben von O. Becker. I. Band. Leipzig 1872.
34. ——— Ueber das Auge des Chamaeleon, eod. loco.
35. MÜLLER, Wilhelm. Ueber die Stammesentwickelung des Sehorgans der Wirbelthiere. Leipzig (F. C. W. Vogel). 1875.
35a. OWEN. Comparative Anatomy and Physiol. of vertebrates. Vol II. London 1866.
36. REMAK, Robert. Untersuchungen über die Entwickelung der Wirbelthiere. Berlin 1851.
37. SCHENK, S. L. Zur Entwickelungsgeschichte des Auges der Fische, in Wiener Sitzungsberichte. 1867. Bd. 55. Abth. III. S. 480 ff.
38. ——— Lehrbuch der vergleichenden Embryologie der Wirbelthiere. Wien 1874.
39. SCHWALBE, G. Mikroskop. Anat. des Sehnerven, der Netzhaut und des Glaskörpers, in Graefe-Saemisch's Handbuch der gesammten Augenheilkunde. I. 1. S. 321 ff.
40. SCHOELER, Henricus. De oculi evolutione in embryonibus Gallinaceis. Diss. inaug. Dorpati Livonorum. 1848.
41. Зернов, Д. О развитии сумки хрусталика, im Военно-мед. журнал. 1871. (SERNOFF, D. Ueber die Entwickelung der Linsenkapsel, in der russischen Kriegsärztlichen Zeitschrift. Jahrgang 1871.) S. 45.
42. SERNOFF, D. Zur Entwickelung des Auges. Centralblatt für die medic. Wissenschaft. 1872. No. 13.
43. VOGT, C. Embryologie des Salmones. Neuchatel 1842.
44. WALDEYER. Nagel's Ophthalmologischer Jahresbericht. I.

ERSTES CAPITEL.

ERSTE ANLAGE DES SEHORGANS.

K. E. von Baer entdeckte zuerst am Hühnchen, dass die erste Anlage des Sehorgans durch symmetrische seitliche hohle Hervortreibungen des vordersten Hirnbläschens gebildet wird. Es ist dies vielleicht die interessanteste Thatsache, die über die Entwickelung des Auges überhaupt ermittelt werden konnte — eine Thatsache, deren Würdigung erst in neuester Zeit die Aufmerksamkeit sich wieder zugewendet hat, deren Tragweite aber auch heutzutage durch die neuerdings daran geknüpften Schlussfolgerungen wahrscheinlich noch nicht vollständig erschöpft und ausgebeutet ist.

Die erste Anlage der Augen bildet also ursprünglich einen integrirenden Theil des Medullarrohres. Wann die erste Entwickelung derselben oder ihre Sonderung vom letzteren eigentlich beginnt, lässt sich kaum genau bestimmen, da das Medullarrohr bekanntlich schon vor dem vollständigen Schluss seines Kopftheiles eine Auftreibung seines Vorderendes zeigt, welche ganz allmälig und unmerklich ihre Form dahin verändert, dass um die 30.–33. Brütstunde zuerst zwei „rundliche Erhöhungen an der hinteren Region" jener unterdess zur „vorderen Hirnzelle" gewordenen Auftreibung deutlich als „die ersten Anfänge der Augen" erkannt werden können (v. Baer 6. S. 23, 24, vgl. Remak 36. S. 17 ff.). Diese kleinen Hervortreibungen vergrössern sich nun sehr rasch zu, der Kugelgestalt mehr weniger sich nähernden, Blasen — den *primären Augenblasen*, welche anfangs in weiter Communication mit dem Lumen des Hirnrohres stehen (Taf. I. Fig. 1); diese Communication verengert sich jedoch in demselben Maasse, als die Blasen an Grösse zunehmen, und zugleich rückt die Communicationsöffnung selbst, oder vielmehr der cylindrische Canal, in welchen, während die Augenblasen sich zugleich ein wenig vom Medullarrohr distalwärts entfernen, die ursprüngliche Communicationsöffnung sich allmälig auszieht, — i. e. der sog. *Augenblasenstiel* — der Ventralfläche sowohl des Medullarrohrs als der Augenblasen immer näher (vgl. Taf. I. Figg. 1, 2, 4, 5. st. und 7), so dass gegen Ende des 2. Tages die Augenblasen wie durch die von der Rückenseite her zwischen sie und das Medullarrohr eingedrungenen Kopfplatten von letzterem *abgeschnürt* erscheinen¹) und ihre Verbindung mit diesem nur an der Bauchfläche noch durc[h] jenen relativ immer dünner werdenden Augenblasenstiel unterhalten wird. Diese Verbi[n]dung ist bekanntlich eine bleibende, da in dem Augenblasenstiel sich später der Sehne[rv] entwickelt.

Die Augenblase ist mithin ein vorgeschobener, von seinem Mutterboden sich niema[ls] isolirender Theil der Anlage des Centralnervensystems, — alles, was später aus dieser Auge[n]blase hervorgehen wird, mithin genetisch vollkommen gleichwerthig (homolog) den Bildung[s]endproducten des letzteren.

Keines der übrigen Sinnesorgane nimmt seinen Ursprung auch nur annähernd ähnlicher Weise aus der Hirnanlage; sie entstehen vielmehr sämmtlich vollkommen getre[nnt] von der letzteren und treten erst nachträglich durch die zugehörigen Nerven mit dem Centra[l]nervensystem in Verbindung.

Diese bezüglich der Abstammung durchaus eigenartige und exceptionelle Stellung d[es] Sehorgans unter den übrigen Sinnesorganen scheint mir auch durch die entgegenstehende Da[r]stellung GOETTE's (12) nicht wesentlich erschüttert; nach dieser soll die Augenblase nic[ht] unmittelbar aus der Hirnanlage hervorgehen, sondern aus einer dieser allerdings sehr nah[e] stehenden, von ihr aber durch eine Spalte deutlich geschiedenen Zellenmasse des ober[en] Keimblattes, welche die gemeinsame Anlage der sogenannten 3 höheren Sinnesorgane e[nt]halte und die er daher als „*Sinnesplatte*" der die Anlage des Hirns bildenden „Hirnplatte[*"*] gegenüberstellt. — Gegen diese Auffassung lassen sich aber aus GOETTE's eigener Darstellu[ng]

---

1) IHs (15. S. 103 ff.; 113; 129 ff.; 131. 132; und 16. S. 99 ff.) sieht das Eindringen dieser Kopfplattenmas[se] „Zwischenstrang" — IHs) zwischen Medullarrohr und Augenblase als *Ursache* der Abschnürung der letzteren an; der Zwische[n]strang erfahre durch die Axenbiegung des Kopfes über den Endkopf der Chorda eine solche Spannung, dass er „in den vo[r]springenden Theil des Vorderhirns einschneidet und so die Augenblasen vom übrigen Gehirn abgliedert," — eine Wirkung, [die] man an einem entsprechend vorbereiteten, das Hirnrohr und die Augenblasen repräsentirenden Gummirohr mit Hülfe eines Fad[ens] leicht nachahmen könne. Ich kann mich dieser Anschauung nicht anschliessen; ein Blick auf meine Figg. 1 und 2, in welch[en] jede einzelne Zelle des „Zwischenstranges" mit dem Zeichnenprisma nachgezeichnet ist, zeigt, dass die Hauptmasse der letzter[en] aus Intercellularsubstanz besteht, die zelligen Bestandtheile dagegen nur sehr spärlich vorhanden sind (vgl. auch Taf. [I] Fig. 67 vom Hund und SEMSSA's Zeichnungen von der Forelle 37. Fig. 1 und 2); dieser Beschaffenheit des Zwischenstrang[es] gegenüber muss die aus dicht gefügten Zellen bestehende, in sich geschlossene Wand des Hirnrohres und der Augenblas[en] als das relativ feste, unnachgiebige erscheinen (vgl. auch die Figg. 51—53 vom Triton), in welches die gewiss viel weiche[re,] den Raum zwischen Hirnrohr und Hornblatt nur ausfüllende formlose Kopfplattenmasse, bei einer etwaigen Steigerung [der] Spannung beider gegeneinander, sicherlich nicht „einschneiden", von dem sie vielmehr wohl eher verdrängt werden würde (v[gl.] auch Taf. VI. Fig. 77 von der Eidechse, bei der auch in den jüngeren Stadien ebenso wie in dem hier abgebildeten alter[en] die in Rede stehende Kopfplattenschicht ausserordentlich dünn ist); das wirkliche Verhältniss beider zu einander würde daru[m] das gerade umgekehrte sein, wie es in dem von IHs proponirten Experiment mit dem (elastisch-nachgiebigen) Gum[mi]schlauch und dem (unnachgiebigen) Faden besteht.

Sollte nicht die Ursache der Verkleinerung der Communicationsöffnung vielleicht einfach in dem raschen Wachsth[um] und der allseitigen Flächenzunahme der Wand des Hirnrohres zu suchen sein, in Folge deren ja jede in der Wand vorhande[ne] Oeffnung sich concentrisch verengern muss? (vgl. dazu den Schluss der Linsengrube und die Verengerung der Pupillaröffnu[ng] — Cap. II und VII). — Die Vergleichung meiner Fig. 2 mit Fig. 1 veranschaulicht diese Flächenzunahme sowohl der seitlich[en] als der ventralen Wand des Hirnrohres, welche natürlich auch die Uebergangsstelle des Hirnrohrs in die Augenblase [mit] betreffen und zur Verlagerung des dadurch entstehenden Augenblasenstiels so wie zur allmäligen Entfernung der Aug[en]blase vom Hirnrohr führen muss; — die Kopfplatten haben dann nur in den zwischen beiden entstehenden (vorge[bil-]deten) Raum nachzudringen, nicht denselben zu schaffen. — Die formbildende Rolle verbleibt bei dieser Auffassung d[em] **oberen** Keimblatt.

eine Reihe von Sätzen geltend machen, welche nicht nur gegen die von ihm daraus gefolgerte genetische Coordination des Sehorgans mit dem Hör- und Riechorgan sprechen, sondern auch die Berechtigung zur Aufstellung einer „Sinnesplatte" überhaupt höchst fraglich erscheinen lassen. — Nehmen wir zunächst die „Sinnesplatte" als wirklich existirend an, so ist doch schon die Art und Weise, wie GOETTE aus ihr das Sehorgan einerseits, das Hör- und Riechorgan andrerseits hervorgehen lässt, eine durchaus und wesentlich verschiedene: schon lange vor Beginn der Entwickelung der Augenblasen bei noch weit offener Cerebro-Medullarfurche (wie die zugehörige Fig. 76 Taf. IV zeigt), „ist in der Seitenregion der vorderen Kopfhälfte die Sinnesplatte (i. e. der Augentheil derselben) mit der Hirnplatte verschmolzen" (S. 171), *spurlos in die Seitentheile des Hirns aufgenommen*, während sie sowohl am vordersten Ende als auch zur Seite der hinteren Hirnhälfte bestehen bleibt. Wo an der erstgenannten Stelle die breitere Hirnbasis sich der gleichmässigen Aufkrümmung der ganzen Hirnanlage widersetzt, da ergänzt die Sinnesplatte die Seitentheile des Hirns und ermöglicht dessen seitliche Ausweitung; aus diesen beiderseitigen Vorragungen entstehen endlich die Augenblasen; die vom Hirne *nicht* absorbirte Sinnesplatte producirte aber vorne und unten am Kopfe die Geruchsplatten, am Hinterkopf aber die Ohrbläschen" — (S. 172); — und S. 322: „die von der Hirnplatte abgesonderte Sinnesplatte verhält sich an dem vorderen Umfang und an den Seiten der vorderen und hinteren Hälfte des Hirnes verschieden, indem sie an der mittleren der bezeichneten Regionen mit demselben wiederum verschmilzt, um sich *neuerdings* als Augenblase aus ihm (i. e. aus dem Hirn) heraus zu entwickeln, davor und dahinter aber erst in der Form der fertigen Nasengruben und Labyrinthbläschen die Verbindung mit dem Centralnervenorgan aufsucht." — Das heisst doch wohl bei unbefangener Betrachtung eigentlich nichts anderes als: die Augenblasen gehen aus dem Hirn hervor, das Riech- und Hörorgan aber nicht!

Dieses Hervorgehen der Augenblasen aus dem Hirn gilt nun aber nicht etwa bloss in dem Sinn, als ob eine ursprünglich gesondert bestanden habende Anlage des Sehorgans als *präformirte* in das sich schliessende Hirnrohr aufgenommen in der Wand dieses letzteren als eine in sich abgeschlossene Zellenmasse sich zur Augenblase weiter entwickelte; denn nicht nur sagt GOETTE (S. 180) ausdrücklich, dass *„jene Verschmelzung erfolgt ohne Spuren der früheren Sonderung zu hinterlassen"*, und (vgl. o.) dass die Anlage des Sehorgans sich *„neuerdings" aus dem Hirn heraus* entwickelt, sondern es erscheint sogar nach anderen Stellen seines Textes sowohl als den dazu gehörigen Abbildungen unwahrscheinlich, dass eine „frühere Sonderung" der Anlage des Sehorgans von der Medullarplatte jemals besteht; — die resp. Abbildungen nemlich zeigen, dass das was GOETTE (S. 166) als *„Spalte"* bezeichnet, welche die Sinnesplatte „von der übrigen Axenplatte *ablöst*", niemals eine durchgreifende Trennung dieser beiden, eine wirkliche Ablösung der einen von der anderen setzt, vielmehr nur eine Einkerbung, Furche an der unteren Fläche der Medullarplatte ist, welche die Continuität und Einheit der letzteren so wenig alterirt, dass GOETTE selbst ein durch die über dieser Einkerbung bestehen bleibende Verbindung seiner Sinnes- und Hirnplatte stattfindendes Hinüberwandern der Elemente der ersteren in die letztere annimmt (vgl. S. 167); nach seiner Theorie der allgemeinen centrifugalen Zellenschiebung, welche er auch bei den späteren

Umbildungen der Augenblase noch eine wichtige Rolle spielen lässt (vgl. darüber unten Cap. III), dürfte Goette aber auch ein Hinüberwandern in der entgegengesetzten Richtung, also aus der Hirn- in die Sinnesplatte nicht ausschliessen wollen. Dieser Austausch durch Hinüberwandern würde doch gewiss für die relative Indifferenz und Gleichwerthigkeit der diesseits und jenseits der Einkerbung gelegenen Elemente der Medullarplatte und *gegen* die von Goette dieser „Spalte" beigelegte Bedeutung als eines eine „Sonderung" bedingenden Gebildes sprechen. Die Zweifel gegen die Richtigkeit der Deutung, welche Goette seiner „Spalte" gibt, dürfen aber noch weiter gehen. Wenn diese Spalte nemlich wirklich die Grenze zwischen einer Sinnesplatte und Hirnplatte bildet, so kann, — wenn da, wo die dicke Hirnplatte der Aufwärtskrümmung sich widersetzt, statt der Hirnplatte der Augentheil der Sinnesplatte die Aufwärtskrümmung übernimmt, um die Seitenwand dieses Theiles des Hirnrohres zu bilden (Goette, S. 172), — die Lage der Spalte, oder wenn dieselbe wieder geschwunden ist: die Stelle, wo dieselbe früher sich vorfand, nur der Uebergangsstelle der Augenanlage oder Augenblase in die *ventrale* Wand des Medullarrohres entsprechen. Letztere Stelle, der untere Rand der Anlage der Augenblase, kann aber unmöglich von der Medianebene so weit entfernt und der späteren Schlussstelle der Cerebromedullarfurche so nahe liegen, wie in den Goette'schen Zeichnungen von der Unke die „Spalte" (vgl. Goette's Taf. IV, Fig. 76 u. A.) — es müssten dann bei diesem Thier die Augenblasen auf der Dorsalseite des Hirnrohres sich entwickeln — eine Annahme, welcher der Satz Goette's (S. 323): „Die ersten Anlagen der Augen entstehen durch Abschnürung der *unteren* seitlichen Ecken des Vorderhirns", widerspricht.

Dies alles zusammengenommen, kann man sich des Gedankens nicht erwehren, dass vielleicht die in Rede stehende Spalte mit der Anlage des Auges gar nichts zu thun hat; gewisse Präparate, die mir vom Hühnchen vorliegen, zeigen eine (mutatis mutandis) ganz ähnliche Bildung wie diejenige, welche Goette in seinen Figg. 72—74 und 81—83 als „Spalte" bezeichnet; dieselbe ist aber weiter nichts als die Knickungsfurche, welche den ins Medullarrohr einzubeziehenden von dem dem Hornblatt anheimfallenden Theil des oberen Keimblattes scheidet und welche in einfachster und nothwendiger Weise dadurch entsteht, dass das Hornblatt den sich erhebenden und dann allmälig bis zur Berührung und Verwachsung einander sich nähernden Rändern der Medullarplatte folgt, wobei die Innenfläche des dem sich bildenden Medullarrohr nächstliegenden Theiles des Hornblattes an die Aussenfläche jenes sich anlegen muss. — Goette's Befunde an den Knochenfischen, bei denen diese Furche oder „Spalte" im Augentheil der Sinnesplatte nur gegen die Oberhaut, im Nasengruben- und Labyrinthbläschentheil dagegen gegen die Hirnanlage hin besonders deutlich ausgeprägt ist (Goette, S. 188), scheinen mir viel mehr zur Unterstützung der von mir so eben angedeuteten Auffassung der „Spalte" geeignet als zu derjenigen Verwerthung, welche Goette S. 189 denselben gibt.

Wenn demnach bei einer eingehenderen Prüfung der von Goette gemachten Angaben die von ihm gewollte Entstehung des Sehorgans aus einer vom Hirn gesonderten Anlage als unhaltbar, sein Ursprung aus der Hirnlage vielmehr als aufs neue gesichert erscheinen muss, so könnte man meinen, wäre damit auch Goette's Lehre von der Sinnesplatte und der Coordination der 3 höheren Sinnesorgane der Boden entzogen. Indess — S. 179 — bezeichnet GOETTE auch das Hör- und Riechorgan — was man allerdings nicht erwarten sollte — als *„Theile des Gehirns"*: es eröffnet sich also, da die Augenblase sicher ein Theil des Gehirnes ist, vielleicht von *dieser* Seite her die Möglichkeit, für die genetische Coordination derselben eine neue Basis zu gewinnen. Aber dies wird von GOETTE selbst unmöglich gemacht, wenn derselbe an genannter Stelle, in welcher er, die Resultate aus seinen Einzelbeobachtungen ziehend, seine Grundanschauung über das Wesen der Sinnesplatte zusammenfasst, fortfährt: Man könnte also sagen, die 3 höheren Sinnesorgane wären „Theile des Gehirns, welche sich allmälig vom Mutterboden absondern und selbstständig werden, indem sich die betreffenden Zellmassen an gewissen Stellen concentriren und dadurch *indifferente Theile des oberen Keimblattes, welche später der Oberhaut anheimfallen, zwischen jenen Anlagen und dem Hirn zurückbleiben*." — Abgesehen nun davon, dass GOETTE keine Beweise dafür beibringt, dass die Zellenhaufen, welche die Anlage des Riech- und Hörorganes bilden, wirklich durch Concentrirung und nicht durch locale Wucherung entstehen, müsste man, wenn man jene sich concentrirenden Zellmassen als „Theile des Gehirns" ansieht, consequenter Weise und mit noch mehr Recht auch diejenigen „Theile des oberen Keimblattes, welche zwischen jenen Anlagen und dem Gehirn zurückbleiben", in die Concentrirung nicht mit einbezogen „später der Oberhaut anheimfallen" so wie die aus diesen hervorgehenden Theile der Oberhaut selbst als „Theile des Gehirnes" ansehen. Will man sich dazu nicht verstehen, sondern die in Rede stehenden Theile der ins Medullarrohr nicht mit aufgenommenen Partie des oberen Keimblattes einfach als zum Hornblatt (REMAK'S) gehörig auffassen, so muss man damit zugleich auch die „Sinnesplatte" überhaupt aufgeben; denn die Anlagen des Riech- und Hörorgans liegen eben dann mitten im Hornblatt drin, entwickeln sich aus diesem und können mit der Anlage des Sehorgans, welche niemals durch eine solche indifferente Zellmasse von der Hirnanlage getrennt ist, sondern sogar nach GOETTE's Darstellung einen integrirenden Theil des Hirnrohres bildet, auf keinen Fall in Parallele gebracht werden. Damit fällt aber auch die Berechtigung der genetischen Coordination und muss vielmehr an der durchaus eigenartigen Entstehung des Sehorgans aus der Hirnanlage selbst festgehalten werden.

Der für das Hühnchen nachgewiesene Modus der Entstehung der Augenblasen wird wahrscheinlich sich als der auch für die übrigen Wirbelthierclassen allgemein geltende herausstellen; für die *Fische* wird derselbe angegeben von v. BAER[1], C. VOGT[2], REMAK[3], SCHENK[4] und KOWALEWSKY, OWSJANNIKOFF und WAGNER[5], welche sämmtlich für die Entstehung der Augenblasen als hohle Ausstülpung des Medullarrohres auch bei den Fischen eintreten; KUPFFER[6] fand bei den von ihm untersuchten Knochenfischen die Anlage des Sehorgans als *solide* Wucherung des noch soliden Medullarstranges hervorgehend; ich habe früher (19, S. 6) bemerkt, dass die ausserordentliche Kleinheit der Höhle und relativ grosse Dicke der Wand der Augenblase schon bei Triton (s. meine Tab. IV. Fig. 53) und

---

1) 6. II. S. 311. 2) 43. 3) 36. 4) 37. S. 480 ff. 5) „Die Entwickelungsgeschichte der Störe" — im Bulletin de l'Academie Imp. des Sciences de St. Pétersbourg. Tome XIV. pag. 317 ff. 1869. 6) M. SCHULTZE's Archiv für Mikr. Anat. Bd. IV. S. 209 ff.

noch mehr in den resp. Zeichnungen Kupffer's zu dem Gedanken Veranlassung geben, ob nicht vielleicht erstere bei der von Kupffer ausschliesslich geübten Betrachtung der intacten Embryonen sich der Wahrnehmung entzieht; sollte sich jene Angabe aber bei der Untersuchung durch mikroskopische Querschnitte bestätigen, so würde sie vom höchsten Interesse sein, da sie mehr als alles andere gegen das von Goette behauptete Hervorgehen der Augenanlage aus einer Sinnesplatte beweisen würde.

Vom *Triton* zeigen die Bildung der Augenblase durch Abschnürung einer Ausstülpung des Hirnrohres die Figg. 51—54 (Tab. IV.) — (vgl. dazu 19. S. 5 und 6.); Fig. 51 stellt einen Schnitt durch die sich ausbauchende Stelle des Hirnes dar; vor und hinter der Augenanlage des Embryo, dem dieser Schnitt entnommen wurde, ist das Hirnlumen etwa um ein Viertheil schmaler als in Fig. 51; die Ausbauchung hat also eben erst begonnen; die Figg. 52—54 zeigen die Abschnürung.

Für die anderen Thierclassen hat mir Beobachtungsmaterial aus so frühen Entwickelungsstadien leider nicht vorgelegen; eine schon in der Abschnürung ziemlich weit vorgerückte primäre Augenblase eines Hundeembryo ist auf Taf. V. Fig. 65 gezeichnet; — so weit Angaben anderer Autoren darüber vorliegen, bestätigen dieselben diejenigen v. Baer's; so Bischoff für Hund (8) und Kaninchen (9. S. 112 u. 113) und aus allerneuester Zeit Kölliker (23) gleichfalls für das Kaninchen.

Die nächste wesentliche Veränderung der Augenblase nach erfolgter Abschnürung besteht nun darin, dass dieselbe dadurch, dass ihr distaler Pol in das Lumen der Blase „hineingestülpt" und der medialen (proximalen) Wand bis zur Berührung genähert wird, aus einer Blase mit einfacher Wand in ein Becher- oder Napfförmiges doppelwandiges Gebilde: die *„secundäre Augenblase"* sich umbildet. Der Auseinandersetzung des Details und der Ursachen dieser Umgestaltung, die am besten mit der Glaskörperbildung gemeinschaftlich besprochen wird, halte ich für zweckmässig, die Betrachtung der Entwickelung der Linse vorauszuschicken.

ZWEITES CAPITEL.

ENTWICKELUNG DER LINSE.

Von den Ermittelungen der älteren Autoren haben in Bezug auf die Entwickelung der Linse folgende, als den stufenweisen Fortschritt in der richtigen Auffassung dieses Augentheils bedingend und kennzeichnend, ein für alle Zeit bleibendes Interesse: Huschke (17. S. 17 ff.) entdeckte zuerst, dass behufs Linsenbildung die „äussere Haut" sich gegen die Augenblase hin einstülpe und zu einer Blase abschnüre, liess aber aus der Wand dieser Blase nur die Linsenkapsel entstehen. — C. Vogt (43) beschrieb nicht nur die Einstülpung und Abschnürung genauer, sondern constatirte auch die Entwickelung der Linsensubstanz selbst aus der Wand dieser eingestülpten Blase, jedoch in ziemlich unbestimmten Ausdrücken (l. c. p. 77: D'abord composé seulement d'une mince couche de cellules en pavé, il (le cristallin) se consolide très-vite et apparait alors sous la forme d'une boule solide composée de grandes cellules épidermoidales transparentes). — Nachdem darauf H. Meyer in Zürich (31. S. 202 ff.) an Schnitten von Linsen neugeborner Säuger durch richtige Deutung der von ihm entdeckten „Kernzone" erkannt hatte, dass „jede Linsenfaser aus nur einer einzigen Zelle entsteht und nicht aus einer Aneinanderreihung von Zellen", gab endlich Remak (36. S. 90, 91; vgl. auch S. 34, 71, 181) ein vollständiges *Linsenbildungsgesetz*, welches im wesentlichen für alle Wirbelthiere gilt und sich kurz dahin zusammenfassen lässt: „Das Hornblatt verdickt sich an der Stelle, wo es die äussere Fläche der Augenblasen überzieht, zu einer Scheibe. Aus dem Centrum derselben wächst eine sackförmige Einstülpung hervor, die sich alsbald zu einer dickwandigen Hohlkugel abschnürt. — Aus den cylindrischen Wandzellen der blasigen Anlage der Linse entstehen durch Verlängerung die Linsenfasern. Sämmtliche Linsenfasern verlaufen ohne Unterbrechung von der hinteren Wand der Linsenkapsel zur vorderen, beinahe parallel der Sehaxe; daher sind die Fasern um so kürzer, je weiter sie sich von der Sehaxe entfernen. In einiger Entfernung vom vorderen Ende enthält jede Faser einen Kern. Da die Kerne nicht in gleicher Höhe liegen, so entsteht eine der Oberfläche parallel laufende „Kernzone" (Meyer). Das hintere

Ende einer jeden Faser berührt die Linsenkapsel unmittelbar, das vordere dagegen ist von derselben getrennt durch ein ihr anhaftendes, aus kernhaltigen Zellen bestehendes Epithel. Hieraus ergibt sich: *dass die Zellen der hinteren Wand der Linsenblase die Linsenfasern, die der vorderen dagegen das Epithel bilden*, welches im erwachsenen Zustande nur die Innenfläche der vorderen Wand der Linsenkapsel bekleidet."

Diesen Modus der Linsenentwickelung veranschaulicht BABUCHIN (4. Taf. 1, Figg. VIII u. X) durch Abbildungen von Linsen zweier Hühnerembryonen (eines ca. 3tägigen und ungefähr 6tägigen).

Die im Obigen ihren Hauptzügen nach kurz wiedergegebene, sowohl auf sorgfältige Verfolgung des Vorganges beim Hühnchen als auf zahlreiche vergleichend-embryologische Untersuchungen gegründete Darstellung REMAK's hat nicht nur die Hauptfragen über die Entwickelung zu einem befriedigenden Abschluss gebracht, sondern auch ein vollständiges Verständniss der Anatomie der erwachsenen Linse ermöglicht; neuere Untersuchungen verschiedener Autoren haben dieselben bestätigt und zum Theil im Detail noch genauer präcisirt. Ich habe denselben nur Folgendes hinzuzufügen:

Hühnchen.

Die zur Erläuterung später zu besprechender Entwickelungsvorgänge entworfenen Figg. 2—6 veranschaulichen nochmals den bekannten (mit dem 3. Brüttag beginnenden) Process der Verdickung und „Einstülpung" des Hornblattes, die allmälige Umbildung der anfangs seichten „Linsengrube" (Figg. 3 und 4) zu einer Blase oder Hohlkugel, so wie die Art, in welcher deren ursprünglich sehr weite, nach aussen gerichtete Mündung sich mehr und mehr verengt, um in Fig. 7 völlig sich zu schliessen. Letztere Fig. nun zeigt, dass an der Schlussstelle sich eine nicht unbeträchtliche Zellenmasse anhäuft; die Wachsthumsenergie der jungen Linse ist eine bedeutende; wie dieselbe später in der so raschen Verlängerung der Zellen der medialen Hälfte der Linsenblase, der Production der Linsenfasern, sich offenbart, so in den vorhergehenden Stadien durch die so höchst augenfällige Flächenverbreiterung, deren directe Folge die bis zum Verschluss fortschreitende concentrische Verkleinerung des Lumens des Linsenhalses ist und durch welche die den letzteren bildenden Formelemente nicht nur bis zur Berührung einander genähert, sondern mit einer gewissen Kraft gegen einander gedrängt und aufgestaut werden. Dabei werden die Conturen der Umbiegungsstellen, die während der Abschnürung zu Grunde gehen müssen, undeutlicher und zwar immer zuerst an der Ventralseite — so in Fig. 7. A. und B., wo die dorsale Umbiegungsstelle noch wohl erhalten und sehr deutlich ist. — In Fig. 8 ist die Verbindung zwischen Hornblatt und Linse gänzlich geschwunden, die Verwachsung der in die distale Linsenwand übergehenden Elemente mit einander eine vollständige, der an der Schlussstelle noch leicht concave Contur dieser Linsenwand ununterbrochen, scharf und rein, die Linse somit vollständig „abgeschnürt", während der proximale (innere) Contur des Hornblatts über der Mitte jenes Zellenhaufens noch einen Defect aufweist, und erst in einem folgenden Stadium — Fig. 9. — in der Weise vollkommen hergestellt erscheint, dass ein gewisser Ueberschuss von Zellen aus der oben erwähnten Masse weder der Linse noch dem

Hornblatt einverleibt wird, sondern unbenutzt zwischen beiden liegen bleibt. — Ueber die weiteren Schicksale dieser liegen bleibenden Reste des „Linsenstiels" s. u.

Schon vor der Abschnürung der Linse ist es zu bemerken, dass die Production und das Wachsthum in ihrer Wand sich vorzugsweise auf den am stärksten und weitesten medianwärts eingezogenen medialen (proximalen) Theil der Linsenanlage concentrirt; nicht nur schichten hier die Zellen dicht zusammengedrängt sich in mehrere Lagen übereinander, was, bei gleichzeitiger Flächenvergrösserung des Organs, eine bedeutende numerische Zunahme der Elemente voraussetzt, sondern es beginnt auch gleichzeitig eine Volumszunahme der einzelnen Zellen; dieselben werden zuerst mehr spindelförmig; die zugespitzten Enden treiben immer mehr zwischen die Zellen der angrenzenden Schichten hinein. Indem nun die Verlängerung jeder einzelnen Zelle von der den Kern enthaltenden breiteren Mitte aus nach beiden Seiten hin ziemlich gleichmässig vor sich geht, rücken die Kerne der der Höhle zunächst und der von ihr entferntest liegenden Schicht einander näher und schieben sich allmälig in dieselbe Zone, welche von den Kernen der mittleren Zellschichten ursprünglich schon eingenommen wurde; so entsteht die „Kernzone". — Durch den Druck, den die Zellen bei diesem Vordringen gegen einander ausüben, wird das Protoplasma derjenigen in den beiden Grenzschichten anfangs mehr nach den von der Kernzone abgewandten Enden der Zellen verdrängt, so dass man in dem Fig. 8 gezeichneten Stadium in diesen Schichten eine Menge exquisit conischer Formen findet, deren Spitzen in die Kernzone hineinreichen; je mehr diese aber durch die letztere und darauf auch durch die jenseitige Grenzschicht vordringen, bis endlich jede Zelle (auch die der ursprünglich ein oder zwei mittleren Schichten) die ganze Dicke der medialen Linsenwand durchsetzt, mit ihrem medialen Ende also bis an die Linsenkapsel, mit ihrem distalen bis an das Lumen der Linsenhöhle reicht, desto mehr gehen alle die genannten verschiedenen Zellformen in diejenige sehr langer schmaler Cylinder über, welche im Querschnitt als sechsseitige Prismen sich erweisen, und die nur um den Kern herum eine geringe Auftreibung, im ganzen übrigen Längsverlauf aber die gleiche Dicke zeigen. Das Längenwachsthum dieser „Linsenfasern" ist ein so rasches, dass sie bereits am Ende des 4. Brüttages die Höhle der Linsenblase vollständig ausgefüllt und die Innenfläche der distalen Wandhälfte erreicht haben.

Die distale Wandhälfte der eben abgeschnürten Linsenblase besteht, wie die proximale, anfangs aus mehreren Zellenlagen, welche sich gleichfalls wie in der proximalen allmälig in eine einzige Schicht rangiren; während aber jene sich dabei sehr verlängerten, verkürzen diese sich während dieser Umordnung und platten sich ab, so dass schliesslich, wenn dieser Process — viel langsamer als in der proximalen Wand, nemlich erst um den 10. Tag herum — abgelaufen ist, die distale Wand das Aussehen eines niedrigen einschichtigen Epithels angenommen hat.

Aber nicht in ihrer ganzen Ausdehnung zeigt bei den Vögeln (und einigen anderen mit einem Pecten versehenen (?) Thieren) die distale Linsenwand das soeben angegebene Verhalten; derjenige Theil derselben, welcher der proximalen Wand zunächst liegt, lässt vielmehr, wie die letztere, seine Zellen in die Länge, zu Fasern auswachsen — aber in einer Richtung, die allmälig immer mehr zu einer auf die Sehaxe und die Fasern der proximalen

Wand senkrechten wird, vgl. die Figg. 10. 12. 17. 18. 19. 22; im übrigen aber ist die Art der Entwickelung dieser Fasern ganz dieselbe wie oben für diejenigen der proximalen Wand angegeben wurde; auch eine „Kernzone" ist, wie Fig. 19 zeigt, in ihnen vorhanden, welche continuirlich in diejenige der proximalen Wand übergeht. Anfangs vollkommen jenseits (distalwärts) vom Linsenäquator liegend, rücken diese „radialen Fasern" (H. Müller) allmälig immer mehr unter den Aequator — oder vielmehr wohl in Folge der durch ihr Auswachsen herbeigeführten Formveränderung der Linse (vgl. die Figg. 12 u. 22 miteinander) der Aequator auf den von ihnen gebildeten Ring distalwärts vor, so dass sie im völlig entwickelten Auge ziemlich zu gleichen Theilen in der proximalen und distalen Hälfte der Linse liegen. — Aber auch noch bei dieser Lagerung ist aus der Art, wie diese Fasern gegen die parallel der Sehaxe verlaufenden abgesetzt sind und wie dieselben allmälig und unmerklich in die distale Wand (das sogenannte „Epithel") übergehen, die durch ihre Lage in den früheren Stadien bereits erwiesene Zugehörigkeit zur *distalen* Wandhälfte deutlich gekennzeichnet. Ich betone dieses Verhältniss deswegen, weil aus dem Umstand, dass aus demjenigen Theil der Wand der Linsenblase, welcher bei vielen Thieren nur eine Epithel-ähnliche Zellenschicht liefert, bei anderen auch Fasern producirt werden, welche durch nichts als durch ihre etwas spätere Entwickelung und ihre Stellung sich von den speciell sogenannten „Linsenfasern" unterscheiden, es noch auffälliger und evidenter in die Augen springen muss, wie wenig gerechtfertigt es ist, die distale Linsenwand, wie es früher üblich war, als „Linsenepithel" oder „vorderes Kapselepithel" den Linsenfasern als der „Linse selbst" oder dem „Linsenkörper" gegenüberzustellen; will man die Bezeichnung „Epithel" für jene Wand nicht aufgeben, so wäre das einzig Folgerichtige, die Linsenfasern als „Epithel des hinteren (proximalen) Theiles der Kapsel" zu bezeichnen; — jedenfalls aber leuchtet die Incorrectheit von Ausdrücken, wie des von Babuchin (dessen übrige Darstellung doch eine durchaus klare und richtige Vorstellung des wirklichen Sachverhalts documentirt) 4 S. 85 gebrauchten: warum „nur die vordere Wand der Linse von flachem Epithel bedeckt" ist — ein, denn dieses „Epithel" ist ja selbst „die vordere Linsenwand".

Die Höhle der Linsenblase verkleinert sich selbstverständlich in dem Maasse, wie die proximale Wand sich verdickt; sie hört auf zu existiren von dem Momente ab, in welchem die distalen Enden sämmtlicher Linsenfasern mit der distalen Linsenwand in Berührung getreten sind; die Spur der früher dagewesenen Höhle aber schwindet nie, sondern ist auch im erwachsenen Auge noch in dem (im Meridionalschnitt mehr weniger halbkreisförmigen) Contur zwischen der proximalen und distalen Wand stets vorhanden[1]).

Abweichende Ansichten über die Entwickelung der Linse beim Hühnchen sind nicht zu verzeichnen, mit Ausnahme derjenigen von His (16. S. 87), dass die Linse sich bilde

---

1) In diesem Sinn ist auch der Satz Babuchin's (4. S. 85) berechtigt: „die Linse stellt stets eine Hohlkugel dar mit ungleich entwickelten Wänden," — so wie der folgende: „Von der ursprünglichen Höhle ist nur eine blosse Spalte zwischen der vorderen und hinteren Wandung übrig geblieben," — wenn man in diesem Satz „Spalte" — Contur nimmt; eine Spalte entsteht nur, wenn bei der Härtung die Linsenfasern etwas schrumpfen und dadurch von der distalen Wand sich zurückziehen (so auch in meinen Figg. 12 und 22); solcher Schrumpfung verdankt wahrscheinlich auch das in meinen Figg. 17 und 18 über der Uebergangsstelle der proximalen in die distale Wand sichtbare Lumen seine Entstehung; ich glaube nicht, dass dasselbe im Lebenden wirklich besteht.

„durch Erhebung des Bodens der Linsengrube"; diese Angabe, in Verbindung mit seiner Zeichnung 15. Taf. XI. Fig. 3. (S. 19) könnte leicht eine Vorstellung von der Entwickelung der Linse erwecken, für welche ich in meinen Präparaten keine Bestätigung finde; eine so starke Concavität der dem Glaskörper zugekehrten Linsenwand ist mir niemals begegnet, ich glaube vielmehr, dass dieselbe im lebenden Embryo stets convex ist: wo sie in meinen Präparaten einmal leicht concav erscheint (vgl. Fig. 7 A), halte ich dies nur für eine Folge nicht ganz gelungener Härtung[1]).

Von der vollständig entwickelten Linse des *erwachsenen* Vogels giebt eine sehr genaue und klare Beschreibung HEINR. MÜLLER in seiner vortrefflichen anatomisch-physiologischen Abhandlung „über den Accommodationsapparat im Auge der Vögel" (33. S. 180 ff. und S. 191 ff.). Einige der in dieser Arbeit enthaltenen Angaben finden in der Entwickelungsgeschichte ihre Erklärung, manches, was von ihm nur als Vermuthung ausgesprochen wurde, seine Bestätigung.

Lacerta.

Die Linse der Eidechse im erwachsenen Zustand stimmt, wie u. A. durch HEINR. MÜLLER (34. „Ueber das Auge des Chamäleon", S. 149) bekannt ist, mit der des Vogels darin überein, dass sie gleichfalls einen äquatorialen Ring „radialer" Fasern besitzt. Dieselben bilden sich ganz ebenso wie dies für das Hühnchen beschrieben wurde; auch der Uebergang der ursprünglich mehrschichtigen distalen Wandhälfte in eine einschichtige Zellenlage erfolgt in der gleichen Weise; cf. Figg. 77. 80.

Dagegen nehmen die Entwickelungsvorgänge in der proximalen Wand der Linsenblase einen etwas abweichenden Verlauf; die spindelförmigen Zellen derselben liegen noch in einem Stadium, welches dem in Fig. 8 abgebildeten des Hühnchens entspricht, in 3—4 Schichten so, dass ihre Kerne in der ganzen Dicke der Wand unregelmässig zerstreut erscheinen, während sich beim Hühnchen schon eine Kernzone herzustellen angefangen hat. Die Verlängerung, das Auswachsen zu Fasern beginnt dann nicht gleichzeitig und gleichmässig wie beim Hühnchen, sondern betrifft zunächst nur die peripherischen, in der Nähe des Aequators liegenden Zellen, welche sich dabei halbkreisförmig krümmen, während die central gelegenen zum Theil spindelförmig, zum Theil unregelmässig geformt und wie gebläht erscheinen. Man könnte versucht sein, letzteres als Wirkung mangelhafter Härtung anzusehen; dagegen spricht aber nicht nur das übrige Aussehen der Präparate, welche entschieden als gelungen gehärtet bezeichnet werden dürfen, sondern auch der Umstand, dass bei den ebenso behandelten entsprechenden Stadien vom Hühnchen und den anderen Thieren solche gebläht aussehende Formen sich nicht vorfinden, so wie der andere, dass dieselben bei älteren Stadien von der Eidechse, in denen doch das gehörige Durchdringen der Erhärtungsflüssigkeit wahrscheinlich noch schwieriger ist, gleichfalls fehlen.

---

[1]) Die genannte Zeichnung von His zeigt auch noch andere, sehr auffallende Abweichungen von den Befunden, welche meine Präparate durchweg ergeben; niemals habe ich in diesem Stadium einen so grossen Glaskörperraum, noch auch ein derartiges Abstehen des Umbiegungsrandes der Augenblase von der Linsenanlage wahrgenommen — vgl. Taf. I. Figg. 5 und 6 und Cap. III und IV.

Die Faserbildung schreitet nur sehr langsam centralwärts vor; auch bei schon recht alten Embryonen findet man immer noch eine Anzahl nicht umgebildeter Elemente; um diese centrale Masse liegen die Fasern, nach der Peripherie hin stetig an Länge zunehmend, — beim Hühnchen war das Umgekehrte der Fall —, in äusserst regelmässiger concentrischer Anordnung: jede Faser reicht mit ihrem distalen sowohl als mit ihrem proximalen Ende bis an die Linsenaxe, in der sie die gleichnamigen Enden der entsprechenden Faser in der anderen Linsenhälfte berührt, um mit ihr zusammen einen mehr weniger mathematisch-genauen Kreis zu umschliessen; s. Figg. 78 und 80 A.

Dass bei dieser Anordnung der Fasern um eine einzige, in der Linsenaxe liegende Naht (statt aller complicirter Sternformen) dennoch ein solider, compacter Linsenkörper erzielt wird, ist nur möglich durch die von HEINR. MÜLLER (l. c.) ermittelte Thatsache, dass jede einzelne Faser, besonders die in den äusseren Lagen, am Aequator sehr breit ist, gegen den proximalen und distalen Pol hin aber sich verschmälert.[1]

Im wesentlichen denselben Gang der Entwickelung der Linsenfasern wie die Eidechse und eine exquisite Schichtung derselben in concentrische Kugelschalen zeigt

Triton.

Siehe Tab. IV. Auch bei Triton finden sich in schon ziemlich weit vorgerückten Stadien noch im Centrum der proximalen Wand Zellen, die noch nicht als „Fasern" bezeichnet werden können; desgleichen scheint, so weit ich, ohne diese Frage speciell verfolgt zu haben, aus den Präparaten ersehen kann, die Anordnung um eine einzige, in der Linsenaxe liegende Naht die nämliche zu sein wie bei Lacerta. Die Tritonenlinse unterscheidet sich aber von der der Eidechse durch ihre vollkommene Kugelgestalt, welche bei letzterer durch die Anwesenheit des Radialfaserringes beeinträchtigt wird; dieser fehlt dem Triton; bei ihm gehen die Elemente der — von Anfang an einschichtigen — distalen Wand, welche jenseits des Aequators aus schönen grossen Quaderzellen mit mächtigen Kernen bestehen, proximalwärts von diesem unter ganz allmäliger Abplattung und Verlängerung (etwa in derselben Weise, wie dies BECKER. 7. Taf. IV. Fig. 13 vom Frosch abbildet) in die Linsenfasern über, so dass etwa $2/3$ der Oberfläche der proximalen Linsenwand von der distalen und nur $1/3$ von der Kapsel bedeckt erscheinen.

Ueber die *Entwickelung* der Linse des Triton habe ich früher schon Angaben gemacht (s. 19. S. 10 ff.); dieselbe hier nochmals zu besprechen, veranlasst mich die Darstellung, welche GOETTE (12. S. 326) von der Bildung der Linse bei der Unke gibt. Diese lässt GOETTE aus der Wucherung des Hornblattes als einen ursprünglich *soliden* Körper hervorgehen, welcher anfangs durch einen gleichfalls soliden Stiel mit seinem Mutterboden zusam-

---

[1] Vgl. die abweichenden Angaben LEUCKART's 27. S. 263.
Von Schlangen stand mir ein einziger Embryo von Vipera berus zur Disposition — Fig. 76. Taf. V; der regelmässig gestreckte parallele Verlauf der gleichmässig verlängerten Zellen der proximalen Wand und die fast lineäre Anordnung ihrer Kerne (die dicht an der Kapsel stehen) schon in diesem so frühen Stadium lassen einen von demjenigen bei der Eidechse verschiedenen weiteren Verlauf der Entwickelung erwarten. Vgl. auch die Notiz bei H. MÜLLER l. c. S. 149.

menhängt. „Schon während der Ablösung der Linse haben die in ihrem Centrum befindlichen Zellen ihren gegenseitigen Verband etwas gelockert, so dass, wenn man den früheren Zustand nicht kennt, man von einer kleinen, mit Zellen vollgepropften Höhle der Linse sprechen könnte. Die Beobachtung verlangt aber den Ausdruck, dass durch eine Lockerung und nachträgliche Auflösung jener centralen, der äusseren Oberfläche zunächst gelegenen (?) Zellen die Höhle erst entstehe" (Taf. VIII. 159; XV. 269).

Die auffallende Aehnlichkeit, welche die Linsenanlage in meinen Figg. 55 und 56 mit den Figg. 158 und 159 GOETTE's zeigt, könnte zu dem Gedanken verleiten, dass bei Triton der Process vielleicht derselbe sei, wie der von GOETTE für die Unke angegebene. Dies ist aber nicht der Fall; die Linse des Triton bildet sich vielmehr durchaus nach dem von REMAK für den Frosch und von SCHENK für die Forelle (37) angegebenen Modus, als ursprünglich *hohler* Körper. — Damit ist aber nicht gesagt, dass man sich diesen Hohlkörper, die Linsenblase, *leer* zu denken hätte; dieselbe ist vielmehr erfüllt von einer Flüssigkeit, welche im gehärteten Präparat als feinfaseriges Gerinnsel erscheint (vgl. dazu Cap. III); in diesem sind in der Nähe der Innenfläche der Blasenwand kleine Körperchen eingebettet, welche nur als ausgetretene Dotterplättchen gedeutet werden können, die sich wohl auch bisweilen so gruppiren, dass sie, umgeben von den Fäden jenes Gerinnsels, Zellen vortäuschen können. — Jene Flüssigkeit füllt schon die Linsen*grube* von Beginn ihrer Entstehung an vollständig aus und wird bei der Abschnürung der Linse in die Höhle der Linsenblase mit eingeschlossen; ausserdem mag in die letztere auch noch eine oder die andere der grossen ungefügigen Zellen hineingelangen, welche bei der Abschnürung aus dem Verbande der übrigen herausgedrängt und ausgeschieden wird, wie dies auch bei anderen Thieren der Fall ist (s. u. S. 15) und oben (S. 8) beim Hühnchen als nach aussen hin geschehend nachgewiesen wurde. Die Anwesenheit einiger solcher Zellen, von denen nur sehr wenige erforderlich sein würden, um die so kleine Höhle der Linsenblase zu füllen, berechtigt aber selbstverständlich nicht, eine solche Linse als solid zu bezeichnen.

Die von GOETTE gegebenen Zeichnungen scheinen mir die Möglichkeit, dass es sich mit der Linsenbildung bei der Unke ähnlich verhält wie bei Triton, nicht auszuschliessen.

W. MÜLLER (35. S. 20) behauptet, gestützt auf seine Untersuchungen an Triton, dass bei den Amphibien die Linse ebenso wie beim Hühnchen, d. h. „durch eine Einbuchtung und nachfolgende Abschnürung des *ganzen* Hornblattes zu Stande kommt." S. Nachtrag I.

Säuger.

Die Entwickelung der Linse bei Säugern scheint nicht bei allen Repräsentanten dieser Classe ganz übereinstimmend vor sich zu gehen. — Eingehende Untersuchungen über dieselbe sind bisher nur von ARNOLD, an Rindsembryonen angestellt, veröffentlicht worden. Der Vorgang verläuft indess bei diesem Thier und beim Schaaf mit einer eigenthümlichen Complication. Der Besprechung derselben stelle ich meine Beobachtungen an Mäuseembryonen voran, bei denen diese Complication sich nicht findet.

Die Figg. 66 und 67A zeigen ohne weiteres, dass bei der *Maus* die Linse nach demselben Typus sich bildet wie beim Hühnchen: durch eine zu einer nach aussen offenen

Grube sich gestaltende Einbuchtung des über der Aussenfläche der Augenblase sich verdickenden Hornblattes. — Die Verdickung des Hornblatts scheint weniger durch eine numerische Zunahme der Zellen an dieser Stelle zu erfolgen, wie beim Hühnchen, sondern mehr durch ein schon jetzt (Fig. 66) beginnendes Längenwachsthum der einzelnen Zellen, wodurch diese sich palisadenartig neben einander ordnen, zum Theil mit alternirend der äusseren oder inneren, sehr vorwiegend jedoch der letzteren Fläche des Hornblattes näher stehenden Kernen. Dass dabei die stärkste Knickung der Einbuchtung der Bauchseite, beim Hühnchen dagegen der Rückenseite näher liegt — und zwar ist dies auch schon in einem zwischen den in Figg. 65 und 66 abgebildeten liegenden Stadium der Fall — ist gewiss ein so bedeutungsloser Unterschied, dass er die Berechtigung obiger Behauptung der wesentlichen Uebereinstimmung mit der Bildung beim Hühnchen in keiner Weise beeinträchtigt.

Beim *Schaaf* dagegen finde ich folgendes: einerseits zwar in den meisten Schnitten je eines Auges eines Embryo, der ein wenig jünger war als der zu Fig. 66 gehörige Mäuseembryo, die genaueste Uebereinstimmung mit letzterem Bild sowohl in Bezug auf die Art und Form der Einziehung des Hornblattes als auch bezüglich der cylindrischen Form und der radiären, senkrecht zur Oberfläche gerichteten Stellung der einzelnen Zellen der Linsenanlage, — ausserdem aber auch noch eine anscheinend dem Hornblatt aufgelagerte Masse theils rundlicher, theils unregelmässig geformter Zellen, die in den verschiedenen Stadien verschiedene Mächtigkeit und in den einzelnen Schnitten einer Serie ein verschiedenes Verhalten zu dem so eben erwähnten eingezogenen Theil des Hornblattes zeigt; — in dem jüngsten mir vorliegenden Stadium nämlich — Fig. 81 Taf. VI — etwa 3—8 Zellen entweder in einer Reihe neben einander liegend oder in 2—3 Schichten übereinander geschoben, und in ersterem Fall immer, in letzterem nur in einigen Schnitten deutlich gegen die radiär gestellten Cylinderzellen des Hornblattes abgegrenzt, in anderen aber ohne Abgrenzung zwischen diese sich hineindrängend oder aus ihnen hervorwuchernd. Da in einer Serie von Frontalschnitten der Linsenanlage in diesem Stadium diese Zellmasse in allen Schnitten (nur in den ersten und letzten fehlt sie überhaupt ganz) ziemlich in derselben Höhe sich vorfindet, so resultirt daraus die körperliche Vorstellung einer dem Boden der noch sehr flachen Linsengrube aufliegenden, von vorn nach hinten verlaufenden niedrigen Leiste.

In einem späteren Stadium — Fig. 82 und noch mehr in einem noch etwas älteren, erscheint diese Zellmasse (oder Leiste) in dem Maasse gewuchert, dass sie die Linsengrube zum grossen Theil ausfüllt; gegen die radiär gestellten Zellen ist sie durch einen sehr scharfen, starken Contur abgesetzt, der in einigen Schnitten stellenweise in der Ausdehnung von 2—3 Zellendurchmessern dadurch unterbrochen ist, dass hier ein Hinauswuchern der aufgelagerten Masse aus den radiärgestellten Zellen stattfindet; — die einzelnen Elemente zeigen jetzt ebensowenig wie früher einen ausgesprochenen histologischen Charakter; ihr grösster Durchmesser ist meist senkrecht auf denjenigen der radiärgestellten gerichtet. Die Auflagerung ist in der Mitte der Linsenanlage am mächtigsten, verschmälert sich nach der Peripherie hin ein wenig und hat auch nach aussen hin eine leicht convexe Oberfläche. Dem entsprechend erscheint auch bei Betrachtung des intacten Embryo die Linsengrube auffallend flach, die etwas prominirende Mitte des Bodens derselben von einer schmalen kreisförmigen Furche umgeben, wie dies auch von Böttcher (Ueber Entwickelung und Bau des Gehörlabyrinths. Taf. 1. Fig. 2) abgebildet worden ist.

Bezüglich der weiteren Entwickelung der Linsenanlage des Schaafes würden von grossem Interesse sein diejenigen Stadien, welche dem von mir Fig. 83 abgebildeten vorhergehen; leider habe ich dieselben nicht bekommen können und muss daher gleich zu jenem, die eben sich vollziehende Abschnürung der Linse darstellenden übergehen. Die Linse präsentirt sich als Hohlkugel, der dorsal-mediale Theil ihrer Wand ist, durch Verlängerung der Zellen, bereits beträchtlich verdickt; die Abschnürung geht auch beim Schaaf (vgl. o. S. 8) in der Weise vor sich, dass der Zusammenhang mit dem Hornblatt zuerst an der Bauchseite des Linsenhalses sich löst, während er an der Dorsalseite noch vorhanden ist. Die Zellen liegen an der Schlussstelle unregelmässig, einige ragen in die Linsenhöhle hinein vor; offenbar werden auch hier eine Anzahl Zellen als überschüssig aus dem Zusammenhang ausgeschieden, welche in die Linsenhöhle hinein verfallen, während zwischen Linse und Hornblatt keine Spur etwaiger Ueberreste des Linsenhalses zu entdecken ist. Die gegen die Wand scharf abgegrenzte Höhle der Linsenblase ist erfüllt von einem feinfaserigen Gerinnsel, wie es die eiweisshaltigen Flüssigkeiten im Embryo bei der Härtung zu ergeben pflegen; — Zellen finden sich in ihr nicht. — Nur bei einem einzigen Embryo vom Schaaf habe ich einen von dem soeben angegebenen abweichenden Befund angetroffen, den ich in Fig. 84 wiedergegeben habe; das unterste $^1/_3$ oder $^1/_4$ der Höhle der soeben abgeschnürten Linse erscheint eingenommen von einer soliden, compacten Zellmasse, deren Elemente denjenigen, welche wir früher in der Linsengrube fanden, nicht ganz unähnlich sind; in einigen Schnitten ist diese Zellmasse gegen die Linsenwand scharf abgegrenzt, in anderen Schnitten fehlt der Abgrenzungscontur an einigen Stellen ventralwärts hin, in noch anderen geht dieselbe in der genannten Richtung continuirlich in die Linsenwand über; der übrige Raum der Höhle ist von Gerinnsel erfüllt. — In allen übrigen Embryonen, sowohl einem — nach der Länge der Linsenfasern zu urtheilen gleichaltrigen, als einem anderen vielleicht sogar noch etwas jüngeren, so wie in sämmtlichen älteren finde ich von dieser Zellmasse keine Spur, vielmehr die ganze Höhle nur von Gerinnsel eingenommen.

Die Wachsthumsrichtung der Linsenfasern geht in einer Anzahl meiner Präparate vom Schaaf in verschiedenen Entwickelungsstufen nicht wie in anderen Schnitten von Linsen derselben Stadien und wie durchweg in den gleichaltrigen von der Maus in vorwiegend gerade gestrecktem Verlauf distalwärts, sondern ein Theil auch der längsten Fasern biegt mit starker Krümmung nach der Bauchseite hin ab, an welcher die Zellen auch ihrerseits sich ein wenig verlängert und denen der dorsal-proximalen Wandhälfte entgegenwachsend zeigen (s. Fig. 85). Dadurch entsteht hier eine kurze „Naht", ähnlich denjenigen, wie sie in der erwachsenen Linse durch das Aufeinanderstossen der Fasern in den sogenannten Linsensternen abgebildet werden (vgl. auch Arnold's Abbildungen von Linsen 8 resp. 11 Cm. langer Rindsembryonen 2. Figg. 18. u. 19.); ob hierin aber wirklich schon die Anlage zu letztgenannter Bildung

---

[1] Bei der Maus finde ich je 1 oder 2 solcher ins Gerinnsel in der Linsenhöhle eingebetteter Zellen in einigen Schnitten derjenigen Serie, welcher Fig. 6b entnommen ist.

vorliegt, oder ob die Entwickelung der Linsensterne wie die des Radialfaserringes beim Hühnchen nicht vielmehr erst in eine spätere Zeit fällt, müssen weitere Untersuchungen entscheiden.

Nach dem voranstehend Mitgetheilten wird man doch schwerlich anders können als auch des Schaafes Linse anzusehen als eine Bildung, die aus der Einbuchtung und Wucherung des Hornblattes als *von vornherein hohle Blase* sich abschnürt; dafür ist entscheidend namentlich der Umstand, dass schon bei der eben sich abschnürenden Linse die nur mit Flüssigkeit gefüllte Höhle vorhanden ist. Da nemlich die die Linsenblase erfüllende Flüssigkeit beim Hühnchen und der Maus ganz sicher und selbstverständlich beim Schluss der Linsengrube sich in die Höhle der Linsenblase einschliessende Amnionflüssigkeit ist, das Gerinnsel in der Linsenblase des Schaafes aber mikroskopisch sich genau so ausnimmt wie dasjenige jener Thiere, so wird man wohl annehmen dürfen, dass der Inhalt der Linsenblase des Schaafes derselben Quelle entstammt und in derselben Weise in die Linse hineingelangt, wie bei jenen; es wird also wohl auch beim Schaaf durch die fortschreitende Flächenverbreiterung des Hornblattes und der Linsenanlage die Oeffnung des durch die Einwärtskrümmung der letzteren zwischen beiden entstandenen kreisförmigen Knickungswalles sich verkleinern, dieser Knickungswall selbst von allen Seiten her concentrisch über die Linsenanlage hin sich vorschieben und unter stetig zunehmender Vertiefung der Linsengrube und Verengerung ihrer Oeffnung endlich, wenn diese sich gänzlich schliesst, in die auf diese Weise sich bildende Linsenblase sowohl die auf dem Boden der Grube liegende Zellenwucherung als das in ihr befindliche Fruchtwasser miteingeschlossen werden. — Das Stadium, in welchem die oben erwähnte kreisförmige Furche bei der Flächenbetrachtung wahrzunehmen ist, entspricht dem Beginn dieses Processes, der im wesentlichen also vollkommen derselbe ist, wie beim Hühnchen und der Maus, wegen der oben beschriebenen Eigenthümlichkeit aber bei diesem Thier wohl leichter verkannt werden kann als bei jenen. — Warum die besprochene Zellenmasse nur in einem einzigen Embryo in der Linsenhöhle wiederzufinden war, in demjenigen von Fig. 83 aber nicht, bleibt vorläufig noch eine offene Frage.

Wesentlich verschieden von der voranstehenden ist die Auffassung, welche ARNOLD durch seine Untersuchungen über die Linsenbildung beim *Rind* gewonnen hat. ARNOLD (2; vgl. auch 3. S. 309—315) unterscheidet in seinem jüngsten Stadium (9 Mm. langer Rindsembryo), welches etwa dem von mir Fig. 82 gezeichneten vom Schaaf entsprechen dürfte, „drei Lagen der kugligen Verdickung des oberen Keimblattes an der Stelle der primären Augenblase": „eine äussere, mehr längsstreifige, eine innere radiär gezeichnete und eine mittlere etwas lichtere und gekörnte." „Bei einem 12 Mm. langen Embryo (S. 6) war die Linse bereits vollständig eingestülpt und hatte sich von dem oberen Keimblatt entfernt; dieselbe besass eine rundliche Form; ihre Wand bestand aus länglichen, körnigen, kernhaltigen Körpern, welche in mehreren Schichten angeordnet waren. In der Mitte lagen lichtere kuglige Körper, in denen noch Kerne kenntlich waren. Als eigentliche Blase konnte somit die Linse nicht angesprochen werden, vielmehr erschien sie als ein solides Gebilde, dessen in der Mitte gelegene Masse allerdings andere morphologische Eigenschaften besass als die peripherische. Zwischen Linse und Hornblatt fand sich auch hier eine Schicht eines lichten Gewebes, in dem schon einzelne Gefässe nachweisbar waren." — Bei einem 15 Mm. langen Embryo erscheint die hintere Wand etwas dicker als die seitlichen und die vordere. „Das Centrum der Linse ist lichter und mit kugligen Körpern angefüllt, deren Kerne weniger deutlich sind; die Grenze zwischen den wandständigen und den central gelegenen Körpern ist eine schärfere wie früher. Die Linse erscheint bereits als eine im Centrum mit lichter Masse gefüllte dickwandige Blase. — — Sollte man sich auf Grund der mitgetheilten Wahrnehmungen eine Anschauung über die frühesten Vorgänge der Entwickelung der Linse beim Rind machen, so müsste davon ausgegangen werden, dass es sich zunächst um eine Verdickung des oberen Keimblattes handelt und zwar scheint dieselbe vorwiegend auf Rechnung der inneren Schichte dieses zu kommen, während die äussere Lage sich mehr passiv verhält. Es ergibt sich aber ferner, dass diese Wucherung ursprünglich eine solide ist (vgl. darüber auch S. 9. 12 und 17), dass aber sehr bald in den mittleren Abschnitten der soliden Masse Metamorphosen eintreten," — in Folge deren die Linse „nach vollendeter Einschmelzung der centralen Zellen als Blase erscheint. Während die Metamorphosen an der Linse selbst ablaufen, entfernt sie sich vom oberen Keimblatt, von diesem sich abschnürend. Ob die Höhlenbildung im Centrum der Linse immer erst nach vollendeter Abschnürung oder zuweilen schon früher eingeleitet wird, lässt sich nicht entscheiden. Möglicherweise bestehen in dieser Beziehung Verschiedenheiten bei den einzelnen Individuen."

Trotz der entgegenstehenden Auffassung ARNOLD's kann ich nicht umhin, die Vorgänge bei der Entwickelung der Linse des Rindes für identisch mit den von mir für das Schaaf beschriebenen zu halten. Zur Erklärung der zwischen unseren Angaben bestehenden Differenzen habe ich folgendes geltend zu machen: Von den drei von ARNOLD am 9 Mm. langen Embryo angegebenen Schichten ist die äusserste wahrscheinlich nur durch zufällige Auflagerung beim Herauspräpariren des Embryo entstanden; ich finde dieselbe — und in ihr unzweifelhaft einzelne Blutkörperchen — nur an einem einzigen Embryo desselben Alters vom Schaaf, vermisse sie dagegen an den übrigen gleichaltrigen, namentlich einem im intacten Amnion in Osmiumsäure gehärteten. — Der von ARNOLD Taf. I. Fig. 4 vom 12 Mm. langen Embryo abgebildete Schnitt ist nicht durch einen Meridian der Linse geführt; in einem Meridianschnitt könnte weder die Wand der Linsenblase überall ringsum gleich dick und die Höhle so klein sich zeigen, noch auch, wenn derselbe nicht so dick ist, dass die ganze eine Hälfte des Pupillarrandes der Augenblase mit darin liegt, die Anlage des späteren Ringgefässes der Iris in demselben in derjenigen Ausdehnung zu sehen sein, wie dies in genannter Zeichnung der Fall ist; — auch liegt zwischen dem Pol der eben abgeschnürten Linse und dem Hornblatt überhaupt kein Gewebe mittleren Keimblattes (s. u. und meine Fig. 84); bei Schnittführung in abweichender, den Linsenpol nicht treffender Richtung aber können möglicherweise die Enden der in die Linsenhöhle vorwachsenden Linsenfasern mitgetroffen sein und dadurch das Bild von die Höhle erfüllenden Zellen vorgetäuscht werden. Letzteres kann aber auch noch auf einem anderen Wege zu Stande kommen: es ist bekannt, dass die Linsenfasern sehr leicht einen Theil ihres eiweissartigen Inhaltes in Form von hellen, unregelmässigen Tropfen austreten lassen (vgl. KÖLLIKER, „Gewebelehre", 5. Aufl. S. 692); bei fehlerhafter Härtung geschieht dies sowohl in der erwachsenen als in der embryonalen

Linse regelmässig; in ersterer sowie in den älteren Embryonalstadien treten die Eiweisstropfen entweder in die durch Schrumpfung der Fasern zum Klaffen gebrachten Nähte (vgl. Arnold's Figg. 18 und 19; vielleicht ist dies auch in der von Kölliker in seiner „Gewebelehre" Fig. 496 reproducirten der Fall) oder zwischen die Kapsel und die von ihr abgehobenen Fasern — letzteres geschieht auch schon in jüngeren Entwickelungsstadien (s. Arnold's Figg. 7. 8: 9—12; 13—19), während in den jüngsten, in welchen die Höhle der Linsenblase noch weit ist, die Tropfen sich vorzugsweise in dieser ansammeln (so wahrscheinlich in dem Präparat[1]) zu Arnold's Fig. 5). Diese Eiweisstropfen sind in etwas dickeren Schnitten, namentlich wenn dieselben stark gefärbt sind, nicht immer leicht von Zellen zu unterscheiden, in dünnen dagegen charakterisiren sie sich deutlich durch ihr blasseres Aussehen, mehr homogenen Inhalt und Kernlosigkeit.

Falls meine Vermuthung, dass die Präparate Arnold's die einen oder die anderen der genannten Fehler und Täuschungsquellen enthalten, richtig ist, fällt auch die Stütze für seine Deutungen[2]), bei denen ihm ein Irrthum um so leichter widerfahren konnte, als ein Theil der Präparate nicht von ihm selbst geschnitten wurde (s. 2, Einleitung S. VI) und ihm somit gewisse Orientirungen erschwert waren, und darf jedenfalls der zur Zeit noch nicht sicher zu deutende Befund an Schaaf und Rind nicht als Beispiel für das Vorkommen solider Bildung der Linse angeführt werden. Ganz insonderheit falsch aber würde es sein, wollte man sich durch den Umstand, dass die Arnold'schen Angaben in das Gräfe-Sämisch'sche Handbuch der Augenheilkunde aufgenommen sind, zu der Vorstellung verleiten lassen, dass beim *Menschen* die Bildung der Linse eine solide oder auch nur eine ähnliche wäre wie beim Schaafe und Rind.

---

[1]) Dass die Härtung desselben nicht gelungen ist, lässt sich aus dem Umstand erschliessen, dass die Zellen der äusseren Lamelle der Augenblase sich so schlecht conservirt haben, dass Arnold ihre Existenz in Abrede stellt (s. darüber u. Cap. VII). Sobald die Linsenfasern einen gewissen Grad der Entwickelung erreicht haben, gibt ihr Aussehen den besten Maassstab für die Qualität der Hartung der Linse ab; gut gehärtet sind dieselben, abgesehen von einer leichten Anschwellung um den Kern herum, von gleichmässiger Dicke in ihrem ganzen Verlauf. Anschwellung der Enden dagegen, Blähungen oder Abhebung von der Kapsel deuten mit Sicherheit auf Härtungsfehler, welche nach meinen Erfahrungen am leichtesten durch Anwendung der Osmiumsäure vermieden werden.

[2]) Gegenüber der Bemerkung Arnold's, dass die kuglige Verdickung des Hornblattes vorwiegend von der inneren Schicht dieses auszugehen scheine, kann ich nicht umhin auszusprechen, dass es mir viel wahrscheinlicher erscheint, dass die massenhafte, den Boden der Linsengrube deckende Zellenwucherung von der äusseren (Deck-) Schicht des Hornblattes ausgeht; letztere scheint mir der einzig mögliche Mutterboden für jene zu sein; für diese Annahme spricht auch die Form und die Stellung des Längsdurchmessers jener Zellen, welche dieselbe ist wie die der Deckschichtzellen *vor* Beginn der Wucherung. Ob die Deckschicht sich am Aufbau der der Augenblase anliegenden Schicht radiär gestellter cylindrischer Zellen betheiligt, oder ob diese ausschliesslich auf Rechnung der inneren (Grund-) Schicht des Hornblattes kommt, ist schwer zu entscheiden; im letzteren Fall würde, wenn, wie es den Anschein hat, die aus der Deckschicht hervorgegangene solide Wucherung sich an der Bildung der Linsenwand nicht betheiligt, beim Schaaf ein Rückschlag auf jene niederen Thierformen vorliegen, bei denen die Deckschicht während der Linsenbildung überhaupt ganz inactiv sich verhält (Triton, Forelle).

Nach der von mir vorgeschlagenen Auffassung erscheint jene Wucherung als eine dem Untergang geweihte Luxusproduction; ob auch nach derjenigen Arnold's? wage ich nicht zu entscheiden, da aus seiner Darstellung nicht zu entnehmen ist, ob er die laterale Linsenwand aus seiner „äusseren" Schicht, oder wie sonst entstehend denkt.

Im Anschluss an diese Hypothesen über die Betheiligung der beiden Hornblattschichten bei der Linsenbildung erlaube ich mir noch die weitere, dass vielleicht in denjenigen Zellen der Linsenanlage der Maus (Figg. 68. 69), deren Kerne der Concavität der Linsengrube näher liegen, die Repräsentanten der in diesem Stadium noch spärlichen Deckschicht, in den übrigen diejenigen der Grundschicht zu finden sein dürften.

Der in Fig. 88, Taf. VI. abgebildete menschliche Embryo setzt mich in die Lage, dem strict widersprechen zu können. Derselbe ist ca. 3 Wochen nach der letzten Menstruation im intacten Ei ausgestossen worden: ich erhielt dieses, nachdem es 24 Stunden in einer wahrscheinlich mehr als einprocent. Chromsäurelösung gelegen hatte. Auf der kleinen Vorwölbung, welche am Kopf des Embryo von der Augenblase gebildet wird, bemerkte man schon mit blossem Auge einen kleinen dunklen Punkt; mit einer guten Hartnack'schen Lupe erkannte man deutlich, dass derselbe einer tiefen Grube entsprach; die mikroskopischen Schnitte haben ergeben, dass die Tiefe so wie die Gestalt dieser Grube — Linsengrube — ganz dieselbe ist wie in dem Fig. 67 abgebildeten Präparat von der Maus. Auch die Dicke der Linsenanlage ist beim Menschen nicht viel beträchtlicher als in jenem. —

Ueber die *Linsenkapsel* s. Cap. IV.

DRITTES CAPITEL.

BILDUNG DER SECUNDÄREN AUGENBLASE, DER SOG. AUGENBLASENSPALTE UND DES GLASKÖRPERS.

Der Erste, welcher nicht nur die Gleichzeitigkeit der soeben genannten Bildungsvorgänge beobachtete, sondern auch einen directen Causalzusammenhang zwischen denselben — und zwar die Abhängigkeit der beiden ersteren von der Entwickelung des letzteren — behauptete, war bekanntlich Schoeler (40). Ihm folgten zwanzig Jahre lang sämmtliche Autoren, welche diesen Gegenstand besprachen, entweder einfach auf seine Untersuchungen sich berufend, oder nach eigenen Beobachtungen bestätigend; so vor allen Kölliker (21) und weiterhin dann Babuchin (4), Schenk (37) u. A.

Ein Referat der Schoeler'schen Darstellung findet sich in Kölliker's Entwickelungsgeschichte; an dieses erlaube ich mir die folgende Besprechung anzuknüpfen, weil einerseits die Schoeler'sche Auffassung sich kaum bündiger und getreuer wiedergeben liesse, andererseits dieselbe den meisten Lesern doch nicht aus dem ziemlich seltenen Original, sondern aus dem genannten Kölliker'schen Werk bekannt und geläufig sein dürfte. In diesem heisst es S. 280: Während die primäre Augenblase durch die Linse von vorn her eingestülpt wird, „geschieht dies kurze Zeit darauf auch von unten her durch einen Fortsatz, welcher wohl unzweifelhaft als eine Wucherung der Cutis gedeutet werden darf. Anfänglich erscheint dieser Fortsatz in Gestalt einer kurzen und schmalen Leiste, welche unmittelbar unter und hinter der Linse die untere Wand der primären Augenblase gegen die obere drängt; bald aber wuchert dieser Fortsatz mit Ausnahme seiner Abgangsstelle von der Haut zu einem kugeligen Gebilde heran, und dann ist die primäre Augenblase nicht nur von vorn, sondern auch von unten her vollkommen eingestülpt, so dass die vordere und untere die obere und hintere Wand derselben berührt, und erscheint nun als „secundäre Augenblase", welche den Glaskörper einschliesst, mit ihrem vorderen Rande die Linse umfasst und unten eine Spalte zeigt, durch welche der Glaskörper mit der Haut zusammenhängt."

Nach diesem von Schoeler (allerdings nur nach Ermittelungen mit der Lupe) aufgestellten Modus der Bildung des Glaskörpers, der Augenblasenspalte und der secundären Augenblase ist man unbedingt berechtigt zu erwarten, in mikroskopischen Schnitten durch die Augen von Embryonen aus den entsprechenden Stadien die Augenblasenspalte und, wo ein Glaskörperraum sich schon gebildet hat, auch diesen von einer Zellenmasse ausgefüllt zu finden.

Der Umstand, dass ich von einer solchen Zellenmasse in meinen Präparaten aber durchaus nichts finden konnte, überraschte mich um so mehr, als die allgemeine Verbreitung, welche die Schoeler'sche Darstellung gefunden und die so häufig wiederkehrenden Reproductionen derselben durch die verschiedensten Autoren mich an der Richtigkeit derselben nicht hatten zweifeln lassen, und veranlasste mich, eine möglichst genaue Untersuchung der in Rede stehenden Vorgänge vorzunehmen.

Nachdem ich mich sehr bald überzeugt hatte, dass die Lupenuntersuchung und die Betrachtung intacter frischer Embryonen unter dem Mikroskop kaum zu mehr als zur Orientirung im Allgemeinen verwerthbar sein würde, habe ich mich ausschliesslich dem Studium mikroskopischer Schnitte in Chromsäure- oder in Osmiumsäurelösungen gehärteter Embryonen zugewendet. Ueber die Härtungsmethode siehe Cap. IV.

Die Schnitte fertigte ich in drei auf einander senkrechten Richtungen an: 1) senkrecht auf den Längsverlauf der Augenblasenspalte, also annähernd parallel der Medianebene des Kopfes; 2) genau durch den Längsverlauf der Augenblasenspalte, mithin annähernd senkrecht auf die Medianebene und auf die Bauchfläche des Kopfes; 3) senkrecht auf die Medianebene und parallel der als plan gedachten Bauchfläche des Kopfes. — Obgleich die genannten Schnittrichtungen in den meisten Entwickelungsstadien je nach der in denselben wechselnden Gestalt und Verlaufsrichtung der Augenblasenspalte etwas verschiedene sein müssen, um die letztere genau in ihrem Längsverlaufe oder senkrecht auf diesen zu treffen, und obgleich dies nur in den wenigsten Fällen durch genau sagittale oder genau frontale Führung des Messers zu erreichen ist, so erlaube ich mir doch dieselben, der Kürze wegen, im Folgenden als *Sagittal-* und *Frontal-* und die dritte genannte Art als *Horizontalschnitte* zu bezeichnen. — Die beiden ersteren Arten werden am meisten zur Verwendung kommen: denn während Horizontalschnitte nur durch Combiniren sämmtlicher aus den einzelnen Schnitten einer lückenlosen Serie gewonnenen Bilder zu einer körperlichen Gesammtvorstellung ein sicheres Urtheil über die hier interessirenden Verhältnisse ermöglichen, können jene, und namentlich die Frontalschnitte, wie von selbst einleuchten wird, schon in einem einzelnen Schnitt ein mehr weniger vollständiges Uebersichtsbild derselben gewähren.

Hühnchen.

Betrachten wir zunächst eine Reihe von Frontalschnitten, wie sie auf Taf. I abgebildet sind, in Bezug auf das, was an ihnen für die Entwickelung des Glaskörpers und der Augenblasenspalte von Interesse ist, so muss es an Fig. 2, welche einen Schnitt durch die primäre Augenblase in derjenigen Gegend darstellt, wo nun bald durch Wucherung der Kopfplatten die Bildung des Glaskörpers und der Augenblasenspalte beginnen soll, auffallen, wie wenig von Kopfplatten in dieser Gegend überhaupt vorhanden ist; die Augenblase ist vielmehr zum bei weitem grössten Theil mit dem Hornblatt in unmittelbarer Berührung, nur an der dorsalen Fläche derselben findet sich eine reichliche Schicht des mittleren Keimblattes, an der Bauchfläche dagegen nur 1—3 Zellen in je einem Schnitt an der Abgangsstelle des Augenblasenstiels vom Medullarrohr, durch welche letzteres in ganz geringer Ausdehnung vom Hornblatt getrennt wird. (In Fig. 1 sind auch nicht einmal diese vorhanden.)

Ein anderes Bild bietet schon das folgende Stadium, Fig. 3 — weniger zwar an der Bauchfläche des Augenblasenstiels, wo die Kopfplattenzellen nur wenig zahlreicher erscheinen, im Uebrigen aber die Verhältnisse dieselben geblieben sind, als vielmehr in derjenigen Gegend, wo die Bildung der Linse beginnt; oberhalb und unterhalb der Linsenanlage zeigt sich ein kleines dreiseitiges, offenbar durch Faltung des Hornblattes entstandenes Lumen: Die Querschnitte eines ringförmig die scheibenförmige Verdickung des Hornblattes (vgl. REMAK, 36. S. 34. §. 70) umgebenden Canals.

Der ventrale Querschnitt dieses Canals verändert in den folgenden Stadien sein Aussehen sehr rasch, das Lumen desselben nimmt sehr beträchtlich zu, indem die Wand der Augenblase unterhalb der Linsenanlage sich mehr und mehr vom Hornblatt entfernt; so schon in Fig. 4; gleichzeitig erscheinen nun auch die Kopfplattenelemente an der Bauchfläche des Hirnrohres und des Augenblasenstiels bedeutend vermehrt; in denselben bemerkt man eine feinste, annähernd frontal gestellte Gefässschlinge. Nur an einer einzigen Stelle noch berührt in Fig. 4 ventralwärts von der Linsenanlage die Augenblasenwand das Hornblatt; in Fig. 5 ist auch diese Berührung aufgehoben, indem jene noch mehr medianwärts zurückgezogen erscheint. — Es scheint nun den Kopfplatten nichts mehr im Wege zu stehen, um in den Raum zwischen Linsenanlage und Augenblase einzudringen, beide Gebilde von einander zu drängen und — nach der bisher gangbaren Vorstellung — dadurch dem Glaskörper seine Entstehung zu geben. — Fig. 6 zeigt aber, dass dies nicht in der bisher gedachten Weise geschieht. Der Glaskörperraum ist hier unzweifelhaft vorhanden und in ihm der Glaskörper; aber beide entstanden *ohne* Zuthun der Kopfplattenmasse, diese dringt nicht weiter vor als bis an die Bauchfläche der Augenblase, nicht aber bis in den Binnenraum der letzteren hinein. Dieser erscheint vielmehr fast ganz *zellenleer*, ausgefüllt nur von einer äusserst zarten Masse, welche an Chromsäurepräparaten in dünnen Schnitten bei schwächeren Vergrösserungen nur wie ein leichter Schatten, eine leichte Trübung im Gesichtsfeld sich ausnimmt, durch stärkere Systeme als ein dichtes Netzwerk feiner und feinster längerer und kürzerer ganz unregelmässig verlaufender und sich vielfach verzweigender und wieder zusammenfliessender Fasern aufgelöst wird, in welchem in manchen Schnitten nicht eine einzige, in anderen ein bis höchstens drei Zellen an irgend einer Stelle des Glaskörperraumes eingebettet liegen. — An Osmiumsäurepräparaten erscheint die zarte Masse nicht in Fasern, sondern fein gekört, im Uebrigen ist der Befund ganz derselbe.

Und diese Beschaffenheit zeigt der Glaskörper nicht etwa bloss auf derjenigen Entwickelungsstufe, bei welcher wir eben angelangt sind (Fig. 6), er hat dieselbe vielmehr von seinem ersten spurenhaften Auftreten an bis an das Ende der embryonalen Entwickelung (mit der einzigen Veränderung, dass die Zellen, welche vom 3.—6. Tag, wenn auch noch so spärlich, doch überhaupt vorhanden waren, vom 6.—8. Tag an gänzlich aus ihm verschwinden).

Wenn darnach von einer Auffassung des Glaskörpers als einer in die Augenblase vorwuchernden Kopfplattenzellenmasse, und der Möglichkeit einer durch dieselbe hervorgerufenen

Einstülpung der Augenblase gänzlich abgesehen werden muss, so liegt auf der Hand, dass auch die Entstehung der Augenblasenspalte und die Umbildung der primären Augenblase zur secundären einer anderen Erklärung bedarf.

Ehe ich auf die verschiedenen Möglichkeiten, die sich dafür etwa geltend machen lassen, eingehe, scheint es mir, um auch dem mit dem Gegenstande vielleicht weniger vertrauten Leser eine selbstständige Beurtheilung derselben zu erleichtern, durchaus geboten, zu versuchen, ein möglichst klares Bild von den *Formveränderungen* zu geben, welche die Augenblase bei ihrer Umwandlung zur secundären und der Bildung der Augenblasenspalte durchläuft. — und dies um so mehr, als ich die neuesten darüber gegebenen Darstellungen (siehe unten) weder im Wort noch im Bild für der Wirklichkeit entsprechend halten kann.

Ich glaube, dass man sich diese Vorgänge am besten in folgender Weise veranschaulichen kann: Denken wir uns zunächst die sich einstülpende Linse als dasjenige, welches den lateralen (distalen) Pol der Augenblase einstülpt, und ahmen die Wirkung dieses Drucks der Linse gegen die Augenblase an einem mässig aufgeblasenen Gummiballon, aus welchem bei Druck die Luft entweichen kann, dadurch nach, dass wir gegen denselben mit einem Finger einen allmälig zunehmenden Druck in derjenigen Richtung ausüben, in welcher dies in Wirklichkeit auch durch die Linse gegen die Augenblase zu geschehen scheint (vgl. Figg. 3, 4 und 5), nämlich nicht einfach vom distalen Pol in horizontaler Richtung proximalwärts, sondern in einer Richtung, welche anfangs nur sehr wenig, allmälig zunehmend aber mehr von der horizontalen hinaufwärts abweicht, bis sie zwischen der horizontalen und senkrechten fast die Diagonale hält, so wird sich an der Gummiblase unter dem einstülpenden Finger zuerst eine kreisrunde flache Grube bilden; je tiefer diese aber wird, und je mehr der ausgeübte Druck die Richtung nach oben hin annimmt (vgl. Fig. 4), desto deutlicher wird an der Bauchfläche der Blase eine von dem am tiefsten (i. e. am weitesten nach unten hin) gelegenen Punkt des Grubenrandes anfangende und allmälig immer weiter an der unteren Fläche sich fortsetzende Einziehung, die Bildung einer Furche sich bemerkbar machen. Diese Furche wird natürlich an der Stelle, wo sie von der durch den Fingerdruck gebildeten Grube ausgeht, am breitesten sein, nach dem anderen Ende hin sich allmälig verschmälernd spitz auslaufen.[1] — Ueberwölbt wird diese Furche selbstverständlich von dem früher am tiefsten gelegen habenden Theil der unteren Wand der Blase, welcher der oberen Wand um so mehr sich nähern muss, je tiefer die Furche wird. — Der an der Bildung der Grube und Furche nicht betheiligte Theil der Blase geht mit abgerundeten Umbiegungsrändern in die Wandungen der ersteren über. (Vgl. dazu einige schematische Zeichnungen von AMMON (1) auf dessen Taf. V in folgender Reihenfolge: Figg. 16. 15. 14. 17. 13.)

Dass die soeben beschriebenen Formveränderungen im Allgemeinen auch von der Augenblase bei ihrer Umwandelung aus der primären zur secundären durchlaufen werden, ist eine Thatsache, die schon durch die oben citirte Darstellung SCHOELER's und KÖLLIKER's festgestellt ist; es handelt sich also nur noch darum, zu constatiren, dass auch die im obigen Experiment als für das Gelingen desselben wesentlich erscheinende und insofern als Causal-

---

[1] Diese Gestalt der Furche beobachtete schon SCHOELER (10); S. 27 sagt er: „Fissura ad similitudinem apparet trigoni paene aequecrurii, cujus acumen retrorsum, basis vero ad lentem spectat."

moment an Stelle der dafür nicht verwerthbaren Kopfplatten eintretende oben angegebene dorsal-mediane Einstülpungs*richtung* beim Andringen der Linse gegen die Augenblase wirklich vorhanden ist. — Und dies dürfte nach meinen Figg. 3—7 A. kaum zu bezweifeln sein; in diesen ist der Augenanlage auch in der Zeichnung genau diejenige Stellung gegeben, welche sie bei horizontaler Stellung der plan gedachten Bauchfläche des Kopfes des Embryo in Wirklichkeit hat. Schon in Fig. 3 ist die Stellung der verdickten Scheibe des Hornblattes, deren Mittelpunkt etwas unterhalb des Poles der Augenblase liegt, keine verticale mehr, sondern ein wenig gegen die horizontale hin geneigt; die Einstülpung der Linse scheint somit nicht genau auf dem distalen Pol, sondern ein wenig unterhalb desselben zu beginnen. — In Fig. 4 würde eine Linie, welche von der Mitte der Oeffnung der Linsengrube durch die stärkste Concavität der Augenblasengrube gezogen gedacht wird und welche offenbar die Richtung angibt, in welcher die Linsenanlage am stärksten gegen die Augenblase wirkt, der verticalen fast näher liegen als der horizontalen (vom Hühnchen mir vorliegende Schnitte desselben Stadiums zeigen genau dasselbe Verhältniss wie Fig. 4 von der Ente); als Folge dieser dorsalwärts gerichteten Druckwirkung erscheint denn auch hier die erste Spur der Furchenbildung an der Bauchfläche, welche im Frontalschnitt durch den Längsverlauf der Furche natürlich als Zurückweichen der distalen Augenblasenwand vom Hornblatt erscheinen muss. Viel ausgesprochener als in der vorigen Figur erscheint also hier der *ventrale* Theil der Augenblase als der von der Wirkung der Einstülpung betroffene (der in Fig. 4 mit asp bezeichnete Raum ist eben schon Augenblasenfurche — erster Anfang der Bildung der späteren „Augenblasenspalte"). — Bedeutend tiefer schon präsentirt sich der Raum der Furche in Fig. 5; in Fig. 6 endlich ist ihr Lumen, welches — nach unten hin nach wie vor von den Kopfplatten begrenzt, nach oben hin bisher von dem hinaufgezogenen Theil der ventralen Wand der Augenblase dachförmig überwölbt wurde, dadurch, dass die ganze distale und ventrale Wand der Augenblase bis zur Berührung der dorsalen und proximalen sich dorsalmedianwärts zurückgezogen und zugleich von der Linse entfernt hat, mit dem zwischen proximaler Wand der Linse und Augenblase neu entstandenen Raum, dem Glaskörperraum, in einen gemeinschaftlichen Hohlraum zusammengeflossen, welcher also durch die innere Lamelle der Augenblase und die proximale Wand der Linse begrenzt wird und durch die in der unteren Wand der — jetzt „secundären" — Augenblase verbliebene, unterhalb der Linse breitere, proximalwärts nach dem Augenblasenstiel hin sich verschmälernde sogen. Augenblasenspalte hindurch mit den Kopfplatten in Berührung steht. — (Ein Sagittalschnitt in der Richtung n—n Fig. 6 A würde ungefähr das Taf. III, Fig. 28 gezeichnete Bild geben.)

Die richtigen körperlichen Vorstellungen, um die es sich in den verschiedenen Stadien der in Rede stehenden Umformungen handelt, dürften aus dem Voranstehenden unschwer zu gewinnen sein — zugleich aber auch die Ueberzeugung, dass die Entstehung der Augenblasenspalte eine unmittelbare Folge der eigenthümlichen Art der Umbildung der primären zur secundären Augenblase und nicht von der Glaskörperbildung abhängig ist, dass vielmehr jene beiden Bildungsvorgänge bereits abgelaufen sind, ehe derjenige des Glaskörperraumes und des Glaskörpers seinen Anfang nimmt.

In die obige Darstellung, die eigentlich nur eine Beschreibung der Vorgänge selbst geben sollte, wurden zur leichteren Veranschaulichung auch bereits *erklärende* Motive oder *Causalmomente* mit eingeführt; als solche nämlich müssen in obigem Zusammenhange erscheinen 1) die Einstülpung der Linse; sie sollte die Erklärung dafür abgeben, dass die Augenblase überhaupt eingestülpt wird; 2) die Einstülpungsrichtung derselben; sie erklärte, warum dabei die Furche, resp. Spalte sich bilden muss. — Diese gilt es nun auf ihre Haltbarkeit zu prüfen.

Was die Einstülpungsrichtung anbelangt, so hat dieselbe sich uns einfach als Beobachtungsthatsache ergeben und kann also ihr Vorhandensein füglich nicht angezweifelt werden.

Ganz anders aber steht es mit dem erstgenannten Moment, der Annahme: dass die Augenblase durch die sich bildende Linse, das Hornblatt eingestülpt werde. Ihr gegenüber macht sich die Frage geltend: wie kommt überhaupt das Hornblatt gerade an dieser Stelle dazu, sich einzustülpen, und zwar mit einer solchen Kraft, dass es die Augenblase vor sich her nach innen treibt? — In der That hat man dafür bisher noch keinen Grund auffinden können und hat sich daher auch in neuerer Zeit die entgegengesetzte Auffassung Bahn zu brechen begonnen, dass die Einstülpung der Augenblase nicht nur unabhängig von der des Hornblattes vor sich geht, sondern sogar ihrerseits als primärer Vorgang zu der letzteren als dem secundären das Causalmoment bildet. Zweier Autoren Darstellungen sind es namentlich, welche auf ganz verschiedenen Wegen zu diesem übereinstimmenden Resultat gelangend, hier einer eingehenderen Berücksichtigung unterzogen werden müssen, diejenige von His (15. u. 16) und die von Goette (12).

Nach His ist die Einstülpung der Augenblase ein Faltungsvorgang in Folge der Hirnkrümmung. Das Vorderende des Hirnrohres nämlich (15. S. 103 ff.; S. 113; S. 129 ff.: S. 131. 132 u. 16. S. 99 ff.) ist schon vor seinem Schluss mit den darunter liegenden Theilen, dem Endknopf der Chorda, und durch diese mit dem Vorderdarmende verwachsen. Wenn nun das Hirnrohr rascher in die Länge wächst, als die mit ihm verbundenen Theile, so muss sein vorderes Ende nothwendig über den Fixationspunkt i. e. den Endknopf der Chorda hinaus vorgeschoben und zugleich abwärts gebogen werden, wobei — ebenso wie an einem unter die gleichen Bedingungen versetzten Gummischlauch — die geknickte Stelle sich abplattet, breiter wird als das übrige Medullarrohr, und über jenem Fixationspunkt an der Bauchfläche des Hirnrohres eine Einknickung oder Querrinne sich bildet. Diese Rinne ist in der Mitte am tiefsten; der äussere Rand des Rohres nimmt an ihrer Bildung nicht Theil, er überragt sie als ohrförmig gebogene Wulst (16. S. 96). — Diese Wulst ist nichts anderes als die Augenblase, an deren unterer Fläche jene Rinne endet (16. S. 100). — Bei der Vorschiebung des Gehirns „verlängert sich die untere Wand desselben in eine quere, nach rückwärts gewendete Leiste, die Basilarleiste" (15. S. 104); — „Die äusseren Fortsetzungen der Basilarleiste erstrecken sich jederseits auf die vorgewölbten Abschnitte oder die Augenblasentheile des Vorderhirns und sie nehmen dabei eine nach vorn convexe Biegung an. Es entsteht hierdurch an der unteren Fläche des Vorderhirns jederseits eine seichte Grube, die nach rück- und abwärts sich öffnet: die Augenblasengrube; sie leitete die Umbildung der primären Augenblase in die secundäre ein"; und S. 129: „Indem die Augenblasen an der allgemeinen Abplattung (sc. des Gehirns) Theil nehmen, gestalten sie sich zu zwei flachen und birnförmig begrenzten, zweiblättrigen Schalen, deren oberer und vorderer Rand weit über die Befestigungsstelle vorragt. Sie stellen so die secundären Augenblasen von REMAK vor."

So erwünscht uns nach dem was oben schon bemerkt wurde, eine Erklärung der Bildung der secundären Augenblase sein muss, die der Mitwirkung der Linsenbildung entbehren kann, so scheinen mir doch die von His gemachten Angaben zum Theil vielleicht leider zu kurz, zum Theil nicht in allen Punkten haltbar. Einmal nämlich ist es nicht ganz klar, ob und welcher Zusammenhang zwischen der zuerst durch die Hirnkrümmung entstandenen „Querrinne", welche an der unteren Fläche der Augenblase endet und der als „Augenblasengrube" bezeichneten Vertiefung besteht: bildet sich die Augenblasengrube unabhängig von jener, so bleiben wir über die Ursache ihrer Entstehung, damit aber auch über die Ursache der Umbildung der primären Augenblase zur secundären im Dunkeln; ist sie aber die Fortsetzung jener an der unteren Fläche der Augenblase endigenden Querrinne — und ich müsste dies annehmen, wenn ich nur den einen Umstand berücksichtigen wollte, dass ich in meinen sämmtlichen Präparaten nur eine einzige Rinne, Furche oder Vertiefung an der unteren Fläche der Augenblase und des Augenblasenstiels finde, so ist nicht hinreichend erklärt, warum der Faltungsprocess der primären Augenblase so weit dorsalwärts, die die primäre Augenblase einstülpende Wirkung der Hirnkrümmung so weit über den lateralen Pol der Augenblase hinaus sich erstreckt, wie dies meine Präparate und Figg. 3—7 zeigen. Andererseits muss ich hier schon vorausgreifend bemerken, dass die Einstülpung oder Faltung der Augenblase sich vom lateralen Pol aus ventral- und medianwärts überhaupt gar nicht weiter als bis auf das der Augenblase nächstliegende Stück des Augenblasenstieles erstreckt — am proximalen Theil desselben ist keine Rinne vorhanden; eine medianwärts fortschreitende Serie von Sagittalschnitten zeigt den Querschnitt des Stieles vielmehr aus der Rinnenform allmälig ins Queroval, dieses in die Kreisform, diese endlich in ein senkrecht stehendes nach unten zugespitztes Oval übergehend, in welcher letzteren Gestalt er in die Hirnwand übergeht (vgl. die schematische Zeichnung LIEBERKÜHN's 28 Taf. VII, Fig. 34, in der man nur das senkrecht stehende Oval sich noch hinzuzudenken hat). Endlich reichen die Angaben von His nur bis zur Bildung der „Augenblasengrube", welche die Umbildung der primären Augenblase „einleitet". Von dieser Einleitung bis zur vollendeten Umgestaltung der Augenblase ist aber noch ein so grosser Schritt, dass das für jene beigebrachte Causalmoment unmöglich ohne weiteres auch als für die letztere, die Annäherung der späteren inneren an die Pigmentlamelle bis zur gegenseitigen Berührung, wirksam gedacht werden kann. Die Erklärung des Zustandekommens jenes ersten Anfanges aber kann uns nicht befriedigen, wenn uns nicht zugleich auch die Ermöglichung des Verständnisses der weiteren Entwickelungsstufen geboten wird. Immerhin bleibt His das unbestreitbare Verdienst, auch in Bezug auf dieses Organ das Forschen nach den embryonalen Gestaltungen in neue und fruchtbringende Bahnen gelenkt zu haben.

Auf einem ganz anderen Princip beruht die von GOETTE gegebene Darstellung. GOETTE macht ein bisher weniger beachtetes ursächliches Moment für die ersten Bildungsvorgänge und Umformungen im befruchteten Keime geltend, nämlich die durch die fortgesetzte Theilung der Embryonalzellen nothwendigerweise bedingte Bewegung der neugebildeten Elemente.

Diese führt zu einer Zellenverschiebung in centrifugaler Richtung, deren erstes Resultat die Bildung der drei Keimblätter ist. Diese centrifugale Zellenschiebung setzt sich nun nicht nur in den Keimblättern, sondern auch in den daraus hervorgegangenen einzelnen Organanlagen — so auch im Hirnrohr und in der Augenblase — fort.

Die Umbildung der primären zur secundären Augenblase denkt GOETTE sich danach folgendermaassen (12. S. 323): „Die durch die Abschnürung geschaffene mediale Wand der Augenblase lässt einen Theil ihrer Zellen in die laterale Wand vorrücken, wodurch erstere dünner, letztere aber dicker wird. Im Beginn der Abschnürung der Augenblase wird diese schon etwas verdickte Aussenwand mit einer convexen Oberfläche an die Oberhaut gedrückt, während sie nach innen die weite Höhle ziemlich eben begrenzt. Sehr bald plattet sich aber ihre Aussenfläche nicht nur ab, sondern erscheint sogar in der Mitte, wo sie am dicksten ist, nach innen eingedrückt, so dass ihre vorgewölbte Innenfläche der ihr gegenüber stehenden medialen Wand der Augenblase beträchtlich genähert, die dazwischen gelegene Höhle in einen spaltartigen Raum verwandelt ist." — Die Ursache davon ist folgende: „Die in der medialen Wand der Augenblase centrifugal sich bewegenden Zellen müssen nun" — GOETTE beruft sich dafür auf den ähnlichen Vorgang bei der Bildung der Gastrula, wobei die primäre Keimblase von unten her eingestülpt wird — „vom Rande aus eine radiär convergirende Stosswirkung gegen die Aussenwand ausüben, worauf die Masse derselben nothwendig gegen die Höhle der Augenblase ausweichen muss, da der Widerstand in dieser Richtung natürlich viel geringer ist, als gegen die dicht anliegende Oberhaut hin. Diese Vorstellung von den Ursachen der Einstülpung der Augenblase wird wesentlich unterstützt durch gewisse Einzelheiten des ganzen Vorganges. Indem jene Einstülpung fortdauert und aus der Form einer flachen Schale in diejenige eines Napfes mit verengter Oeffnung (secundäre Augenblase) übergeht, wird bekanntlich nicht der ganze Einstülpungsrand gleichmässig zusammengezogen, sondern sein unterster Abschnitt bleibt darin vollständig zurück, so dass dort von der Sehnervenwurzel an ein stetig zunehmender Ausschnitt der zweischichtigen Blasenwand entsteht. Diese Bildung lässt sich auf den Druck der regelmässig gebildeten Linse nicht zurückführen", und ebenso wenig kann man die zwischen Linse und Augenblasengrund eindringende Glaskörperanlage für die von aussen wirkende Ursache erklären, welche die Ausbildung des Einstülpungsrandes hemmte. „Nach der von mir vorgeschlagenen Erklärung der Entwickelung der Augenblase erhellt es aber aus dem geringeren Grade einer Einschnürung an der unteren Seite des Augenblasenstiels, dass die sie offenbar verursachenden Zellenbewegungen dort unverhältnissmässig schwächer sind, als im übrigen Umfang der ursprünglichen Basis der Augenblase, daher aber auch ihr Erfolg oder die Bildung des Einstülpungsrandes an derselben Stelle sehr gering sein muss." — (S. 325) „So erscheinen sowohl die Abschnürung vom Hirn" — diese erfolgt dadurch, dass „die anfangs breite Basis jener runden Vorragung von oben, vorn und hinten sich zusammenzieht oder genauer ausgedrückt: von der sich ausdehnenden Hirnwand gegen die Schlussseite des Hirns zusammengeschoben wird" (S. 323) — „oder die Bildung der Augenblase wie die Umwandlung derselben in die Becherform mit dem unteren Ausschnitte als die innig zusammenhängenden Folgen eines einzigen, höchst einfachen, aber eigenthümlich beschränkten Vorganges innerhalb der bezüglichen Anlage selbst.

nämlich einer bestimmt gerichteten Zellenbewegung, wie eine solche in grösserem oder geringerem Maasse in der ganzen Nervenröhre, ja in allen sich ausdehnenden embryonalen Anlagen als nothwendige Wirkung der fortdauernden Theilung der Embryonalzellen besteht" — (S. 326). „Der Druck, den die convexe Aussenwand der primären Augenblase auf die Oberhaut ausübte, indem sie dieselbe eine Zeit lang vorwölbte, scheint zwischen beiden eine gewisse Verbindung herzustellen. Denn sobald die betreffende Fläche der Augenblase einzusinken anfängt, folgt ihr das noch unverändert anliegende Stück der Oberhaut und wird gleichfalls etwas eingedrückt. Dass dabei jedenfalls die mächtige Wand der Augenblase das mechanische Moment setzt und nicht die dünne Oberhaut, dürfte auf den ersten Blick unzweifelhaft erscheinen. Die erste Einsenkung der Oberhaut mag aber die Ursache für eine alsbald an jener Stelle auftretende Wucherung derselben bilden. Je mehr die Einsenkung der Augenblase sich vertieft, desto mehr wird das entsprechende Hautstück in dieselbe hineingezogen."

Aber auch gegen die Goette'sche Construction der secundären Augenblase lassen sich eine Reihe von Einwendungen erheben:

1) Warum lässt die mediale Hälfte der Augenblasenwand einen Theil ihrer Zellen in die laterale Wandhälfte vorrücken, so dass letztere dicker, sie selbst aber auf eine einzige Zellenschicht reducirt wird? Die supponirte centrifugale Zellenbewegung liefert für diese Verdünnung keine Erklärung; der von GOETTE angenommene sehr geringe Widerstand von Seiten des Lumens der Augenblase würde im Gegentheil sogar im etwaigen Fall einer massenhaften Production von Zellen in der medialen Wand, oder im Fall des Hinübertretens von Zellen aus der Hirnwand, eine *Verdickung* der medialen Wand der Augenblase ins Lumen der letzteren hinein vollkommen gerechtfertigt erscheinen lassen. Findet aber eine Vermehrung der Elemente in der medialen Wand nicht statt — woher dann die centrifugale Bewegung? und zwar eine Bewegung von solcher Energie, dass von einer „Stosswirkung" gegen die Aussenwand die Rede sein kann?

2) Nach welchem Gesetz „*müssen*" in der medialen Wand centrifugal sich bewegende Zellen „eine radiär convergirende" Stosswirkung gegen die Aussenwand ausüben, welche zu einer Einziehung, Grubenbildung am lateralen Pol führt? Natürlicher dürfte es scheinen, dass die centrifugale Zellenbewegung in der Augenblase zunächst zu einer weiteren Ausdehnung, Wachsthumszunahme der Augenblase nach dem Hornblatt hin, resp. einer Vortreibung des letzteren ad maximum, und sobald das Hornblatt der weiteren Ausdehnung Widerstand zu leisten beginnt, zu einer einfachen Verdickung der lateralen Polwand führt, — oder: bei Hinzunahme der Goette'schen Voraussetzung, dass an der Bauchfläche der Augenblase die centrifugale Zellenbewegung gar nicht oder fast gar nicht stattfindet, mithin von hier aus kein entsprechender Gegendruck gegen die von den übrigen Seiten stattfindende centrifugale Bewegung vorhanden ist, zu einer Verdrängung der ursprünglich am Pol gelegenen Zellen in den ventralen Theil der Augenblasenwand hin.

3) Warum wird die Zellenbewegung, „wie sie in allen sich ausdehnenden embryonalen Anlagen als nothwendige Wirkung der fortdauernden Theilung der Embryonalzellen besteht", in der Augenblase als „eigenthümlich beschränkte" angenommen? warum fehlt dieselbe gerade

in demjenigen Theil der Augenblase, wo man dieselbe als am energischesten vor sich gehend erwarten sollte, nämlich an der Bauchseite? Die Bauchseite der Hirnwand entspricht ja dem früher axialen Theil der Hirnplatte, gerade von diesem aber geht GOETTE's centrifugale Zellenbewegung doch in erster Linie aus — warum soll diese nun in dem zwischen der Augenblase liegenden Theil der Bauchwand des Hirnrohres plötzlich pausiren und nicht vielmehr hier und in seiner unmittelbaren Fortsetzung, der ventralen Wand der Augenblasen, ebenso sich fortsetzen, wie in der dorsal-medialen? GOETTE macht einen Cirkelschluss, wenn er S. 324 ff. einerseits aus dem Auftreten der Furche oder Spalte an der Bauchfläche folgert („erhellen" lässt), dass „die Zellenbewegungen dort unverhältnissmässig schwächer sind als in dem übrigen Theil der ursprünglichen Basis der Augenblasen", während er andererseits gleich darauf das Auftreten dieser Furche als die nothwendige *Folge* des unverhältnissmässig Schwächerseins, der eigenthümlichen Beschränkung der Zellenbewegung an jener Stelle der Augenblase hinstellt — ganz abgesehen noch davon, dass überhaupt schon eine petitio principii in der (unbewiesenen) Annahme vorliegt, dass die centrifugale Richtung der Zellenbewegungen es ist, welche die Einstülpung der primären Augenblase zu Wege bringt, und ganz abgesehen davon, dass GOETTE es ganz unerörtert lässt, warum seine centrifugale Zellenbewegung in der medialen Wand *rückläufig* geworden ist, statt der ursprünglichen Richtung von der Mitte der Axenplatte nach der Nahtstelle (Dorsalfläche) des Medullarrohres hin die entgegengesetzte eingeschlagen hat?

4) Ebenso wie den bisher genannten fehlt die Begründung auch denjenigen Annahmen, aus welchen GOETTE die Einstülpung des Hornblattes, die *Linsenbildung* deducirt. Ausgehend von der Behauptung, dass es auf den ersten Blick unzweifelhaft erscheinen dürfte, „dass dabei die mächtige Wand der Augenblase das mechanische Moment setzt und nicht die dünne Oberhaut", folgert er aus dieser die zweite, dass letztere der ersteren „folgt", von ihr in ihre Vertiefung „hineingezogen" wird und, um dieses zu ermöglichen, die dritte, dass der Druck der convexen Aussenwand der Augenblase gegen das Hornblatt zwischen beiden eine gewisse Verbindung herzustellen scheint. — Was zunächst den ersten der obigen Sätze anbelangt, so giebt GOETTE nicht weiter an, inwiefern die Mächtigkeit der Wand das mechanische Moment dabei bedingt; wenn damit aber — und dies scheint mir, da an sich doch eine dünne Wand ebenso gut ein mechanisches Moment setzen kann, wie eine dickere, hier die einzig mögliche Deutung — der allgemein üblichen Anschauung, dass die Augenblase durch das Hornblatt eingestülpt werde, gegenüber geltend gemacht werden soll, dass eine dickere Lamelle nicht wohl durch eine dünnere eingestülpt gedacht werden kann, oder speciell: dass die Mächtigkeit der Wand der Augenblase eine solche Festigkeit, Widerstandsfähigkeit derselben bedingt, dass ein Druck des dünneren Hornblattes gegen dieselbe wirkungslos bleiben müsste, so ist der Satz auch in *diesem* Sinn nicht haltbar; denn damit würde die Festigkeit in directe Abhängigkeit gesetzt von der absoluten Dicke der resp. Lamelle, während dieselbe doch wohl nach einem allgemein gültigen physikalischen Gesetz bei jedem Körper in erster Linie von der festeren oder lockereren Verbindung der Elementartheilchen und deren leichterer oder schwererer Verschiebbarkeit gegen einander bedingt gedacht werden muss. Dieses Princip auf Gewebslamellen von Embryonen aus so jungen Stadien, wie diejenigen, um welche es

sich hier handelt, und speciell auf die Augenblase angewendet, kann man annehmen, dass ihre Widerstandsfähigkeit gegen äussere Eindrücke und Einstülpungen eher im umgekehrten als im geraden Verhältniss zu ihrer Dicke steht; denn mag ihre rasch gewonnene Mächtigkeit nun Folge von rapider Proliferation aus ihren eigenen Elementen, oder Folge von Einwanderung der Zellen aus der Nachbarschaft (GOETTE) sein, jedenfalls sind dieselben in lebhafter Bewegung und auch ohne äussere Einflüsse bereits in der Verschiebung gegen einander begriffen, während in einer dünn bleibenden und zugleich an Flächenausdehnung weniger zunehmenden Lamelle, z. B. im Hornblatt, die trägere Bewegung der Elemente das Zustandekommen einer festeren Verbindung derselben unter einander gestattet, so dass man sich die *relative* Festigkeit derselben wahrscheinlich wohl grösser denken darf als diejenige der Augenblasenwand. Dass unter diesen Umständen die *absoluten* Festigkeitswerthe beider, die in obiger Deduction GOETTE's die maassgebenden sein müssten, sich vollkommen unserer Berechnung entziehen, wird man zugeben. Damit hört es aber auch auf unzweifelhaft zu sein, welche von beiden — wenn überhaupt eine — das mechanische Moment setzt. Was ferner die von GOETTE vermuthete „Verbindung" zwischen Augenblase und Hornblatt betrifft, so spricht gegen eine solche nicht nur der Umstand, dass diese beiden Lamellen auch in den frühesten Stadien der Linsenbildung beim geringsten Härtungsfehler schon sich von einander entfernen (so auch in GOETTE's bezüglicher Zeichnung Fig. 158) —, sondern auch der andere, dass das Auseinanderweichen beider sehr bald darauf, bei noch weit offener Linsengrube in Wirklichkeit und bleibend in einer Weise erfolgt, die keine Spur einer vorher bestanden habenden „Verbindung" beider erkennen lässt (vgl. meine Taf. I, Figg. 3 - 6 und die Erörterungen über die Bildung des Glaskörperraumes).

Wenn demnach die von GOETTE für die von ihm vertretene Auffassung der Linsenbildung beigebrachten Argumente nicht haltbar sind, so folgt daraus doch noch nicht ohne weiteres, dass auch jene Auffassung selbst falsch sein müsste: es käme nur darauf an, ein Causalmoment zu finden, welches die selbstständige Einstülpung der Augenblase, und eines, welches das Hineingezogenwerden des Hornblattes wirklich zur nothwendigen Folge haben müsste. Ersteres könnte man — vorausgesetzt, dass man seiner Theorie der centrifugalen Zellenschiebung sich anschliesst — gegeben glauben in dem Satz (S. 32):

5) Dass die Masse der aus der medialen in die Aussenwand der Augenblase vordringenden Zellen „nothwendig gegen die Höhle der Augenblase ausweichen muss, da der Widerstand in der Richtung gegen die Höhle der Augenblase natürlich viel geringer ist, als gegen die dicht anliegende Oberhaut hin", — wenn es sich mit diesem Causalzusammenhang nicht ähnlich verhielte, wie mit dem sub 3 besprochenen; *nur* aus dem Umstand, dass der laterale Pol der Augenblase gegen deren Höhle hin eingestülpt wird, können wir *erschliessen*, dass der Widerstand in dieser Richtung geringer ist als nach aussen hin, als aprioristische These, wie GOETTE diesen Satz hinstellt (das geht aus dem „natürlich" hervor), ist derselbe durchaus ungerechtfertigt, da die absolute Grösse des Widerstandes in der einen sowohl als in der anderen Richtung uns vollkommen unbekannt sind. Natürlich und selbstverständlich wäre jene Annahme nur, wenn die Höhle der Augenblase ein leerer Raum wäre. Dies ist nicht der Fall: wir wissen, dass dieselbe, wie diejenige des ganzen Medullarrohres ausgefüllt

ist von einer Flüssigkeit, welche die Wandungen derselben ausgespannt erhält (schon die älteren Autoren sprechen von diesem „Hirnwasser": Huschke, v. Baer, Ammon): da nun Flüssigkeiten nur in äusserst geringem Grad compressibel sind, so muss, so lange die Flüssigkeitsmenge in demselben Maass zunimmt wie das Lumen des Medullarrohres incl. Augenblasen, der Widerstand in der Richtung gegen die Augenblasenhöhle hin ein fast absoluter sein. — In gewissem Sinn umgekehrt und andererseits doch wieder ähnlich wie mit derjenigen der Augenblasenhöhle, verhält es sich mit der Widerstandsfähigkeit des Hornblattes; für sich allein gedacht (wie im luftleeren Raum), kann dasselbe als dünne, im Wachsthum begriffene embryonale Gewebslamelle — mag man sich ihre *relative* Festigkeit auch noch so gross denken — einer gegen seine Innenfläche andrängenden Gewalt einen absolut gewiss nur sehr geringen Widerstand leisten; aber dieser letztere muss sehr erheblich gesteigert werden durch den gleichmässigen Druck, unter welchem die ganze äussere Oberfläche des Hornblattes steht, — den Druck, welcher entweder direct und unmittelbar oder als fortgeleiteter auf die Oberfläche eines *jeden* Körpers und so auch auf die des Embryo wirkt: den allgemeinen atmosphärischen Oberflächendruck.

Ich glaube, dass das wirkliche Vorhandensein der beiden genannten Momente: die Spannung der Augenblase durch die darin enthaltene Flüssigkeit und der auf der Aussenfläche des Hornblattes liegende Druck nicht wohl bestritten werden kann. Werden diese aber zugegeben, so sind damit zwei in der That rein mechanisch wirkende Factoren gefunden, mit deren Hülfe es vielleicht gelingen wird, der Lösung der von den neueren Autoren gestellten Aufgabe: die Einstülpung der Augenblase als den primären, diejenige des Hornblattes als den nothwendig jener folgenden secundären Vorgang zu erklären, oder wenigstens verständlich zu machen, in einer anderen Weise als dies bisher geschehen ist, näher zu kommen.

Verfolgen wir zu diesem Zweck zunächst die Wirkungen des oben erwähnten Aussendruckes weiter. Derselbe tendirt von allen Seiten her gleichmässig das Hornblatt nach der Körperaxe hin zusammenzudrücken (centripetal); dem tritt entgegen derjenige Druck, welcher in entgegengesetzter (von der Axe nach aussen hin — centrifugaler) Richtung durch die rasch wuchernden Organanlagen und durch die noch indifferenten Zellen- und Flüssigkeitsmassen, welche die zwischen jenen Anlagen entstehenden Lücken und Lumina ausfüllen, gegen die Innenfläche des Hornblattes ausgeübt wird. So lange diese beiden einander entgegengesetzten Druckwirkungen, zwischen welche das Hornblatt eingeschoben ist, sich das Gleichgewicht halten, wird das Hornblatt in gleichmässiger Spannung erhalten werden; Formveränderungen desselben können nur entstehen, sobald eine Druckdifferenz eintritt; letztere aber kann, da der durch die Atmosphäre gesetzte Aussendruck als relativ constant angesehen werden muss, nur durch eine Steigerung des Binnendrucks bedingt gedacht werden. Mag dieser Binnendruck ein im Ganzen gleichfalls gleichbleibender oder ein im Verhältnisse zu jenem Aussendruck mit dem fortschreitenden Wachsthum des Embryo im Ganzen gleichmässig zunehmender sein — *locale* Schwankungen, und zwar locale Steigerungen sowohl als locale Verminderungen desselben sind, entsprechend der periodisch bald rascheren bald langsameren Production in den einzelnen Organanlagen gewiss vorhanden; wie erstere durch locale Hervortreibungen und Ausbauchungen, so müssen letztere durch Einziehungen (Aspiration) des Hornblattes nach der Körperaxe hin zum Ausdruck kommen; ersteres z. B. über dem lateralen Pol der rasch sich vergrössernden primären Augenblase, letzteres sobald dieser sich nach innen einstülpt, die Convexität, über die das Hornblatt gespannt war, in eine Concavität sich verwandelt; dabei *kann* das Hornblatt von der Augenblase sich nicht entfernen, weil die einander entgegen treibenden Druckwirkungen (der Flüssigkeit in der Augenblasenhöhle nach aussen, des Druckes an der Aussenfläche des Hornblattes nach innen) sie aneinander pressen, so dass sie, so weit sie aneinander liegen, eine einheitliche Scheidewand zwischen jenen Kräften bilden.

Was nun aber die Einstülpung oder *Einziehung der Augenblase* anbelangt, so lässt diese sich auf dasselbe Causalmoment zurückführen, wie diejenige des Hornblattes. Wie nämlich der Druck der Atmosphäre durch alle dasselbe umgebenden Theile auf das Hornblatt, so pflanzt er sich durch dieses weiter auf die von ihm umhüllten inneren Theile des Embryo fort — so auch auf die Augenblasen und das Medullarrohr. So lange nun die Wand des Medullarrohres und der Augenblasen durch die nicht compressible Flüssigkeit hinreichend gespannt ist, mit anderen Worten: so lange Flüssigkeit genug producirt wird, um das Lumen des rasch wachsenden Medullarrohres vollkommen auszufüllen und dem Aussendruck das Gleichgewicht zu halten, kann letzterer eine Formveränderung an ihm nicht hervorbringen; sobald aber aus irgend welchen Gründen — und vielleicht trägt gerade die so ungemein schnelle Vergrösserung der Augenblasen das Ihre mit dazu bei — die Flüssigkeitsmenge relativ geringer wird, muss — da der mächtig wirkende Aussendruck die Entstehung eines leeren Raumes, oder das Fortbestehen einer Druckdifferenz im lebenden Körper bekanntlich nicht gestattet — die Wand des Rohres oder der Augenblasen in demselben Maass als seine Füllung abnimmt, axialwärts eingezogen werden.

Warum diese Einziehung gerade an der Augenblase und nicht an irgend einer anderen Stelle des Hirnrohres auftritt, und warum die Einziehungs*richtung* gerade diejenige ist, wie wir sie oben unter der nicht mehr haltbaren Voraussetzung eines Druckes von Seiten der sich bildenden Linse als „Einstülpungsrichtung" in den betreffenden Zeichnungen erkannt haben, dafür lässt sich freilich vor der Hand noch kein vollkommen zwingendes Motiv nachweisen; doch dürfte es vielleicht schon jetzt als wahrscheinlich bezeichnet werden, dass das so weit lateralwärts Vorgeschobensein der Augenblasen und ihre unmittelbare Berührung mit dem Hornblatt — und gerade die lateral-ventrale Partie derselben ist es ja, wo dieses stattfindet und wo auch die Einziehung beginnt — sie der Wirkung der entstehenden Druckdifferenz in erster Linie und mehr exponirt als das von den Kopfplatten mehr oder weniger geschützte übrige Medullar- und Hirnrohr; ob vielleicht auch der Umstand influirt, dass die Communicationsöffnung, durch welche die Flüssigkeit aus den Augenblasen ins Medullarrohr entweichen kann, an der Bauchseite gelegen ist, muss gleichfalls noch als hypothetisch bezeichnet werden.

Ich gebe gern zu, dass, bis entweder diese genannten Momente sicher gestellt oder statt ihrer andere gefunden sein werden, eine Lücke in der von mir versuchten Deduction der in Rede stehenden Bildungsvorgänge verbleibt; nichts desto weniger habe ich dieselbe nicht unterlassen zu müssen geglaubt, da sie mir vor den übrigen bisher versuchten folgende, zum Theil aus dem Obigen schon sich selbst ergebende Vorzüge zu haben scheint, deren wegen sie vielleicht weiterer Untersuchungen werth wäre: einmal dass darin ein von jenen vernachlässigter nicht wegzuleugnender Factor eingeführt wird, durch welchen wenigstens der erste Anstoss zu diesen Vorgängen in ein wirklich rein mechanisch wirkendes Moment verlegt wird; ferner dass darin die beiden, schon dem äusseren Anschein nach so eng verbundenen Einstülpungen des Hornblattes und der Augenblase auf *eine* gemeinsame Ursache zurückgeführt, beide zu einem einheitlichen Vorgang combinirt werden, was sich mehr empfehlen dürfte, als die Heranziehung zweier verschiedener Motive (GOETTE); endlich scheint sich mir die darin gegebene Auffassung des Vorganges als einer „*Einziehung*" mehr zu empfehlen als diejenige einer „*Einstülpung*" (etwa in Folge einer „Stosswirkung"), und dies zwar sowohl in Bezug auf die Augenblase als in Bezug auf die Linsenbildung: wird nämlich der resp. Theil der lateralen und ventralen Wand der Augenblase in die Höhle der letzteren als in einen locus minoris resistentiae hineingezogen (angesogen), so dürfte es vielleicht weniger befremden, dass auch ein Theil der Zellen der *medialen* Augenblasenwand in der angegebenen Richtung nachgezogen wird und während sie selbst, über der Flüssigkeit gespannt bleibend, sich verdünnt, der eingezogene Theil, die innere Lamelle durch Aufnahme von Elementen aus jener so rasch sich verdickt. Dabei würde auch die bei der GOETTE'schen Auffassung als rückläufig erscheinende Richtung dieser Zellenwanderung (vgl. o. S. 29) nicht nur erklärlich, sondern nothwendig erscheinen, während andererseits die Entstehung der sog. Augenblasenspalte bei Annahme einer „Einziehung" nicht weniger verständlich ist als bei der einer „Einstülpung", wofern nur die Richtung der ersteren dieselbe ist wie die des S. 23 als wirksam gedachten Druckes von Seiten der Linsenanlage. — Fast in noch höherem Grad erheischt die Einleitung der *Linsenbildung* die Vorstellung einer „*Einziehung*": denn wenn auch bei den Amnioten mit ihrer nach aussen offenen Linsengrube eine Einstülpung des Hornblattes als Folge eines Druckes von aussen denkbar wäre, so ist dies nicht möglich bei denjenigen Thieren, bei denen die Linse nur aus der tieferen Lage des Hornblattes sich entwickelt, während die Deckschicht nicht mit eingestülpt wird; von einem von innen her wirkenden *Zug* dagegen kann sehr wohl nur die innere Schicht betroffen und von jener abgezogen werdend gedacht werden (vgl. Taf. IV. Fig. 55 B), ja selbst die Vorstellung einer ohne Bildung einer Grube oder Höhle, von vornherein *solid*, sich einleitenden Linsenentwickelung würde dadurch ermöglicht, man braucht sich nur die Wucherung der Zellen, welche jede Einstülpung oder Einziehung der embryonalen Blätter zu begleiten scheint, etwas lebhafter zu denken als dies sonst der Fall ist.

Sobald der eingezogene Theil der Augenblasenwand sich dem nicht eingezogenen dorsal-medialen bis zur Berührung genähert hat und die primäre Augenblasenhöhle geschwunden ist (Figg. 5 und 6), beginnt die Innenfläche der secundären Augenblase von der Linse sich zu entfernen. Der dadurch zwischen diesen beiden entstehende Raum ist die bleibende Binnenhöhle des Augapfels, der *Glaskörperraum*.

Warum Augenblase und Linse auseinanderweichen, ist in Wirklichkeit nicht so leicht verständlich, wie dies nach der von Schoeler gegebenen Darstellung (s. o. S. 20) erscheinen musste; nach dieser wurden Linse und Augenblase durch die von der Bauchfläche her vordringende Zellenmasse, welche die Anlage des Glaskörpers bildet, einfach mechanisch auseinander gedrängt. Eine solche Zellenmasse ist nicht vorhanden, und es fragt sich nun, ob nicht vielleicht diejenige Masse, welche wir anstatt jenes Schoeler'schen Kopfplattenfortsatzes den sich bildenden Glaskörperraum ausfüllend fanden und mithin als Anlage des Glaskörpers bezeichnen mussten, dieselbe mechanische Wirkung ausüben kann, die jenem zugeschrieben wurde? — Um diese Frage beantworten zu können, muss zuvor festgestellt werden, welcher Natur die genannte Masse, die Anlage des Glaskörpers, ist?

Wie dieselbe unter dem Mikroskop sich ausnimmt, haben wir oben schon gesehen. Ganz dasselbe mikroskopische Bild bietet auch — nur dass die Zellen darin fehlen — das Gerinnsel der Flüssigkeit im Lumen des Medullar- und Hirnrohres, dasselbe Bild das Gerinnsel in jedem Längs- oder Querschnitt eines Blutgefässes, soweit dasselbe nicht von Blutkörperchen erfüllt ist, dasselbe endlich die Grundsubstanz der Kopfplatten, in der die in diesem Stadium relativ spärlichen Zellen eingebettet sind. Welche Annahme liegt da näher als die, dass der Glaskörper aus derselben Flüssigkeit besteht, wie die, der in gehärteten Präparaten jene Gerinnsel ihre Entstehung verdanken — mag dieselbe je nach dem Ort ihres Vorkommens als Blutplasma oder als Transsudat oder als Körperlymphe zu bezeichnen sein, welche, in den relativ zellenarmen embryonalen Geweben so reichlich vorhanden, alle bei den Umformungen und Faltungen der zellenreicheren Grenzkeimblätter entstehenden Lücken und so auch die um und in der Augenblase sich bildenden Falten und Hohlräume ausfüllt. Und wenn dazu für die oberhalb der Linse gelegenen Lumina (Fig. 5) das Material gewiss hinreichend in der gefässreichen Kopfplattenmasse über der Augenblase vorhanden ist, so fehlt dasselbe auch von der Bauchseite her nicht; denn wenn die Gefässschlinge, die wir S. 22 als in Fig. 4 schon vorhanden, in Figg. 5 und 6 als in die Augenblasenfurche vorgedrungen bereits kennen gelernt haben, auch klein ist, so dürfte bei der Dünnwandigkeit der Gefässe in diesen Stadien, die Transsudation aus denselben doch genügen, um die Augenblasenfurche und den ja auch nur ganz allmälig sich vergrössernden Raum zwischen Linse und Innenfläche der Augenblase zu füllen.

Und die *Zellen*, die in dem Glaskörpergerinnsel eingebettet sind? — sind aus demselben Gefässchen ausgetretene Blutkörperchen. Ich darf mich speciell in Bezug auf diesen Punkt auf das zustimmende Urtheil von Fachmännern berufen, welche dieselben nach ihrem mikroskopischen Charakter in meinen Präparaten (z. B. dem in Fig. 6 A. gezeichneten) sofort als solche erkannt haben. Ich will aber hier gleich erwähnen, dass sie diesen Charakter nur zeigen, so lange sie in der Nähe der Augenblasenfurche - resp. Spalte sich befinden; je weiter von dieser entfernt, desto mehr erscheinen sie degenerirt, kleiner, protoplasmaärmer, unregelmässig geformt (so die Figg. 6 B. und 8 dorsalwärts von der Linse liegenden), schliesslich nur noch als Detritus; die ausgetretenen Blutkörperchen scheinen demnach ziemlich rasch im Glaskörper sich aufzulösen; möglich, dass eben durch dieses Aufgehen von Blutkörperchen in die Glaskörperflüssigkeit diese die gallertige Beschaffenheit annimmt, welche sie in späteren Stadien zeigt und durch die sie sich dann von der Körperlymphe und dem Blutplasma unterscheidet.

Der Glaskörper wäre darnach also nur ein Transsudat mit einzelnen in dasselbe gelangten Blutkörperchen. So wenig man nun anderweitig in der Entwickelungsgeschichte Transsudaten eine activ-formative Wirkung zuschreibt, so wenig wird man auch annehmen wollen, dass die beschriebene flüssige Glaskörperanlage den für ihre Aufnahme erforderlichen Raum sich selbst schaffe; und dies um so weniger, da dieser Raum zur Zeit noch nach unten hin offen ist, und nicht etwa eine geschlossene Blase, welche durch Steigerung der Transsudation in dieselbe eine stärkere Spannung und Wölbung erfahren könnte. Man muss also nach anderen Ursachen für die Entfernung der Augenblase und Linse von einander suchen. Ich glaube, dass dieselbe vorwiegend auf die Differenz der Wachsthumsgeschwindigkeit und Flächenvergrösserung beider zurückzuführen ist. Während nämlich die Oberfläche der Augenblase stetig an Ausdehnung zunimmt, bleibt, wie ein Blick auf die zugehörigen Zeichnungen ohne weiteres zeigt, die Linsenblase in der Grössenzunahme bedeutend hinter ihr zurück (ihr Productionsvermögen scheint durch die Verlängerung ihrer Elemente zu Fasern und die dadurch bedingte Verdickung ihrer Wand, sowie durch die Hervorbringung der Linsenkapsel zum grössten Theil absorbirt zu werden). Denkt man sich nun den Umbiegungsrand der Augenblase an die ihre Oeffnung ausfüllende Linse irgendwie fixirt, oder gegen diese und das anliegende Hornblatt angestemmt, so muss die raschere Flächenvergrösserung der halbkugelförmigen Augenblase, wenn keine besonderen Hindernisse entgegenstehen, dazu führen, dass alle übrigen Punkte der Innenfläche der Augenblase sich von der Linse mehr und mehr entfernen und das doppelwandige napf- oder laubenförmige Gebilde allmälig die Gestalt einer Hohlkugel annehmen, deren absolut zwar grösser, relativ zur Vergrösserung der ganzen Augenblase aber kleiner werdende Oeffnung nach wie vor durch die Linse geschlossen bleibt. Eine Art Fixation, freilich nicht im Sinne von Verwachsung, sondern nur durch festes Angedrücktsein des Umbiegungsrandes der Augenblase gegen die Linse anzunehmen, scheint mir aber durchaus nicht unzulässig. Dafür spricht der Umstand, dass in allen nur einigermaassen gut gehärteten Präparaten diese Theile nicht nur dicht und unmittelbar aneinanderliegen, so dass ihre Grenzcontouren in einen zusammenfliessen, sondern in vielen, namentlich den jüngeren Stadien (vgl. Figg. 7, 8 u. 10) sogar der Umbiegungsrand der Augenblase gegen die Linse abgeplattet erscheint; und dies nicht nur beim Hühnchen, sondern auch bei anderen von mir untersuchten Thieren; ich trage daher auch kein Bedenken, die soeben besprochene Formveränderung der Augenblase mir in der angegebenen Weise zu erklären.

Es erübrigt nun noch die Erörterung der Berechtigung, die wiederholt erwähnte *Gefässschlinge* in der Weise direct in Beziehung zur Entwickelung des Glaskörpers zu setzen, wie es im Obigen geschehen ist. Diese Berechtigung ergiebt sich aus dem Verlauf und der Lage dieses Gefässes. Der Verlauf desselben tritt am anschaulichsten in Frontalschnitten, wie sie auf Taf. I gezeichnet sind, hervor, s. Figg. 4; 6 A; 7 C; 8; 10. Aus den Kopfplatten an der Bauchfläche des Hirnrohres hervorkommend, steigt das Gefäss an der Bauchfläche des Augenblasenstiels empor, verläuft dann horizontal distalwärts, biegt unterhalb der Linse scharf um, um ventral-medianwärts wieder zu derselben Gegend zurückzulaufen, aus der es aufgestiegen war; es bildet also eine Schlinge mit einem oberen zuführenden und einem unteren zurückführenden Schenkel. Dass man den Gesammtverlauf dieser Gefässschlinge so schwer in *einem* dünnen Schnitt zur Ansicht bekommt, kann nicht Wunder nehmen, da bei der Kleinheit des Objects ja eine minime Abweichung von der erforderlichen Schnittrichtung genügt, um das gewünschte Resultat verfehlen zu lassen. In den Figg. 4. 5. 6 A. sind nur *Theile* dieser beiden Schenkel sichtbar, die Umbiegungsstelle des Gefässes ist nicht mit in die gezeichneten Schnitte gefallen; in den Figg. 7 A. 7 C. 10 A. dagegen ist die Umbiegungsstelle deutlich, der aufsteigende Theil des Gefässes dagegen in Fig. 7 nur gestreift, jedoch zu erkennen an den schon durch ihre Grösse so charakteristischen Blutkörperchen bei v. in Fig. 7 C; zu Fig. 10 liegt derselbe in den beiden dem gezeichneten vorhergehenden Schnitten. — In den Figg. 8. und 10 abgebildeten Stadien ist die Augenblasenspalte schon so eng, die dieselbe begrenzenden Umbiegungsränder der Augenblase so nah aneinander gerückt, dass es fast unmöglich ist einen Schnitt durch den Längsverlauf des Gefässes zu gewinnen, ohne dass die Augenblasenränder mitgetroffen werden; dabei zeigt sich der obere Schenkel der Gefässschlinge stets als oberhalb der Augenblasenränder, also als in dem — in diesen Stadien auch an der Bauchseite schon fast ganz abgeschlossenen — Glaskörperraum drinliegend. Noch deutlicher ergibt sich dies aus den Sagittalschnitten auf Taf. III. Schneidet man von der Medianebene des Kopfes distalwärts fortschreitend, so findet man, wie S. 26 schon angegeben, den Augenblasenstiel in der Nähe des Hirnrohres längsoval, dann allmälig rund werdend, endlich folgen Schnitte, welche die schon von REMAK ihm beigelegte Dachrinnenform in sehr ausgesprochener Weise zeigen, Taf. III. Fig. 23; die in verschiedener Richtung um denselben verlaufenden Gefässchen scheinen sich in der Nähe der Uebergangsstelle des Stiels in die Augenblase (Taf. III. Fig. 24.) zu einem grösseren Stämmchen zu vereinigen, welches sich hier erst in die Rinne des Augenblasenstiels legt und mit dieser ins Cavum der Augenblase übergeht — Taf. III. Fig. 25; das in der letzteren Zeichnung sichtbare Stück des Gefässes gehört dem oben als aufsteigendes Stück bezeichneten Theil desselben an. — Taf. III. Fig. 26 zeigt das Gefäss im Anfangsstück seines horizontalen Verlaufs, Taf. III. Fig. 27 in der Mitte desselben; hier berühren sich die Augenblasenränder unterhalb des Gefässes schon vollständig. — Unterhalb der Spalte sind kleinere Gefässlumina sichtbar, welche den unteren, rückläufigen Schenkel der Gefässschlinge repräsentiren; dieser letztere ist nämlich nicht ein einheitlicher, wie der obere; letzterer entsendet vielmehr schon während seines Verlaufs über der Spalte feinste Zweige durch die Spalte hindurch, welche dieselbe medianwärts rückläufige Richtung einschlagen, wie der zuletzt unterhalb der Linse die Spalte durchsetzende Stamm selbst. — Diese Verhältnisse lassen sich schon in den Taf. III, Figg. 23—28 dargestellten jüngeren Stadien nachweisen, noch leichter aber an etwas älteren; so in den Taf. III. Figg. 29—37, welche einer Serie von circa 60 Schnitten durch das Auge eines etwa 4tägigen Hühnchens entnommen sind. Auch zu dieser Zeit noch zeigt der Augenblasenstiel seine Rinnenform, und zwar sowol vor (Fig. 29) als bei (Fig. 30) seinem Uebergang in die Augenblase. In dem zwischen diesen beiden Schnitten liegenden Stück des Stieles tritt das Gefäss in die Rinne (Taf. III. Fig. 29 erscheint es noch durch eine Kopfplattenschicht vom Stiel getrennt); Figg. 31 und 32 zeigen den Durchtritt durch die Spalte, in Fig. 33 liegt es über derselben und geht ein Zweig von demselben durch die Spalte hinaus. In Fig. 34 tritt ein rothes Blutkörperchen durch die Gefässwand nach dem Glaskörper hin aus; in Fig. 35 schickt das Gefäss sich zur Theilung in mehrere Zweige an, welche in Fig. 36 sich vollzogen hat; Fig. 37 endlich zeigt den Austritt des letzten bedeutenderen Zweiges, welcher als die Fortsetzung des Stammes angesehen werden kann, durch die Spalte, repräsentirt also die unterhalb der Linse gelegene Umbiegungs- oder Uebergangsstelle des zuführenden oberen Schenkels in den abführenden unteren (vgl. S. 35); dass letzterer ein geringeres Lumen zeigt als jener (vgl. Taf. I. Figg. 7. 8. 10) erklärt sich aus dem Voranstehenden genügend.

Nach dieser seiner Lage kann das in Rede stehende Gefäss, wenn es überhaupt einen Zweck haben soll, doch wol nur in Beziehung zum Glaskörper gesetzt werden.

Ehe wir das Hühnchen verlassen, muss noch der Darstellung, welche LIEBERKÜHN (28) von der Entwickelung des Glaskörpers bei demselben gibt, Erwähnung geschehen. LIEBERKÜHN beginnt seine Beobachtung intacter Embryonen unter dem Mikroskop erst in einem Stadium, in welchem (28. S. 23) „die dem vorderen Blatt der Augenblase eng anliegende Linse mit einer noch deutlichen Oeffnung" versehen ist (28. Taf. I. Fig. 1.); „vorderes und hinteres Blatt der sog. Augenblase sind eng aneinander gerückt und noch von fast gleicher Dicke" (? — vgl. meine Taf. I. Figg. 5 und 6); die Stelle unterhalb der Linse „zeigt noch nicht irgend eine Einbuchtung der Augenblase und auch noch nicht die charakteristischen in fast allen Abbildungen dargestellten einander entgegengekommenen Ausläufer der Augenblase; diese Erscheinung bietet sich erst im nächsten Stadium dar". In diesem (Anfang des 4. Tages) „läuft (28. S. 13) unter die kreisförmige Oeffnung (i. e. die Einmündungsstelle des Lumens des Augenblasenstiels in die Augenblasenhöhle) „ein kegelförmiger Zapfen hin, der mit breiter Basis von dem Gewebe der primitiven Schädelkapsel unterhalb des Hornblattes ausgeht und sich immer mehr zuspitzend hinter den unteren Rand der Linse begibt, um sich hinter ihr zu verlieren. Dieser Zapfen stellt die Andeutung des Vorganges dar, der von den Autoren SCHOELER, KÖLLIKER als Einstülpung des Glaskörpers beschrieben ist. Der Zwischenraum zwischen zwei einander entgegengekommenen Wülsten der Augenblase, durch welchen dieser Zapfen geht, hat nur erst eine unbedeutende Tiefe und bildet die Anlage der Chorioidal-, Netzhaut- oder Augenblasenspalte." — Diese Angaben (denen gegenüber diejenige, mit der er sein nächstes Cap. S. 19 beginnt: „die erste Anlage des Glaskörpers erfolgt schon viel früher als es bisher angenommen worden ist und fällt in die Zeit vor dem Auftreten der Augenblasenspalte," befremdet) sprechen ebenso wie die dazu gehörigen Abbildungen seiner Taf. I. nicht zu Gunsten der von ihm gewählten Untersuchungsmethode; was durch diese ermittelt werden konnte, ist ausgetreten bereits in den Figuren, wie REMAK (36. Figg. 32—35) wiedergegeben, während die die Augenblase unterhalb der noch offenen Linse geschlossen zeigenden Figg. 1 und 2 LIEBERKÜHN'S durchaus dem Thatbestand widersprechen, daher denn auch seine aus diesen abstrahirten, „durch den Sehnerven" (vgl. 28. S. 10 zu Taf. I. Fig. 2a) und mithin auch durch die Augenblasenspalte, „die in der Verlängerung des Nerven ihre Lage hat" (28. S. 10), gelegt gedachten Durchschnittszeichnungen 1 A, 2 A und 6 A') unrichtig sind, wie jeder mikroskopische Schnitt durch die resp. Partie eines gut gehärteten Embryo ohne weiteres beweist, so auch schon der von LIEBERKÜHN Fig. 9 gezeichnete, obgleich derselbe in nicht ganz glücklicher Richtung geführt und einem seitlich stark comprimirten Kopf (letzteres ist in noch höherem Grad in Fig. 10 der Fall) entnommen ist. — Aus diesen Beobachtungsfehlern resultirt der Deutungsfehler, dass er auf S. 12 ff. das, was in Wirklichkeit optischer Ausdruck der Augenblasenfurche oder Augenblasenspalte ist (28. Taf. I. Figg. 1. 2. 3) „als grosse Hirnspalte" (vgl. 28. S. 10 zu Taf. I. Fig. 1.) oder „Communication der Augenblasenwurzel mit der Höhle der Hirnblase (S. 10 zu Taf. I. Fig. 2a.) beschreibt; — daher auch der Irrthum in Bezug auf die Zeitangabe des ersten Auftretens der Augenblasenfurche und der „ersten Andeutung des Vorgangs der Einstülpung des Glaskörpers" (s. o).

Ich schliesse hieran gleich noch die Erledigung einer anderen Frage von allerdings mehr nur untergeordneter Bedeutung, welche von LIEBERKÜHN im Zusammenhang mit seiner obigen Darstellung irrthümlich behandelt wird, nämlich: *Ob die Einstülpung resp. Einziehung der Augenblase sich auch auf deren Stiel fortsetzt oder nicht?* LIEBERKÜHN behauptet — und MIHALKOVICS (32, S. 594) bestätigt ausdrücklich diese Behauptung LIEBERKÜHN'S, — dass dies beim Vogelauge nicht der Fall sei (28. S. 15 und 25), „man müsste sonst (28. S. 16) bei gewissen Einstellungen eine dem entsprechende Figur der Anlage des Opticus sehen. Was als die nach dem Boden des Gehirns hin sich fortsetzende Rinne des Sehnerven angesehen zu werden pflegt, gehört vielmehr noch der Augenblase an, deren Spalte in der Verlängerung des Nerven ihre Lage hat. An Quer-

---

1) Und ebenso natürlich auch der nach diesen entworfene „Schemat. Längsschnitt nach LIEBERKÜHN", den MANZ (29) S. 8. und 12 in seinen Figg. 4 und 5 gibt.

schnitten, die durch den Opticus selbst gelegt sind, stellt sich dies mit vollster Sicherheit heraus; auch findet sich im Vogelauge keine Arteria centralis retinae vor, deren wegen eine solche Einstülpung angenommen worden ist. In so weit eine Rinne an der unteren Fläche des Sehorgans sichtbar ist, tritt sie nur bis an den Opticus heran, setzt sich aber nicht auf ihn fort." Dem gegenüber muss ich meine entgegengesetzte Ansicht (19. S. 13 [28. S. 11] und: Dorpater medic. Ztschr. V. Bd. S. 369) vollkommen aufrecht erhalten; schon aus den soeben cit. Stellen geht hervor, dass dieselbe nicht eine der Art. central. retinae wegen gemachte Annahme ist, sie stützte sich vielmehr auf Querschnitte, wie sich einer derselben Taf. III. Fig. 23 bis auf jede einzelne Zelle genau mit dem Zeichnenprisma wiedergegeben findet. Der Umstand, dass der hier unzweifelhaft rinnenförmige Augenblasenstiel als durch die ihn rings umgebenden Kopfplattenelemente von der (oben auch an angeschnitten sichtbaren (medialen Wand der) Augenblase *getrennt* sich präsentirt, lässt mit voller Bestimmtheit die Behauptung zurückweisen, dass das rinnenförmige Gebilde „noch der Augenblase angehört." Nach der oben gegebenen Erklärung der Furchenbildung an der Bauchfläche der Augenblase muss es leicht begreiflich erscheinen, dass die Wirkung desselben Causalmomentes sich auf den distalen Theil des Augenblasen*stieles* erstreckt, und hier um so mehr zur Wirkung kommt, je weiter das Lumen des letzteren noch ist; die von der Einziehung betroffene Strecke des Stieles wird aber natürlich um so kürzer sein, je kürzer der Stiel ist. Meine bezüglichen Zeichnungen (Taf. I, Figg. 2, 4—8) zeigen, dass derselbe beim Hühnchen ausserordentlich kurz ist (vgl. dagegen die Länge desselben bei der Maus Taf. V. Fig. 68, in der nur ein Theil des Stieles in der Zeichnung vorliegt); dem entsprechend hat auch die eingezogene Strecke desselben beim Hühnchen eine so geringe Ausdehnung, dass nur lückenlose Serien in glücklicher Richtung geführter, dünner Schnitte deutliche Bilder der Rinnenform ergeben.

Meine Befunde an Embryonen aus anderen Thierclassen sind nur geeignet, die im Bisherigen am Hühnchen gewonnenen Anschauungen über die Umbildung der Augenblase, die Entstehung der Augenblasenspalte, des Glaskörpers und Glaskörperraumes zu bestätigen. Je ausführlicher ich an jenem beschrieben habe, desto kürzer kann ich mich bei diesen fassen.

Von **Lacerta** habe ich jüngere Stadien als das in Taf. VI. Fig. 77 abgebildete, in welchem die proximale Linsenwand nur wenig mehr verdickt ist als in der Zeichnung von der **Viper** Taf. VI. Fig. 76, nicht erlangen können. Der Glaskörper bietet in den Präparaten von der letzteren sowol als in denen von der Eidechse dasselbe mikroskopische Bild wie derjenige des Hühnchens, mit dem einzigen Unterschied, dass bei der Viper im obigen Stadium gar keine, bei Lacerta mehr Zellen in demselben anzutreffen sind als beim Hühnchen. Die Zahl derselben nimmt bei Lacerta in den späteren Stadien (anfangs namentlich in der Nähe der Linse) noch bedeutend zu (Taf. VI. Figg. 80): vielleicht hängt dies mit der ansehnlich beträchtlicheren Entwickelung des Blutgefässes (s. Fig. 78) zusammen, welches in gewissen Stadien die Augenblasenspalte vollständig ausfüllt (Figg. 77 A und B). Viele von diesen Zellen im Glaskörper sind sofort als Blutkörperchen zu erkennen cf. Figg. 78 und 79.

Beim **Hecht** finde ich in dem Glaskörper eben sowenig eine Spur von Zellen, wie bei der Viper, sondern nur das Flüssigkeitsgerinnsel; auch KUPFFER (25. S. 643) konnte „auch an Hechtembryonen, bei denen der Spalt der Augenblase bereits geschlossen war, eine bindegewebige Grundlage des Glaskörpers nicht bemerken, der Glaskörperraum war da noch von Flüssigkeit eingenommen". Wenn KUPFFER unmittelbar vorher aber sagt: „zugleich mit den Nervenfasern dringt auch *Bindegewebe* ein, welches die limitans interna bildet", so kann ich dies nicht bestätigen; ich finde nur ein *Blutgefäss*, und zwar ganz in derselben Weise wie bei Hühnchen und Eidechse eintretend; das Verhalten dieses Gefässes unterscheidet sich erst nachdem es in den Bulbus eingetreten ist von demjenigen bei den letztgenannten Thieren dadurch dass es sich theilt, um nur einen seiner Zweige oberhalb der Augenblasenspalte nach dem ventralen Linsenrand hinziehen zu lassen, den (oder die?)

anderen aber an der Innenfläche der medialen Augenblasenwand dorsalwärts zu entsenden (vgl. Schenk 37, S. 485 und Fig. 5; in meinen Präparaten liegen die Gefässzweige der Augenblasenwand unmittelbar an). Da Kupffer dieses Gefäss gar nicht erwähnt, das von ihm angegebene Bindegewebe aber in meinen Präparaten sich nicht findet, muss ich vermuthen, dass er dieses Gefäss für einfaches Bindegewebe genommen hat.

Säuger.

Auch bei den Säugern tritt ein Gefäss durch die Augenblasenspalte, welches sich sofort nach seinem Eintritt verzweigt; während aber die Gefässzweige im Auge des Hechtembryo sich der Innenfläche der Augenblasenwand von vornherein dicht anlegen und der Glaskörper dabei vollkommen gefäss- und zellenlos bleibt, gibt derjenige des Säugerembryo ein total anderes Bild. Wie dies sich entwickelt, erlaube ich mir, da genauere Mittheilungen darüber bisher noch so gut wie ganz fehlen, im folgenden etwas ausführlicher darzulegen, s. Taf. V. und VI.

Taf. V. Fig. 65 ist die primäre Augenblase vom Hundeembryo dargestellt; ihre Abschnürung ist noch nicht vollendet, die Communication mit der Hirnhöhle, das Lumen des Augenblasenstiels' (st) noch weit, der vom zweischichtigen Hornblatt bedeckte Pol schon etwas abgeplattet; die Figg. 66 und 67A von der Maus zeigen die Umbildung der primären Augenblase zur secundären; der mit f bezeichnete Theil ihrer Wand ist derjenige, welcher die während der Einziehung entstehende Furche überdacht; in letzterer ist das Gefäss, die spätere Arteria centralis, leicht an den schön erhaltenen, grosskernigen Blutkörperchen in seinem Lumen zu erkennen. Nicht weniger deutlich tritt der Stamm desselben bereits in Taf. V. Fig. 65 in der spärlichen Kopfplattenmasse an der Bauchfläche des Hirnrohres hervor, in anderen Schnitten der Serie, welcher letztgenannte Zeichnung entnommen ist, liegt es mehr lateralwärts getroffen auch in seinem weiteren Verlauf an der Bauchfläche der Augenblase vor. Schon in den Stadien, welche Taf. VI. Figg. 81 und 82 gezeichnet sind, hat es die Convexität der von ihm gebildeten Schlinge dorsalwärts weiter emporgetrieben; in dem Taf. V. Fig. 67A abgebildeten füllt es, im Querschnitt bedeutend gewachsen, die Furche des Augenblasenstiels und den zwischen Innenfläche der Augenblase und Linsenanlage entstandenen Winkel vollkommen aus, um von hier in unmittelbarer Berührung mit der Bauchfläche der Linsenanlage lateralwärts zu ziehen (Taf. V. Fig. 67A. B. C. und Taf. VI. Fig. 83); während dieses Verlaufs gibt es (vgl. S. 36.) einen feinen Zweig ab, welcher ventral-medianwärts nach derselben Gegend hin zurückläuft, von welcher aus der Stamm in die Augenblase eingetreten war (Taf. VI. Fig. 83; auch schon in Taf. V. Fig. 67A. ist dieser Zweig angedeutet). — Unterhalb des am weitesten dorsalwärts hinaufreichenden Theiles der Gefässschlinge beginnt bei den Säugern die Augenblasenfurche oder -Spalte schon sehr früh sich zu verengern resp. zu schliessen; dies zeigt Taf. V. Fig. 67B. Dieser Sagittalschnitt durch einen Embryo aus demselben Mutterthier, welchem der Fig. 67B. abgebildete frontal geschnittene Embryo entstammt, ist geführt in der Richtung, welche in Fig. 67A. durch $x-v$ bezeichnet ist; im Centrum von Fig. 67B. sieht man die proximale Linsenwand leicht gestreift, unterhalb derselben das Gefäss im

Querschnitt, beide unmittelbar umschlossen von der inneren Lamelle der Augenblase; unterhalb des Gefässes die Augenblasenspalte, einige Kopfplattenzellen enthaltend. — Diesem Schnitt parallel, mehr distalwärts in demselben Auge wie 67 B, liegt der Fig. 67 C. gezeichnete: der innerste Ring ist die Wand der mit Amnionflüssigkeit gefüllt zu denkenden Linsengrube, an der Bauchfläche derselben in der hier natürlich viel breiteren[1]) Augenblasenspalte zwei kleine Lumina der Zweige der Art. central.

Aus der Taf. V. Fig. 67 A—C. ist zu ersehen, dass bei der Maus — und dasselbe zeigen die Schnitte von dem Taf. VI. Fig. 88. gezeichneten menschlichen Embryo — schon bei noch weit offener Linsengrube die innere Lamelle der Augenblase der äusseren bis zur Berührung sich genähert hat, die Umbildung der primären Augenblase zur secundären mithin bereits vollendet ist. Von einem Glaskörper und Glaskörperraum ist noch nichts vorhanden; derselbe beginnt vielmehr erst kurz vor dem Schluss der Linsengrube sich zu bilden und besitzt dem entsprechend auch in Taf. IV. Fig. 83 (vom Schaaf) nur eine sehr geringe Ausdehnung (vgl. dagegen die Taf. I. Figg. 6 und 7 vom Hühnchen).

Wenn in irgend einer Thierclasse, so würde — nach den bisher gangbaren Vorstellungen über Entwickelung und Natur des Glaskörpers — man bei den Säugern eine bindegewebige Grundlage desselben zu finden sich berechtigt glauben; dieses ist jedoch nicht der Fall; vielmehr ist es wiederum dieselbe, nur als Flüssigkeitsgerinnsel zu deutende Masse — und zwar in einzelnen Schnitten (namentlich beim Schaaf, s. Taf. VI. Fig. 83) diese ganz allein und ausschliesslich —, welche den Glaskörperraum bei Säugern ebenso wie bei den vorhin besprochenen Thieren erfüllt; in anderen Schnitten finden sich vereinzelte Zellen, welche entweder noch als ziemlich unveränderte Blutkörperchen erkannt werden können, oder schon ein detritus-artig degenerirtes Aussehen zeigen, in noch anderen endlich sieht man Blutgefässe durch jenes Gerinnsel verlaufen. Dieser Befund: der Mangel von Bindegewebe, Kopfplatten i. e. einer noch *indifferenten* Zellenmasse mittleren Keimblattes im Binnenraum der Augenblase kann denjenigen nicht überraschen, der aus den besprochenen Zeichnungen der Taff. V. und VI die richtigen körperlichen Vorstellungen für jene Stadien sich abstrahirt hat; aus denselben ergiebt sich nicht nur, dass in jenen Stadien von Kopfplatten (in dem im vorigen Satz angegebenen Sinn) in der Augenblase nichts vorhanden sein kann, sondern auch, dass die Wege auf welchen ein späteres Eindringen etwa denkbar wäre, bereits verlegt sind, nämlich einerseits die Augenblasenspalte, und zwar in ihrem proximalen Theil durch das ihr aufliegende Gefäss (s. Taf. V. Fig. 67 B.), im lateralen breiteren Theil durch die ventrale Fläche der Linsenanlage (s. Taf. V. Fig. 67 C.), andererseits der Weg zwischen der übrigen Peripherie der Linsenanlage und der Innenfläche der Augenblase durch das unmittelbare Aneinanderliegen beider. Zwar findet man hier in einzelnen Schnitten ganz vereinzelte Gebilde, die für Querschnitte äusserst platter Zellen genommen werden müssen, die offenbar, da sie im Stadium von Taf. V. Fig. 66 noch nicht anzutreffen waren, eben im *Vordringen* zwischen diese beiden Lamellen begriffen sind; ihre Gestalt, sowie der Mangel eines ersichtlichen Motivs für ein so energisches Vordringen

---

1) Vgl. oben S. 23 und S. 21.

der *indifferenten* Kopfplattenelemente aus der Umgebung des Auges machen es unwahrscheinlich, dass sie den letzteren angehören; ich deute sie als Ausläufer oder Anlagen von *Gefässsprossen*. Von diesen ist es ja bekannt, dass sie nicht nur *zwischen* Gewebslamellen, sondern anderweitig auch in diese hinein wuchern; und Gefässe, von denen sie ausgehen könnten, sind an den hier in Rede stehenden Stellen genügend vorhanden. Vor allem sind es die sich entwickelnden Zweige der Arteria centralis; diese nämlich löst sich sofort nach ihrem Eintritt in die Augenblase in mehrere Aeste auf, welche divergirend nach der proximalen Linsenwand und an dieser nach der Aequatorialgegend hinziehen; selbst in dem Taf. V. Fig. 69 abgebildeten Stadium, in welchem die Linsenfasern schon die distale Wand zu erreichen anfangen, ist der Glaskörperraum, der Abstand von Innenfläche der Augenblase und Linse, noch so klein, dass derselbe im mikroskopischen Schnitt durch die Längs- oder Querschnitte dieser Gefässstämmchen fast ganz ausgefüllt erscheinen kann; die eigentliche Glaskörpermasse, das Transsudat aus diesen Gefässen mit einzelnen darin enthaltenen Blutkörperchen, findet sich nur in den Lücken zwischen den Gefässen. Was in diesen Lücken etwa an stern- oder spindelförmigen (mit Ausläufern versehenen) Zellen in einzelnen Schnitten angetroffen wird, gehört entweder angeschälten Gefässwandungen oder in der Bildung begriffenen neuen Gefässsprossen an.

Der Glaskörper der Säuger besitzt also in seinen ersten Entwickelungsstadien *dieselbe Beschaffenheit wie derjenige des Hühnchens*, der Eidechse, der Viper etc.; das mikroskopische Bild, welches das Innere des Glaskörper*raumes* bietet, wird nur dadurch ein verschiedenes, dass bei letzteren Thieren nur *ein Gefäss an der Bauchseite desselben* verläuft, während bei Säugern *mehrere Aeste* des homologen Gefässstammes *durch denselben hindurch* gehen.¹)

Diese Gefässäste zeigen in Bezug auf ihr weiteres Verhalten bei Schaaf und Maus nur unwesentliche Differenzen: beim Schaaf nämlich entwickelt sich der am meisten central gelegene, der als die Fortsetzung des Stammes der Art. centr. angesehen werden kann, die Art. hyaloidea der Autoren, am stärksten und verläuft gerade gestreckt bis an die Mitte der proximalen Linsenwand, während die Nebenäste, die sich reichlich im Glaskörper verzweigen und erst in der Gegend des Aequators an die Linse herantreten, eine viel geringere Mächtigkeit erlangen; bei der Maus sind die letzteren anfangs ebenso stark wie der centrale und gehen während des Verlaufs durch den Glaskörper nur spärliche Theilungen ein; im wesentlichen aber stimmen sie bei beiden Thieren darin überein, dass sie sämmtlich früher oder später an die Linse herantreten, um dieselbe und zwar zunächst die proximale Wand der-

---

1) LIEBERKÜHN's abweichende Darstellung s. 28, S. 39 ff. — In LIEBERKÜHN's (28) Fig. 52 von einem (nach S. 87 5 Mm., nach S. 42 11 Mm. langen) Schweineembryo, auf die er sich bei seiner Darstellung S. 42 stützt, oder in diese Darstellung selbst — haben sich Versehen eingeschlichen, welche sinnstörend sind; LIEBERKÜHN sagt nämlich S. 42: „bei g setzt sich die ganze Anlage (sc. für Linsenkapsel, Glaskörper und Membrana hyal.) durch die Augenblasenspalte mit dem Gewebe der Kopfplatten in Verbindung;" in der genannten Figur ist aber von der Augenblasenspalte überhaupt nichts zu sehen und am wenigsten könnte dieselbe an derjenigen Stelle, wo der Buchstabe g steht, nämlich an der *Dorsalfläche des Augenblasenstiels*, ihre Lage haben. Dass in dieser Figur der nach unten gekehrte der dorsale, der bei 3 liegende der ventrale Theil des Auges ist, ist abgesehen von der Form der Augenblase schon daraus zu entnehmen, dass die Uebergangsstelle des Augenblasenstiels in die Augenblase stets der Bauchfläche der letzteren näher liegt.

selben, mit einem allmälig immer dichter werdenden Netz vorwiegend meridional verlaufender, vielfach untereinander communicirender Gefässe zu umspinnen (vgl. 21. Fig. 145). Bald nachdem dieselben den Aequator passirt haben, verlässt ein Theil derselben die Linse und schlägt sich um den Umbiegungsrand der Augenblase herum — Taf. V. Fig. 71. A. -, um auf der Aussenfläche der Augenblase zwischen dieser und der sie zunächst umgebenden (später in die Bildung der Iris, Ciliarfalten und Chorioidea aufgehenden) Kopfplattenschicht — medianwärts zurückzulaufen s. Taf. V. Figg. 69; 70; 71. A; die übrigen ziehen längs der Linse weiter, dringen bis gegen den distalen Pol derselben vor, biegen hier, ohne mit den von der anderen Seite entgegenkommenden zusammenzufliessen, scharf um, um an der distalen Linsenwand wiederum in vorwiegend meridionaler Richtung bis an den freien Rand der Augenblase zurück- und über diesen hinüber ebenso zwischen Augenblase und Kopfplatten medianwärts zurückzukehren, wie die erstgenannten Zweige ohne diesen Umweg es gethan hatten vgl. Taf. V. Figg. 68, 69, 70, 71, 73. Auf diese Weise wird also das sämmtliche durch die Arteria central. in den Bulbusraum gelangte Blut über den Rand der secundären Augenblase hinüber in die Kopfplatten abgeführt — eine Vorrichtung, auf die ich früher schon (19 pag. 12. 13.) in ähnlicher Weise hingewiesen habe, um die Entbehrlichkeit einer *Vena* centralis und hyaloidea in diesen Stadien erklärlich erscheinen zu lassen. An demselben Ort habe ich auch bereits die Vermuthung ausgesprochen, dass das Umbiegen der Gefässe ehe sie den Linsenpol erreichen, wodurch die ebenso eigenthümliche als zierliche Anordnung der Gefässe an der distalen Linsenwand entsteht, wie sie KÖLLIKER 21 S. 294. Fig. 146 abgebildet hat, in der Anwesenheit des Linsenstieles oder, da derselbe bei Säugern so kurz ist, dass von einem „Stiel" eigentlich nicht gesprochen werden kann, in dem noch Vorhandensein der Verbindung zwischen Hornblatt und Linse, seinen Grund haben dürfte. Die Schnittserie, welcher meine Fig. 83. Taf. VI entnommen ist, zeigt deutlicher als sich dies bei der relativ schwachen Vergrösserung in dieser Zeichnung hat wiedergeben lassen, dass die Gefässsprossen bereits bis dicht an die Abschnürungsstelle der Linse vorgedrungen sind.[1]) Bei der Maus haben dieselben auch in den Figg. 68 und 69 gezeichneten Stadien den Pol noch nicht überschritten.

Im schroffsten Gegensatz zu dem Gefässreichthum des embryonalen Säugerauges steht dasjenige des **Triton**. Es zählt zu den wenigen, in deren Inneres Blutgefässe niemals den

---

1) LIEBERKÜHN (28, S. 40) hat gegen meine Darstellung geltend gemacht, dass bei gewissen Säugern „ein ganz ununterbrochenes Gefässnetz an der vorderen Linsenwand vorhanden" sei. Dass in den schon weit vorgerückten Entwickelungsstadien, welche LIEBERKÜHN daraufhin untersucht hat (Rindsembryo von 1½ Zoll, Kanincheneembryo mit einer Pupillaröffnung von 7 8 Mm. (28 S. 36. Fig. 4), bei einigen Säugern feine Gefässchen auch über den Pol hinüberlaufen, war — nicht nur durch die resp. Zeichnung ARNOLD's (1, Taf. IX. Fig. 2), welche ganz dasselbe zeigt, wie LIEBERKÜHN's Fig. 4 und die ähnlichen HENLE's (13. Figg. 1. 2.), sondern auch durch die ausdrückliche Angabe KÖLLIKER's (21, S. 294): dass bei diesen Bogenbildungen „die Mitte (der distalen Linsenwand) entweder von Gefässen frei bleibt, oder *nicht"* — bereits bekannt, beweist aber doch durchaus nicht, dass dieselben auch in den viel jüngeren Stadien, von welchen ich dort wie hier ausschliesslich gesprochen habe, schon vorhanden sein müssten; dieselben können vielmehr sehr wohl erst *nachträglich*, nach der vollständigen Trennung und Entfernung der Linse vom Hornblatt aus den Spitzen jener Gefässbogen hervorgesprosst sein. Ihre Anwesenheit in späteren Stadien ist also bedeutungslos. Die Bogenbildung selbst, auf die es hier wesentlich ankommt, ist in der Fig. 4 von LIEBERKÜHN ebenso deutlich wie in denjenigen bei ARNOLD und bei KÖLLIKER; — und für Hund und Katze bestätigt LIEBERKÜHN sogar selbst ausdrücklich die Richtigkeit der KÖLLIKER'schen Abbildung (28, S. 41.)

Weg finden. Vielleicht gehört es mit in den Complex der Eigenthümlichkeiten, die sein Auge als ein auf einer niederen Stufe der Entwickelung stehenbleibendes charakterisiren, dass seine Spalte nicht von einem differenzirten Gebilde, einem Blutgefäss, sondern nur von einigen wenigen Kopfplattenzellen durchwandert wird (Taf. IV. Fig. 56. bei kpl.), welche dann in den folgenden Stadien in einzelnen Schnitten im Glaskörperraum anzutreffen sind; im übrigen ist der letztere auch nur mit formlosem Gerinnsel erfüllt, welches späterhin seinen einzigen Inhalt bildet.[1]

Durch die Umbildung der primären Augenblase zu einer doppelwandigen, die Linse und den Glaskörper einschliessenden Hohlkugel ist die bleibende Gestalt des Augapfels hergestellt, die wesentlichste Phase seiner *morphologischen* Entwickelung zu einem gewissen

[1] Ich kann nicht umhin, hier noch der von W. Müller gemachten Angaben und Deutungen über das Auge eines Thieres, welches mir selbst leider nicht zugänglich gewesen ist, Erwähnung zu thun, nämlich desjenigen von *Myxine*. Nach Müller (35, S. VIII ff.) sind Auge und Sehnerv derselben paarig; das Auge bildet ein Ellipsoid, welches seitlich vom Vorderrande des Gehirns an der Aussenfläche des Schädels liegt, eingebettet in eine Lage lockerer Bindesubstanz, nach aussen durch eine fast 1 Mm dicke Muskelschicht von der äusseren Haut geschieden. Im gehärteten Präparat beträgt der grösste Durchmesser 0,5. Umgeben von einer aus straffem fibrillärem Bindegewebe gebildeten Kapsel, besteht es nur aus einer secundären Augenblase (Retina und Pigmentlamelle), welche dem pilzförmig gestalteten, durch einen dünnen Stiel mit der bindegewebigen Augenkapsel zusammenhängenden Glaskörper (wie das Epithel dem Bindegewebsstock einer Papille) aufsitzt. „In der Mitte der lateralen Fläche des Auges tritt eine kurze Capillarschlinge in den Glaskörper ein. Sie besitzt eine dünne bindegewebige Adventitia, an welche sich eine verhältnissmässig mächtige Lage lockeren, von feinen Fibrillennetzen durchsetzten Schleimgewebes anschliesst. Die Netze zeigen in den Knotenpunkten vereinzelte Kerne." Weiter schildert Müller das Sehorgan von Myxine als eines, welches „noch in der Entwickelung zu dem complicirten Apparate, welchen die höheren Vertebraten besitzen, begriffen ist": Die Linse fehlt gänzlich, mit ihr die Iris und die zugehörige innere Muskulatur. Die Einstülpung der lateralen Wand der ursprünglichen Augenblase ist bereits vorhanden; sie ist bedingt durch die Entwickelung einer papillenartigen Gefässwuchung, welche gleich der ganzen Mesodermhülle dem Gebiet der Arteria ophthalmica angehört und ihre Adventitia in Schleimgewebe (i. e. Glaskörper) umwandelt. „Aus dem Fehlen der Linse bei Anwesenheit eines Glaskörpers ergibt sich der für die Phylogenese wichtige Schluss, dass die Glaskörperanlage älter ist als die Bildung der Linse; das Fehlen der Linse erklärt sich einfach aus dem Umstand, dass die Energie des Wachsthums der beiden Augenblasen noch nicht so beträchtlich ist; dass die Haut unter Verdrängung der zwischenliegenden Muskelanlagen erreicht würde."

Diesen von Müller gegebenen Deutungen und Schlussfolgerungen kann ich nicht beistimmen; denn was zunächst den Glaskörper der Myxine betrifft, so scheint, nach der obigen Beschreibung Müller's und seiner dazu gehörigen Fig. 3. Taf. IX., auch für diesen die Annahme derjenigen Beschaffenheit und derselben Entstehungsweise, welche ich für Hühnchen u. s. w. nachgewiesen habe, mir sich mehr zu empfehlen, als die von Müller angenommene; schwerlich dürfte auch die lockere Masse desselben, deren Volumen von demjenigen der Augenblase etwa um das zehnfache übertroffen zu werden scheint, oder die Kraft jener „Capillarschlinge", wie Müller annimmt, genügen, die Umformung der primären zur secundären Augenblase zu bewirken, während nichts dem im Wege steht, die dafür von mir gegebene, gleichfalls an die Anwesenheit einer Linse nicht gebundene, Erklärungsweise auch auf Myxine auszudehnen. — Auch die Richtigkeit der von Müller für das Fehlen der Linse aufgestellten Erklärung so wie seiner ganzen Auffassung des Auges der Myxine als eines „noch in der Entwickelung begriffenen" scheint mir nicht unanzweifelbar. Da Myxine ein Schmarotzer ist, der in seiner Jugend ein freies Leben führte und erst später in die Leibeshöhle anderer Fische eindringt, um sich in ihr festzusaugen, von einer ganzen Reihe von Schmarotzerthieren aber, die vorher frei gelebt hatten, es sicher erwiesen ist, dass ihre Augen beim Uebergang in's Schmarotzerleben Reductionen erfahren, die bis zum vollständigen Schwund des Sehorgans fortschreiten können, so muss so lange bis die genaue Erforschung der *Entwickelung* des Myxineauges den Gegenbeweis liefert, wenigstens die Möglichkeit offen gelassen werden, resp. a priori es wahrscheinlich erscheinen, dass in dem von Müller beobachteten Zustand nicht ein werdendes, sondern ein *reducirtes* Auge vorliegt, in welchem die Linse bereits atrophirt ist. Das von Müller für die Functionsfähigkeit des Myxineauges angeführte Experiment, „dass das Thier in flaches ruhiges Wasser über Felsgrund geworfen, vorhandene Steine beim Schwimmen vermeidet", scheint mir an sich nicht beweisend, da dies möglicherweise auch (wie die entsprechende Leistung einer der Augen beraubten Fledermaus gegenüber den im Zimmer ausgespannten Fäden) auf Rechnung des Tastsinnes kommen könnte.

Abschluss gebracht, beim Hühnchen etwa am Ende des 4. Tages; fernerhin handelt es sich nun vorwiegend um den feineren Ausbau der am Ende jener ersten Periode für alle Theile des Sehorgans bereits vorhandenen Anlagen durch weitere Differenzirungen oder Ausscheidungen und Anbildungen aus und an jenen ersten Anlagen.

Selbstverständlich können jener Termin und die Scheidung der Entwickelungsvorgänge nach den genannten zwei Seiten hin keine vollkommen scharfen sein, vielmehr werden in der zweiten Periode auch noch manche kleine Formveränderungen zu verzeichnen sein, während andererseits schon gleichzeitig mit den ersten wesentlichen Umformungen wichtige Processe der anderen Art abgelaufen sind; so die Bildung der Linsenkapsel und der Membr. limitans interna. Dieselben sind bisher unberücksichtigt geblieben, weil eine richtige Auffassung derselben nur nach genauer Kenntnissnahme der bisher besprochenen Entwickelungsvorgänge und Verhältnisse möglich ist.

VIERTES CAPITEL.

ENTWICKELUNG DER LINSENKAPSEL
UND
DER MEMBRANA LIMITANS INTERNA.

I. Linsenkapsel.

Die Geschichte der zur Zeit herrschenden Anschauung über die Entwickelung und Natur der Linsenkapsel ist folgende:

REMAK (36. S. 91) warf zuerst die Frage auf, ob die sehr dünne, dem Anschein nach „structurlose", an die sog. membr. propria der Drüsen erinnernde Membran, welche die Wand der abgeschnürten Linse umschliesst und die Anlage der Linsenkapsel bildet, *„dem Hornblatt oder den Kopfplatten ihre Entstehung verdankt?"* — musste diese Frage aber aus Mangel an entscheidenden unmittelbaren Beobachtungen ungelöst lassen. „Sollte ich (führt er a. a. Orte fort) dieselbe nach Analogieen beantworten, so würde ich mich für die Entstehung aus den Kopfplatten entscheiden.["]) — KÖLLIKER (21. S. 279 und 297; vgl. auch 22 §. 15) dagegen spricht sich sowohl in Bezug auf das Hühnchen, als noch bestimmter in Bezug auf die Säuger dahin aus, dass die Linsenkapsel, „da dieselbe nie eine Zusammensetzung aus Zellen zeigt," nichts als eine Ausscheidung der Linsenzellen selbst sein kann, — eine Auffassung, die auch von H. MÜLLER (Arch. für Ophthalmologie, Bd. II. Abth. 2. 1856. S. 60) als wahrscheinlich angenommen wird. — Damit war die Frage in Bezug auf die sog. „structurlose" Kapsel in einfachster Weise erledigt. Schwierigkeiten machte dagegen der Nachweis der Entstehung der sog. tunica vasculosa lentis bei den Säugerembryonen, welche nach den bekannten Angaben HENLE's (13) als geschlossener, reich vascularisirter bindegewebiger, die structurlose Kapsel umhüllender Sack jetzt allgemein angenommen wird und deren die hintere

---

[1]) LIEBERKÜHN (28. S. 19; vgl. auch S. 23) spricht von einer „Angabe REMAK's", wonach die Linsenkapsel ein Ausscheidungsproduct des sich abschnürenden Hornblattes ist," ohne die bezügliche Stelle zu citiren.

und vordere Linsenwand deckender Theil als Membrana capsularis und pupillaris, der beide verbindende, die Aequatorialzone einnehmende als Membrana capsulo-pupillaris benannt werden; schon der darin enthaltenen Gefässe wegen konnte dieselbe nur dem *mittleren* Keimblatt entstammen — wie kommt dieses in die Augenblase hinein?

Um dies zu erklären, stellte Kölliker die Vermuthung auf, dass bei Säugern nicht, wie Remak für das Hühnchen nachgewiesen und wie er für dieses selbst bestätigen konnte, das Hornblatt der primären Augenblase unmittelbar anliege, sondern durch eine Kopfplattenschicht von derselben getrennt sei. Diese von vornherein mit Gefässanlagen versehene Kopfplattenschicht werde bei der Einstülpung der Linse mit eingestülpt und schliesse sich dann über der vorderen Fläche der sich abschnürenden Linse gleichfalls, so dass diese sofort nach ihrer Bildung von einer bindegewebigen, gefässhaltigen Hülle umgeben sei. — Diese Hypothese Kölliker's machte die Anwesenheit der sogenannten bindegewebigen Kapsel bei den Säugerembryonen allerdings vollkommen verständlich; es liess sich aber nicht verkennen, dass dieselbe eine nicht unwesentliche Incongruenz in die ersten Entwickelungsvorgänge und Anlagen des Sehorgans der Vögel und Säuger einführte. Mit um so grösserem Interesse mussten daher die in den letzten Jahren erschienenen Arbeiten über die Entwickelung des Auges und speciell der Linsenkapsel aufgenommen werden, als sie diese unangenehme Differenz in einer sehr einfachen Weise eliminiren; es sind die Arbeiten von Sernoff (41 und 42) und Lieberkühn (28). Beide Autoren finden übereinstimmend, dass beim Hühnchen ebenso wie bei den Säugern zwischen primärer Augenblase und Hornblatt eine Schicht mittleren Keimblattes vorhanden ist, welche bei der Linsenbildung mit eingestülpt werde und das Material für die Bildung der Linsenkapsel nicht nur, sondern auch des Glaskörpers, der Zonula, des grössten Theils der Cornea und der Iris abgebe. Das Interesse für diese Mittheilungen steigert Sernoff noch dadurch, dass er seinen Ermittelungen eine histogenetisch-principielle Bedeutung beilegt, indem er die Linsenkapsel als Repräsentant der Cuticularbildungen überhaupt nimmt; lasse sich für die Linsenkapsel die Entstehung aus Bindegewebe nachweisen, so sei damit die bindegewebige Natur der Cuticulae überhaupt erwiesen und die bisher verbreitete Lehre von ihrer Entstehung durch Ausscheidung aus den zugehörigen Epithelzellen falsch.

Sernoff hat die ausführliche Darstellung seiner Beobachtungen in russischer Sprache veröffentlicht (41) und nur eine Zusammenstellung der Resultate derselben im Centralblatt (42) gegeben. Erstere ist den meisten deutschen Gelehrten unzugänglich (Lieberkühn), letztere, wie Manz mit Recht bemerkt, zu kurz, um dem Leser ein selbstständiges Urtheil zu ermöglichen. Da mir dieses aber für die folgende Besprechung durchaus wünschenswerth erscheint, so sehe ich mich genöthigt, derselben ein Excerpt aus jener Arbeit Sernoff's vorauszuschicken. Die von Sernoff aus seinen Befunden gezogenen Consequenzen und die Bedeutung, welche auch von anderer Seite her (so von Waldeyer, 44. S. 70. 72, der sich auch bezüglich der bindegewebigen Natur der Linsenkapsel mit Sernoff vollkommen einverstanden erklärt) jenen Resultaten beigelegt wird, dürften es gerechtfertigt erscheinen lassen, wenn ich dasselbe etwas ausführlicher und möglichst mit des Verfassers eigenen Worten gebe.

Sernoff findet schon zur Zeit des allerersten Anfangs der Linsenbildung zwischen Hornblatt und Augenblase eine Schicht mittleren Keimblatts, welche ins Cavum der secundären Augenblase mit eingestülpt wird; anfangs sehr dünn, erscheint diese „Platte" in den meisten Schnitten structurlos, weil die Kerne zerstreut liegen und nicht in jeden Schnitt fallen; bald jedoch verdickt sie sich bedeutend und wird kernreicher in dem (auf dem Durchschnitt) dreieckigen Raum zwischen dem Rande der secundären Augenblase und dem zu einer Falte sich zusammenlegenden Epidermoidalblatt. (Sernoff's Taf. I. Fig. 3 c.) „Nach Maassgabe der Abschnürung der Linse dringt das Bindegewebe immer weiter und weiter zwischen ihr und dem äusseren Epithel vor und endlich, wenn nach circa 3 Tagen die Linse sich vollständig abschnürt, schliesst sich über ihr die Schicht des Bindegewebes." (Sernoff's Taf. I. Figg. 3 und 5.)

Die auf diese Weise entstandene, von den Kopfplatten gelieferte Umhüllung der Linse bezeichnet Sernoff (l2. S. 194) als „zeitweilige Linsenkapsel".

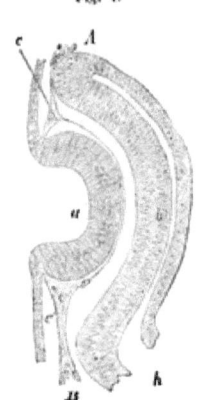

Fig. 1.

(Sernoff's Fig. 3.)

„Auf diesem Wege bildet sich auch diejenige Membran, welche Kölliker bei Menschen, Babuchin bei Hühnchen gesehen haben, und welche die Linse von der Hornhaut (?) trennt. (Sernoff's Taf. I. Fig. 5.) Diese Membran geht nicht nur über die vordere Oberfläche der Linse hinweg, wie man früher glaubte (vgl. Babuchin's Fig. VIII); sie bildet den vorderen Theil des ganzen Sackes, welcher die Linse überzieht, welcher Remak bekannt war und von ihm für die durchsichtige Kapsel gehalten wurde. In diesem vorderen Theil des Sackes finden sich auch immer Kerne in ziemlich bedeutender Anzahl; daher wundert es mich, wie Remak die Hülle für structurlos halten und sie mit der durchsichtigen Kapsel erwachsener Thiere identificiren konnte." (Remak, l. c. S. 91.)

Während ihrer Einstülpung durch die sich bildende Linse bildet die bindegewebige Platte an derjenigen Stelle, wo sie sich über den unteren ausgeschnittenen Rand der Augenblase (die Augenblasenspalte) hinüber biegt, eine Verdickung, die auch den Ausschnitt ausfüllt. Die Bindegewebsmasse, die auf diese Weise durch die Augenblasenspalte in die Höhle des Auges eindringt und zugleich den einen Theil des Sackes, in dem die Linse liegt, bildet, verkleinert sich in der Folge und füllt allmählig die Höhle aus, die sich hinter der Linse bildet, die Höhle des Glaskörpers. Der Glaskörper ist also „nicht irgend eine von anderen Theilen separate Bildung, sondern nur der hintere Theil der Hülle der embryonalen Linse, welcher in der Folge in die Dicke wächst und seine Consistenz verändert."

Wie die zwischen Hornblatt und primärer Augenblase hinziehende dünne Platte nur einen Theil der die Augenblase umgebenden Kopfplatten bildet, so bleibt auch der die abgeschnürte Linse umhüllende bindegewebige Sack mit seinem Mutterboden, den Kopfplatten, noch fernerhin in continuirlichem Zusammenhang durch Züge (Bündel, Massen), welche über die Ränder der Retina hinüber biegt, (Sernoff's Taf. I. Fig. 5 c, vgl. auch Taf. I. Fig. 3 c und 7 c). — Die Verbindung durch die Massen, welche durch die Augenblasenspalte hindurch gehen, ist für die weitere Entwickelung unwichtig, weil sie bald mit dem Verschluss der Spalte schwindet.

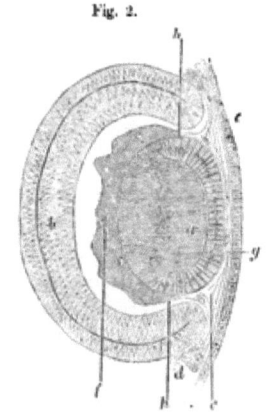

Fig. 2.

(Sernoff's Fig. 5.)

„Da die die Linse umgebende Hülle im Inneren des Auges den ganzen Vorrath von Bindegewebe bildet, welcher (s. u.) als Quelle für die Entwickelung der Hornhaut, der Kapsel, der Zonula Zinnii und des Glaskörpers dient und in der Folge verschiedenen Veränderungen unterliegt", so bezeichnet Sernoff ihre verschiedenen Theile der Bequemlichkeit der Auseinandersetzung halber, mit verschiedenen Namen und unterscheidet „eine vordere, eine hintere und zwei seitliche Platten" (Taf. I. Fig. 5 g, f, h).

Die vordere und hintere Platte erscheinen (namentlich letztere) am vierten Brüttag schon beträchtlich verdickt; ihre Consistenz ist verschieden; die vordere scheint consistenter; „die hintere, jetzt schon Glaskörper, wird sehr locker, so dass sie von der Müller'schen Flüssigkeit zusammenschrumpft; nur derjenige Theil, welcher unmittelbar der hinteren Oberfläche der Linse anliegt, hat eine dichtere Consistenz. Beide Platten enthalten Kerne in bedeutender Anzahl."

1) *Die vordere Platte*. In der vorderen „gruppiren sich diese Kerne hauptsächlich an ihrer hinteren Oberfläche, die der Linse anliegt"; sie sind „sichtlich über den Rand der Retina aus der Masse der Kopfplatten im Lauf des fünften Tages hierher eingewandert; in der Mitte des fünften Tages enthält die vordere Platte eine vollständige Reihe solcher Zellen in die Masse der Platte einge-

bettet, näher zu ihrer hinteren, der Linse zugekehrten Oberfläche;" in der übrigen Masse des Gewebes liegen nur einige unregelmässig zerstreute Kerne. (Sensoff's Taf. I. Fig. 7.)

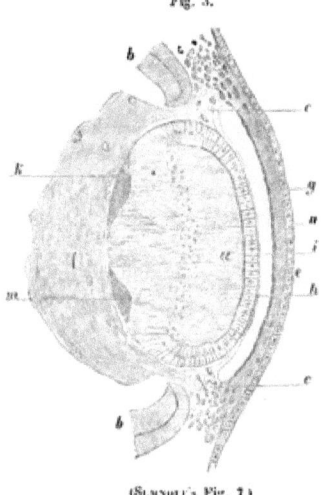

Fig. 3.

(Sensoff's Fig. 7.)

Gleichzeitig mit dieser Einwanderung der Zellen spaltet die vordere Platte ihrer ganzen Länge nach sich in zwei secundäre Blätter: das hintere, ausserordentlich dünne, der Vorderfläche der Linse anliegende, folgt dieser, wenn man im Präparat die Linse mit Nadeln nach hinten abzieht (Sensoff's Taf. I. Fig 7 h), während das vordere Blatt dabei an seinem Orte bleibt. In der Gegend des Linsenäquators verschmelzen beide Blätter, Taf. I. Fig. 7 c. Das vordere, unvergleichlich dickere Blatt ist die spätere Cornea, die seine hintere Fläche deckende Zellenreihe das Epithel der Descemeti. (Anmerkung Sensoff's: Die Art der Entwickelung des hinteren Cornea Epithels, das eigentlich zur Gruppe der Endothelien gehört, kann mit vollem Rechte auf die Entwickelung anderer Endothelien übertragen werden, wie z. B. des Endothels der Pleura und des Peritoneums, um so mehr als die Entwickelung der Höhlen selbst, in welchen diese Endothelien ihren Platz haben: die vordere Augenkammer, die Pleura- und Peritonealhöhle aus einer Spaltung des mittleren Keimblattes eine vollkommene Analogie darbietet); das hintere Blatt ist die vordere Hälfte der Linsenkapsel, erscheint im grossten Theil seiner Ausdehnung structurlos, enthält aber näher zum Aequator hin fast stets ovale Kerne."

Die Höhle zwischen beiden Blättern ist die spätere vordere Augenkammer.

2) *Die hintere Platte.* „Ihre Verdickung, d. h. das Auswachsen in den Glaskörper, schreitet fort und das sehr schnell. Der oben erwähnte Consistenzunterschied in den verschiedenen Theilen des Glaskörpers führt dazu, dass um den fünften Tag aus ihm eine deutliche Platte sich abscheidet, differenzirt, welche die hintere Oberfläche der Linse überzieht. Diese Platte, die hintere Hälfte der Linsenkapsel, ist auf Durchschnitten durch zwei scharfe Contouren angedeutet und enthält, wie auch die vordere Hälfte, Kerne. Sensoff's, Taf. I. Fig. 7 k. An den Orten, wo die Kerne liegen, zeigt die hintere Oberfläche (auf Durchschnitten der hinteren Contur) gewöhnlich eine Erhöhung, was nicht erlaubt, die der Kapsel anliegenden und eigentlich dem Glaskörper angehörigen Kerne mit denen zu verwechseln, welche ins Gewebe der Kapsel eingebettet sind. Dieser letztere Umstand erlaubt es, sich positiv über die zellige Natur der Kapsel auszusprechen".

3) *Die Seitenplatten* — „im unversehrten Auge eine ununterbrochene Platte von Ringform" — Taf. I. Figg. 3, 5, 7 c. Durch ihre Vermittelung ist die Linse, in ihre Kapsel eingeschlossen, gleichsam in die Augenhöhle hineingehängt.[1]) Sie verdicken sich vom 3.–5. Tag bedeutend, ihr von vornherein kernhaltiges Gewebe wird schwach fasrig. Da anderweitige Veränderungen oder Differenzirungen in ihnen nicht eintreten, ihr Gewebe vielmehr „in seiner ganzen Masse dem Anschein nach die frühere gleichmassige Consistenz behält, so „verschwimmen die scharfen Contouren der vorderen und hinteren Hälfte der Kapsel gleichsam zum Aequator der Linse hin und verschwinden dem Blick".

Im zweiten Theil seiner Arbeit behandelt Sensoff die Frage: *ob die im bisherigen besprochene Kapsel „dieselbe sei, welche bei erwachsenen Thieren existirt, oder ob sie eine Bildung sei, die eine andere temporäre Bedeutung habe*, ähnlich der gefässhaltigen Kapsel der Säuger, und von dieser letzteren nur durch die Abwesenheit von Gefässen sich unterscheide?" — Von den zwei als möglich vorauszustzenden Veränderungen nemlich: entweder „dass die Kapsel des fünftägigen Embryo nur ihre Kerne verliert und für das ganze Leben bleibt — oder; dass sie, ähnlich der gefässhaltigen Kapsel der Säuger, atrophirt und durch eine neue structurlose ersetzt wird", wird die erstere durch Beobachtung der Veränderungen derselben von 5.–7. Brüttage als die wirklich eintretende bestätigt. In dieser Periode nemlich verschwinden die Kerne allmälig aus der Kapsel; schon am 6. Tage findet man sie nur noch selten, sie erscheinen blass und wenig granulirt. „Die Dicke der Kapsel nimmt in dieser Zeit unmerklich zu, nur ihre Contouren werden schärfer, gerader und sie macht überhaupt den Eindruck einer dichteren Membran." — Der Zusammenhang mit dem das Auge umgebenden Bindegewebe besteht fort. — „Um mich zu überzeugen, dass die Kapsel in dieser Periode *structurlos* wird, untersuchte ich die ganze Kapsel, indem ich sie von der Linse abzog, da die Meridionalschnitte, deren ich mich gewöhnlich bediente, täuschen konnten, weil die Anzahl der Kerne unbedeutend ist und sie nicht in jeden Schnitt fallen. Aber auch auf diesem Wege konnten keine entdeckt werden. — Nun, diejenige Kapsel, welche beim Hühnchen am fünften Brüttage besteht, alle Eigenschaften einer durchsichtigen Kapsel erwachsener Thiere erhalten, während sie sich immer im Zusammenhang mit der Quelle, aus der sie sich entwickelte (den Kopfplatten), befindet, blieb

---

1) Von Foster (14) neuerdings wieder als „ligamentum suspensorium lentis" beschrieben.

noch übrig sich zu überzeugen, dass sie auch in späteren Perioden nicht durch eine neue ersetzt wird; und diese letzte Hälfte der Frage wird, wie wir weiter sehen werden, positiv entschieden: die Kapsel des sechsten Tages bleibt für immer."

Aus denjenigen Bindegewebsbündeln, welche die Linsenkapsel mit dem das Auge umgebenden Gewebe, d. h. der späteren Cornea und der Gefässschicht der Chorioidea verbinden, geht zwischen dem 8. und 10. Tag die Iris hervor: „ein Theil dieser Bündel, der der Peripherie des Auges näher liegt, welcher schon früher mehr Kerne enthielt, als der Theil, welcher sich an die Linsenkapsel anheftet, stellt sich am 8. Tage als nur aus (den Kopfplattenzellen ähnlichen) Kernen bestehend dar. Diese Bündel nehmen auf Durchschnitten allmälig die Form von Dreiecken an, mit den Spitzen gegen die Linse gekehrt. Die Spitze der Dreiecke, dem Pupillarrand der Iris entsprechend, ist nicht frei, wie bei erwachsenen Thieren, sondern wie früher mit der Linsenkapsel verbunden." — „Das Bündel, welches die Iris mit der Kapsel verbindet, wird im Maass der Entwickelung immer dünner und lockerer, die Verwachsungsstellen desselben mit der Kapsel enger und enger, daher die Kapsel, die bisher dick erschien und keine scharfen Conturen hatte, an dieser Stelle ein der Kapsel in ihrer übrigen Ausdehnung ähnliches (übereinstimmendes) Aussehen erhält. Gegen Ende des 10. Tages atrophirt dieses Bündel und der Pupillarrand der Iris wird frei. Die Kapsel hat jetzt auf Durchschnitten in der ganzen Peripherie der Linse ein gleichmässiges Ansehen — sie wird durch 2 scharfe Parallelconturen bezeichnet. Von Kernen oder fasrigem Wesen besitzt sie nicht eine Spur — sie ist vollkommen structurlos. Auf diese Weise endet die Entwickelung der durchsichtigen Linsenkapsel, welche für das ganze Leben bleibt. Die einzigen Veränderungen, die in ihr in den folgenden Perioden vorgehen, bestehen in ihrer fortschreitenden Verdickung, eine Erscheinung, welche durchaus nicht zu Gunsten der Entwickelung der Kapsel durch Ausscheidung aus Epithelialzellen spricht, wie Kölliker glaubt. — Die Eigenschaft sich zu verdicken, ohne eine Structur zu erhalten, besitzen nach H. Müller's Beobachtungen an pathologischen Augen alle Glashäute, die in diesem Organ existiren. Da man jetzt den Entwickelungsmodus einer derselben kennt, kann man dreist die Deutung negiren, welche Kölliker dieser Erscheinung beilegte."

„Die Verwachsung des Pupillarrandes der Iris mit der Kapsel beim Hühnchen ist keine diesen eigenthümliche Erscheinung. Längst ist bekannt, dass eine ebensolche Verwachsung bei Säugern während des Uterinlebens besteht, nur ist dort die Iris verwachsen mit der gefässhaltigen Kapsel (membrana pupill.), die mit der Zeit schwindet, beim Hühnchen dagegen mit der durchsichtigen, das ganze Leben bestehenden. Doch ist dieser Unterschied sichtlich kein wesentlicher und weist im Gegentheil auf die vollkommene Analogie zwischen der durchsichtigen Kapsel der Vögel und der gefässhaltigen der Säuger hin und schliesslich darauf, dass man auch bei Säugern nicht zwei Kapseln unterscheiden darf, sondern nur eine, welche ganz, wie bei den Vögeln, schliesslich ihre Structur verliert und sich in die durchsichtige verwandelt. Nur vollzieht sich diese Verwandlung später als bei Vögeln, nämlich gegen Ende der Entwickelung, während bei Hühnchen die Kapsel schon am siebenten Tage der Bebrütung ihre Structur verliert."

„Die Umwandlung der gefässhaltigen Kapsel in die durchsichtige, oder die Bildung einer structurlosen Hülle aus Bindegewebe ist auch keine neue Erscheinung; ihre Möglichkeit ist längst anerkannt. Ausserdem ist dieses im Auge nicht ein vereinzelt dastehendes Factum. Genau dasselbe Factum haben wir in der Entwickelung der Descemeti, die in die Bindegewebsmasse zwischen dem Fasergewebe der Cornea und der Zellenreihe von derselben Eigenschaft, welche in der Folge in das hintere Endothel der Cornea sich umwandelt, erscheint. — Eine Parallele zwischen der Descemeti und der Linsenkapsel zur Unterstützung des Beweises der Entstehung letzterer aus Bindegewebe zu ziehen, hatte ich um so mehr das Recht, als die Aehnlichkeit der beiden Membranen in physikalischer und chemischer Beziehung von Allen anerkannt ist. — Aber auch abgesehen davon scheint mir die Art der Differenzirung der Kapsel auf der hinteren Seite der Linse aus der Glaskörpermasse, wobei die sich zeigende Membran in ihrem Gewebe Kerne enthält, die später verschwinden, schon ein hinreichender Beweis dafür zu sein, dass eine glasartige, structurlose Membran sich aus Bindegewebe entwickeln kann und dass die Kapsel der Linse nicht ein Product der Ausscheidung aus ihren Epithelialelementen ist."

Diesen Angaben Sernoff's stelle ich nun das gegenüber, was mir meine Präparate in Bezug auf die Entwickelung der Linsenkapsel ergeben haben.

Hühnchen.

Primäre Augenblase und Hornblatt sind in derjenigen Ausdehnung, in welcher beide später eingestülpt werden, resp. aus letzterem sich die Linse bilden wird, *nicht durch eine Bindegewebsplatte von einander getrennt*, beide liegen einander vielmehr so dicht und *unmittelbar* an, dass die einander zugekehrten Begrenzungsconturen meist auf grosse Strecken in eins zusammenfliessen s. Taf. I. Figg. 1—3; wo sie sich — immer nur in *äusserst* geringer

Ausdehnung von einander entfernen, scheint dies seinen Grund zu haben nur darin, dass die in gleicher Höhe liegenden Zellen des Hornblattes und der Augenblase an den resp. Stellen sich nicht ganz adäquate Flächen zukehren, die in diesem Stadium schon erkennbaren zarten Begrenzungsschichten des Hornblattes sowohl als der Augenblase aber in ihrem Verlauf aufs genaueste der Form der ihnen zugewendeten Oberfläche der Zellen, denen sie aufliegen, entsprechen.

Die auf diese Weise entstehenden kleinsten Lücken zwischen Augenblase und Hornblatt werden ausgefüllt von der embryonalen Körperlymphe (resp. Kopfplattenintercellularsubstanz) — im gehärteten Präparat von einem entsprechenden structurlosen Gerinnsel. Vgl. oben Cap. III. S. 34. In dem nächstfolgenden Stadium tritt eine Aenderung in den soeben angegebenen Verhältnissen nur insofern ein, als das Hornblatt an der Peripherie seines eingezogenen Theiles eine schärfere Knickung erfährt, rascher sich faltet als die Augenblase; in Folge dessen entfernt sich natürlich die sich bildende circuläre Hornhautfalte von dem stumpfwinkligeren Umbiegungsrand der Augenblase (der Uebergangsstelle der äusseren in die innere Lamelle), zwischen beiden entsteht jener bekannte ringförmige Kanal, siehe oben Cap. I und Taf. I. Figg. 3 ff. vk., „der auf dem Durchschnitt dreieckige Raum" Sernoff's. Dieser communicirt, ausser durch die Furche an der Bauchfläche der Augenblasen (die spätere Augenblasenspalte), in deren Lumen sein Lumen continuirlich übergeht (vgl. o. Cap. I und Taf. I. Figg. 3—7) weder mit den die Augenblase umgebenden Kopfplatten, noch mit dem sich bildenden Glaskörperraum; letztere Communication (vgl. Sernoff's Taf. I. Figg. 3. 5. 7) tritt überhaupt nie ein, erstere erst viel später, in einer Zeit, zu der die Linsenkapsel längst vorhanden ist; die weiteren Entwickelungsvorgänge um diesen Raum und an den denselben begrenzenden Gebilden sind nämlich folgende: Der Umbiegungsrand der secundären Augenblase, der anfangs, während der Einstülpung der Linse, dem nicht eingestülpten Theil des Hornblatts angelegen, wendet sich, je stärker die Krümmung der zur Hohlkugel sich ausdehnenden secundären Augenblase wird, nach und nach mehr dem Linsenäquator zu (vgl. Taf. I. Figg. 4—8). *Die Aequatorialzone der Linse bleibt dabei beständig in unmittelbarer Berührung mit der Augenblase.* In späteren Stadien (Figg. 10. 12. 17—19) schiebt sich dann der Umbiegungsrand der Augenblase vom Aequator mehr an die distale Fläche der Linse vor, um so mehr, je deutlicher derselbe, unter gleichzeitigem Aufgehen des betreffenden Theiles der Augenblase in die Bildung des Irispigmentes, zum Pupillarrand wird. In demselben Maass kommt aber statt des Umbiegungsrandes allmälig der diesem nächstliegende Theil der inneren Lamelle, resp. die hintere Irisfläche an die distale Wand der Linse zu liegen[1], (vgl. die Zeichnung vom Erwachsenen, Taf. II. Fig. 22).

Während also der Abschluss des in Rede stehenden Raumes nach dem Glaskörper hin von Anfang bis zu Ende der Entwickelung ununterbrochen fortbesteht, ist sein Verhältniss zu den Kopfplatten ein anderes. Bald nach Abschnürung der Linse beginnt die Augenblase vom Hornblatt zurückzuweichen — anfangs nur wenig, so dass nur eine schmale

---

[1] So zeichnet es auch Sernoff in seiner Fig. 10 bei einem zehntägigen Hühnerembryo, während in seinen Figg. 9 und 11 die Iris von der Linse abgehoben erscheint; diese Abhebung ist nur Folge der Präparation.

(zellenlose) Flüssigkeits- (resp. Gerinnsel) Schicht zwischen beiden Platz greifen kann. Erst wenn die Anlage der Grundsubstanz der Cornea propria bereits vorhanden ist, treten zwischen dieser und der Augenblase Kopfplattenelemente an den „dreieckigen Raum" heran; ihr weiteres Vorrücken vollzieht sich dann in der eigenthümlichen Weise, wie ich dies früher schon (l. c. S. 15) als Bildung des inneren Epithels der Cornea beschrieben habe: es ist in That nur eine einzellige Schicht, welche an der proximalen Fläche der Anlage der Grundsubstanz der Cornea aus der Masse der Kopfplatte nach dem distalen Linsenpol hin vorrückt; die Figg. Taf. II, 11—22 zeigen, dass dabei jener zellenlose Raum seine Existenz nicht einbüsst, nur seine Begrenzung wechselt, indem an die Stelle des Hornblatts zunächst die schmale Anlage der Corn. propr., dann das innere Epithel derselben tritt, sowie der, vorläufig noch ohne besonderen Contur schwach bogenförmige freie Rand der Kopfplatten, welcher allmälig immer schärfer sich zeichnend, später die vordere Fläche der Iris und des lig. pectinatum darstellt; in der Weise, wenn ich so sagen darf, planlos in diesen Raum eingestreute Zellen, wie Sernoff in seiner Taf. I. Fig. 7 abbildet, finde ich in keinem meiner Präparate. Dass dabei der ursprünglich dreiseitig von Hornblatt, Linse und Augenblase begrenzte ringförmige Canal allmälig zur vorderen Augenkammer sich erweitert und in jenem in der That bereits in den Figg. 3-6 meiner Taf. I die Anlage der letzteren vorhanden ist, bedarf nach allem bisherigen keines besonderen Nachweises mehr (Capp. VI und VII werden dies weiter bestätigen).

Fragen wir uns nun, was aus den bisher mitgetheilten Beobachtungen für die Entwickelung der Linsenkapsel resultirt, so ist es zunächst das Negative, dass die zwei von Sernoff aufgestellten Modi der Betheiligung der Kopfplatten dabei nicht existiren; weder wird eine Bindegewebsplatte mit der Linse in die Augenblase eingestülpt, noch findet ein Zuzug von Kopfplattenzellen durch die vordere Augenkammer statt, die Anlage der letzteren trennt vielmehr die zum Aufbau der Cornea vorrückenden Kopfplatten von Anfang an von der Linse.

Ehe ich nun aber diese Resultate zu der Behauptung verallgemeinere, dass somit überhaupt das Material zu einer Entwickelung der Linsenkapsel aus Zellen resp. Bindegewebe fehle, muss ich noch zwei Einwänden begegnen, die möglicherweise erhoben werden könnten:

1) Dass ja auch meine eigenen Taf. I. Figg. 8 und 9 Zellen zwischen Hornblatt und Linse zeigen. Es sind dies offenbar dieselben Zellen, welche Barceux (4) in dem in seiner Fig. VIII und Sernoff in dem in seiner Taf. I. Fig. 5 abgebildeten Präparat vorgelegen haben und von letzterem als dem vorderen Theil seiner bindegewebigen Linsenkapsel angehörige Kopfplattenelemente gedeutet worden sind, während Barceux (4. S. 83) angibt, dass die Kopfplatte allmälig immer dünner werdend, „unmittelbar in eine zarte, mit wenigen Kernen versehene Membran übergeht, welche die Pupillaröffnung überzieht — künftige Cornea". — Diese Auffassung ist jedoch irrthümlich[1]); jene Zellen repräsentiren vielmehr

---

[1]) Cap. VI wird ergeben, dass die erste Spur der Anlage der Cornea erst in einem Stadium auftritt, in welchem die Linsenfasern bereits die distale Linsenwand erreicht haben (Taf. I. Fig. 10 A); Barceux's Fig. VIII. dagegen gehört einem Stadium an, welches nur wenig älter ist als dasjenige meiner Tafel I. Fig. 9.

den Rest des „*Linsenstieles*", welcher (vgl. o. S. 8 und 9) bei der Abschnürung der Linse zwischen dieser und dem Hornblatt liegen bleibt. Diese Zellen entstammen also nicht dem mittleren Keimblatt, sondern dem oberen; sie sind entwickelungsgeschichtlich bedeutungslos, da sie in keiner Weise weiter zur Verwerthung kommen, sondern einfach zu Grunde gehen (s. Cap. VI).

2) Dass, wenn auch sonst nirgends, so doch von der Bauchseite her durch die Augenblasenspalte die Kopfplatten einen offenen Zugang zu der Linse haben und möglicherweise auf diesem Wege Zellen des mittleren Keimblattes sehr früh schon an dieselbe herantreten und bei der Bildung ihrer Kapsel sich betheiligen könnten. — In Wirklichkeit geschieht aber weder das eine, noch das andere; weder finden sich in der Augenblasenspalte in der frühen Zeit, um die es sich hier handelt, anderweitige Kopfplattenelemente ausser jenem Blutgefäss (vgl. o. Cap. III), noch kommen in der Linsenkapsel, wie sogleich gezeigt werden wird, zu irgend einer Zeit geformte Elemente, Zellen, Kerne oder dergleichen vor. Vielmehr geht die Bildung der Linsenkapsel — und damit komme ich auf das Positive der Ergebnisse meiner Präparate — in folgender Weise vor sich:

Das Hornblatt zeigt bereits zu der Zeit, wenn eben die Verdickung desselben über der Augenblase beginnt, an seiner inneren (proximalen) Fläche einen Contur, der viel schärfer und stärker hervortritt als derjenige an der äusseren (distalen) Fläche desselben. Während der Einstülpung der Linsenanlage gewinnt diese Begrenzungsschicht an Dicke sowohl als an Selbstständigkeit, d. h. sie folgt nicht mehr so genau den ihr zugewendeten Conturen der unter ihr liegenden Zellen (in dem Taf. I. Fig. 6 gezeichneten Stadium, s. Taf. I. Fig. 6 B, ist dies nur noch an der Bauchfläche, über der Augenblasenspalte der Fall), sondern verläuft mehr gestreckt, gradlinig (wenn ich diesen Ausdruck von einer gebogenen Linie brauchen darf) über dieselben hinweg. — Die weiteren Veränderungen beschränken sich auf eine stetige Zunahme der Dicke, die im erwachsenen Thier an der distalen Fläche der Linse beträchtlicher erscheint, als an der proximalen (KÖLLIKER 24, S. 298). Zellen oder Kerne sind in ihr zu *keiner* Zeit vorhanden.

Es liegt auf der Hand, dass meine vorstehend mitgetheilten Befunde keine andere Deutung zulassen, als die, dass die Linsenkapsel *ein Ausscheidungsproduct der die Linse constituirenden Zellen ist.*

Ich habe nun noch zu besprechen einige Momente, welche SERNOFF zur „*Unterstützung* (vgl. 42, S. 64) des Beweises der Entstehung der Linsenkapsel aus Bindegewebe" beibringt.

Unter diesen verdient in erster Linie erwähnt zu werden *die Methode der Behandlung*, da nur in ihr eine Erklärung für die höchst auffallende Thatsache gesucht werden kann, dass an einem und demselben Object so vollkommen entgegengesetzte Resultate gewonnen worden sind.

SERNOFF hat seine Ergebnisse gewonnen aus mikroskopischen Präparaten von Hühnerembryonen, die in MÜLLER'scher Flüssigkeit erhärtet waren (für Embryonen unter 4 Tagen 14tägige Einwirkung, für ältere eine längere); „die Schnitte wurden angefertigt, indem das Object auf Hollundermark oder Kork gelegt wurde, auf welchem es sich durch die Adhäsion der Flüssigkeit hält. Die Einschliessung in Massen, wie Wachs, Talg und dergleichen, erwies sich als ungeeignet, weil sie entweder das Präparat austrocknen oder es derart zusammendrücken, dass die Schnitte höchst unklar werden. Bei solchen Schnitten ist es wegen der Härte und Sprödigkeit unmöglich, die Theile durch Nadeln auseinander zu bewegen, was z. B. nothwendig ist, um die Bindegewebsplatte zwischen der sich einstülpenden Linse und der Augenblase zu sehen. Diese Membran wurde von den früheren Beobachtern wahrscheinlich zum Theil deswegen übersehen, weil es sehr beliebt war, die Embryonen in erstarrende Massen einzuschliessen".

Was zunächst das Einschliessen, oder Nichteinschliessen der zu schneidenden Objecte betrifft, so kann ich den von Sernoff ausgesprochenen Ansichten nicht beistimmen, denn:

1) braucht durch den Einschluss weder ein irgendwie nachtheiliger Druck, noch auch ein Austrocknen des Objects stattzufinden. Ich habe mich zweier verschiedenen Methoden des Einschlusses bedient: in früheren Jahren derjenigen des Einbettens in zuvor in Alkohol erhärtete Gehirnstücke, in den letzten Jahren aber ausschliesslich des Eingiessens in eine erstarrende Masse. Bei beiden Methoden lassen die von Sernoff gerügten nachtheiligen Wirkungen sich sicher vermeiden: bei der ersteren dadurch, dass man sich die Mühe und den Zeitaufwand nicht verdriessen lässt, in den Hirnstücken mit feinsten Nadeln oder Staarlanzen eine der Form des Objects vollkommen genau entsprechende Höhle auszuarbeiten und dass man dieses und das Einlegen des Objects in dieselbe unter Alkohol ausführt; bei der zweiten dadurch, dass man das Object unmittelbar nach seiner Herausnahme aus Alkohol in eine beim Erstarren ihr Volumen nicht verändernde Masse eingiesst. Eine solche besitzen wir in der Bunge'schen Eingussmasse — nähere Angaben über dieselbe werden demnächst vorliegen —, die sich mir bei ausschliesslichem Gebrauch derselben während der letzten 2 3 Jahre, als allen Anforderungen — mit Ausnahme derjenigen der Durchsichtigkeit — ganz vorzüglich entsprechend bewährt hat. Von irgend einem Einfluss auf das Gewebe, der an eine Veränderung der Consistenz des Objects (Härte, Brüchigkeit, Austrocknung — Sernoff) in Folge des Einschlusses denken liesse, habe ich weder beim Schneiden und der weiteren Behandlung der Schnitte, noch auch bei sorgfältiger Vergleichung der nach dieser Methode gewonnenen Präparate mit den in Gehirn geschnittenen auch nur eine Spur entdecken können; dabei gestattet ihre Dünnflüssigkeit ein so genaues sich Anschmiegen an das Object, dass ich z. B. in dem Taf. I. Fig 6. abgebildeten Stadium häufig die Linsengrube vollständig von ihr ausgefüllt gefunden habe; ihre Consistenz im erstarrten Zustand ist für das Schneiden so äusserst angenehm, dass ich in der That durch die Anwendung derselben die Gewinnung nicht nur einzelner dünner Schnitte (d. h. solcher, in denen nur eine einzige Zellenschicht vorliegt), sondern namentlich auch die für viele Zwecke unerlässlich nothwendige Herstellung continuirlicher Serien solcher Schnitte als höchst wesentlich erleichtert ansehe, während sie mir durch die Sernoff'sche Methode, bei der das Messer mehr durch Druck als durch Zug gegen das äusserst zarte Object wirken muss, ins Bereich der fast unmöglichen Leistungen gerückt erscheint.

2) glaube ich, dass das Einschliessen der Objecte mit dem „Uebersehen" der Sernoff'schen Membran zwischen Augenblase und Linse durchaus nichts zu thun hat, dass dieselbe

vielmehr ihre selbständige Existenz in Sernoff's Präparaten überhaupt nur der Methode des letzteren, dem Auseinanderziehen der Schnitte mit Nadeln, verdankt. Ich kann nämlich diese vermeintliche Bindegewebsmembran, da sie in meinen Präparaten, wie oben angegeben, durchweg fehlt, indem die Begrenzungsschichten des Hornblattes und der Augenblase so dicht an einander liegen, dass zwischen ihnen durchaus nichts mehr Raum finden kann, nur für eine dieser Begrenzungsschichten halten, welche beim Auseinanderziehen mit den Nadeln von ihrem Mutterboden isolirt wurde; und zwar ist es wahrscheinlich die der Augenblase zugehörige, denn nicht nur entspricht ihr Verlauf in den sämmtlichen bezüglichen Zeichnungen Sernoff's durchweg mehr, und in einigen sogar sehr genau der Gestalt der Augenblasengrube, der Form des eingestülpten Hornblattes dagegen so wenig, dass zwischen ihr und dem letzteren, an der in Sernoff's Fig. 1. z. B mit c bezeichneten Stelle ein leerer Raum bleiben würde, sondern es löst sich auch, wie bekannt, diese Grenzschicht der Augenblase, die spätere limitans int. oder hyaloidea, so leicht von ihrer Unterlage, dass sie schon durch ganz geringe Schrumpfungen des Glaskörpers von ihr abgehoben wird, um diesem zu folgen. — Dieses Verhalten veranschaulichen sehr deutlich eine Anzahl Zeichnungen von Lieberkühn (2S. Figg. 12. 13. 14. 51. und von Säugern: Figg. 31. 52) und in geringer Ausdehnung auch meine Taf. I. Fig. 8, in welchen allen, so weit die Abhebung reicht, die scharfe Begrenzung an der Concavität der inneren Lamelle fehlt: in dicken Schnitten wird letzterer Umstand selbstverständlich weniger präcis hervortreten, so in Taf. II. Fig. 11. bei Lieberkühn. Wie sich in dieser Beziehung Sernoff's Präparate verhalten, darüber lässt sich aus seinen Zeichnungen kein Urtheil gewinnen, da diese zu wenig detaillirt ausgeführt sind; immerhin scheint mir die Vergleichung derselben, namentlich seiner Figg. 4—7. mit den genannten Zeichnungen Lieberkühn's und mit einigen meiner Präparate — in Ermangelung einer anderen Erklärungsmöglichkeit der zwischen unseren Angaben bestehenden Differenz — zu der Annahme zu berechtigen, dass auch seine Präparate in der fraglichen Beziehung sich ebenso verhalten dürften, wie jene Lieberkühn's, es sich mithin hier um ein von Seiten Sernoff's stattgehabtes Uebersehen des wahren Sachverhaltes handeln würde: namentlich in seiner Taf. I. Fig. 4 scheint mir der der Concavität der Augenblase parallel verlaufende Contur des Glaskörpers (Sernoff's hinterer Platte der zeitweiligen Linsenkapsel) ganz unzweifelhaft die abgehobene hyaloidea oder limitans int., dieser Contur aber mit dem, was er in seinen Taf. I. Figg. 1—3 als eingestülpte Kopfplattenschicht auffasst, identisch zu sein. Dass aber auch schon in so frühen Stadien, wie dem von Sernoff Taf. I. Fig. 1 abgebildeten, die Grenzschicht der Augenblase leicht, und namentlich leichter, als diejenige des Hornblattes, sich ablöst, zeigen mir Präparate, in denen gelegentlich des Einschliessens Verschiebungen der Theile gegen einander und Verletzungen stattgefunden haben.

  Die künstliche Trennung zusammengehöriger Theile durch die Nadelbehandlung von Schnitten ist jedoch nicht die einzige Fehlerquelle, welche zu der irrthümlichen Auffassung der Linsenkapsel als bindegewebiger Bildung Veranlassung gegeben hat, eine zweite wohl noch ausgiebigere liegt in den durch die Härtung der Objecte herbeigeführten Veränderungen, resp. Entstellungen; ich glaube, dass man diesen bisher viel zu wenig Beachtung geschenkt hat, und erlaube mir deshalb hier einige Bemerkungen darüber.

Kaum irgend ein anderes Organ des Thierleibes stellt einer untadelhaften Härtung solche Schwierigkeiten entgegen, wie das Auge, zumal das embryonale; die ausserordentliche Verschiedenheit des Gewebes der einzelnen, dasselbe zusammensetzenden Theile: des fast flüssigen Glaskörpers, der in etwas vorgerückteren Stadien so harten, schwer zu durchdringenden Linse, die ungemeine Empfindlichkeit der Augenblase, resp. Netzhautelemente gegen jedes zu viel oder zu wenig müssen a priori schon das Gelingen einer alle diese Theile in ein und demselben Object gleich gut erhaltenden Härtung höchst fraglich erscheinen lassen und spotten in der That häufig genug der Bemühungen, wenigstens die so deutlich sich markirenden gröberen Härtungsfehler zu vermeiden. — Als solche müssen unbedingt bezeichnet werden jede Schrumpfung des Glaskörpers und jede Faltenbildung[1] oder auch nur stärkere Abhebung der inneren Lamelle oder der Netzhaut. Die Tragweite dieser Fehler lässt sich natürlich nur aus der Vergleichung mit Präparaten erschliessen, in denen dieselben sich *nicht* finden; ihre Wirkung beschränkt sich nicht auf die zunächst betroffenen genannten Theile, vielmehr wird das ganze Bild auch dadurch noch verändert, dass bei der Schrumpfung Lücken entstehen können, wo im Lebenden die Theile an einander lagen, oder dass zwischen die dabei auseinander weichenden Theile oder Elemente andere hineingezogen werden, die ursprünglich nicht da gelegen hatten. Hierher rechne ich, um einige Beispiele anzuführen, die Abhebung des Augenblasenrandes von dem Hornblatt und der Linse bei SERNOFF und LIEBERKÜHN (SERNOFF's sämmtliche Figuren, mit Ausnahme von Fig. 10, und LIEBERKÜHN's Figg. 8. 11. 12. 14. 51) in denjenigen Stadien, in welchen ich sie in meinen Präparaten dicht an einander liegend finde; — hierher das Gerinnsel, welches in den eben genannten Figuren zwischen Linse und Umbiegungsrand der Augenblase sich findet; hierher die Zellen oder Kerne, welche SERNOFF in seinem „dreieckigen Raum" zeichnet und die eben nur durch das Nachdringen der Kopfplattenintercellularsubstanz in die entstandene Lücke aus ihrer ursprünglichen Lage mit fortgerissen sein können; hierher die Entstehung der beiden spindelförmigen (dunkler schattirten) Lücken zwischen der Kapsel und der hinteren Fläche der Linsenfasern in SERNOFF's Figg. 6 und 7 (siehe oben S. 46). Aber nicht nur Lage und Form der Theile, sondern auch ihr mikroskopisches Aussehen können durch die Schrumpfung so alterirt werden, dass sie zu falschen Deutungen Veranlassung geben; es kann z. B. das Flüssigkeitsgerinnsel zwischen Augenblase, Linse und Hornblatt eine so deutliche Faserung annehmen, dass dasselbe von SERNOFF als Bindegewebszüge, oder Bündel gedeutet wird. Dieses Gerinnsel, und ebenso der Glaskörper, erscheint natürlich um so *dichter*, auf ein je kleineres Volum es sich zusammenzieht. Eine solche grössere Dichtigkeit zeigt dasselbe auch in einigen meiner Präparate in einer gewissen Ausdehnung, nämlich über der Augenblasenfurche; so in meiner Taf. I. Figg. 5—7; dem entsprechend zeigt meine Fig. 5 auch eine Abhebung des Grenzcontours der Augenblase, während in

---

[1] In welcher Massenhaftigkeit diese bei ungeeigneter Behandlung der Objecte auftreten kann, und was für Missdeutungen aus solchen Härtungsfehlern schon hervorgegangen sind, beweisen am schlagendsten die Abbildungen ARNOLD's (1) Taf. VII und seine auf die Anwesenheit dieser von ihm ausführlich als „elevationes et impressiones semilunares retinae" beschriebenen Falten gegründete Behauptung: „die innere Fläche der retina ist *gyrificirt*, wie die aussere Fläche des Gehirnes" (l. c. S. 97 ff.)

Figg. 6 A und B und Fig. 7 die Reduction auf ein geringeres Volum ohne eine solche Abhebung dadurch ermöglicht wird, dass das Hornblatt über der Augenblasenfurche, wo dasselbe nicht dieselbe Stütze findet, wie sonst rings um die Linse durch den Umbiegungsrand der Augenblase, dem schrumpfenden Gerinnsel folgend sich proximalwärts einbiegt; in geringem Grad findet dies übrigens auch in manchen Präparaten über dem „dreieckigen Raum" statt (Taf. I. Fig. 6.), in diesem erscheint dann auch jedesmal das Gerinnsel in der nächsten Nähe des Hornblattes dichter, als in der zwischen Augenblase und Linse liegenden Spitze des Dreiecks. Auch die Anwesenheit von Zellen oder Kernen in der Linsenkapsel an der proximalen Wand in Sernoff's Präparaten dürfte sich auf diese Weise erklären lassen; mit dem schrumpfenden Glaskörper nämlich werden auch die in demselben enthaltenen Formelemente näher an die Linse herangerückt und können diejenigen, welche vorher schon in der Nähe der letzteren lagen (vgl. meine Taf. I. Figg. 6 B; 10 A) unmittelbar an diese herangezogen in etwas dickeren, oder nicht ganz senkrecht auf die Trennungsfläche gefallenen Schnitten, in denen auch die Linsenkapsel weniger scharf conturirt und dicker erscheint, das Bild bieten, als ob jene Zellen in die Linsenkapsel eingebettet lägen. In fehlerfreien Präparaten findet sich, wie oben schon bemerkt, niemals eine Spur von Zellen oder Kernen in der Kapsel.

Wie nun diese Veränderungen und Fehler der Härtung vermeiden? oder wenigstens auf ein unschädliches Minimum reduciren? — Leider gelingt dies bisweilen trotz aller Sorgfalt doch nicht ganz nach Wunsch. Ich habe mich vorwiegend zweier Härtungsmittel bedient: einer 1 $^0/_0$ Chromsäure- und einer 1—2 $^0/_0$ Osmiumsäurelösung. In diese bringe ich die Embryonen oder nur den Kopf derselben bis zum fünften Tag ohne weitere Präparation; von da ab aber werden, um die Härtungsflüssigkeit möglichst direct einwirken zu lassen, zuvor die Augen, entweder nach Eröffnung des Eies in situ oder nach Uebertragung des Embryo in Jodserum, herauspräparirt, was bei einiger Uebung mit zwei möglichst feinen Pincetten sich recht gut ohne Verletzung der Augenhäute thun lässt. Die schwierigere Ablösung auch der Sclera, wie M. Schultze sie empfiehlt, schien mir, sobald es sich nicht um das Studium der Histiologie der Retina handelt, nicht unumgänglich nothwendig. — In der Chromsäurelösung habe ich Embryonen von 1—5 Tagen etwa 8—20 Stunden, vom 5. Tage ab 18—24 Stunden liegen lassen; eine über 24 Stunden hinausgehende Einwirkung scheint auch für den Bulbus des erwachsenen Thieres keine Vortheile zu gewähren, sondern nur grössere Sprödigkeit, Brüchigkeit und Schrumpfung der Elemente (Ueberhärtung) herbeizuführen. Aus der CrO₃lösung übertrage ich die Objecte in Alkohol, zunächst in 45 $^0/_0$, am folgenden Tag in 70 $^0/_0$, 1—2 Tage darauf in 94—96 $^0/_0$. — Bei dieser Behandlung bemerkt man meist schon wenige Minuten nach der Uebertragung des Objects in Alkohol bei Embryonen von mehr als 3 Tagen ein Zusammenfallen des Bulbus und zwar bei solchen vom 3.—8. Tag ein Einsinken des Hornblattes (resp. der jungen Cornea) um die Linse herum und ein Zurückweichen dieser letzteren nach dem Centrum des Auges hin, an den Bulbis von älteren aber, wo die Cornea schon starrer geworden, Grubenbildungen oder Faltungen im äquatorialen und proximalen Theil des Bulbus, offenbar in Folge von Schrumpfung des Glaskörpers. — Dieser und somit auch jener lässt sich ziemlich sicher vorbeugen durch die Eröffnung der Glaskörperhöhle unmittelbar vor dem Einlegen in Alkohol. Ich bediene mich dazu einer feinsten Scheere, deren Blätter ganz spitz und dabei nach Art einer Rasirmesserklinge flach geschliffen sind. Da die Oeffnung in den Augenhäuten nur ganz minim zu sein braucht, um eine directe Einwirkung des Alkohol auf den Glaskörper zu gestatten, so stört die Abtragung eines solchen kleinen Segments der Augenblase, wenn sie an einer später nicht in Betracht kommenden Stelle des Bulbus geschieht, die weitere Untersuchung in keiner Weise. — Ich nehme diese Eröffnung der Glaskörperhöhle (die man bei älteren Bulbis wohl auch an zwei gegenüberliegenden Stellen ausführen kann) bei allen Embryonen vor, die älter als 3—3½ Tage sind.

Bei der sehr energischen Einwirkung der Osmiumsäure auf die Gewebe genügt ein (je nach der verschiedenen Grösse des zu härtenden Objects) 2—5 stündiges Liegenlassen in einem Quantum von Lösung, welches das Volum des Objects um das dreifache übertrifft; längere Einwirkung scheint die Haltbarkeit des Objects zu beeinträchtigen; nach Herausnahme aus der Osmiumsäure ist die weitere Behandlung dieselbe, wie nach Härtung in CrO_3lösung. Eine ausgezeichnete Schnittfähigkeit und ganz vorzüglich schöne Bilder habe ich einigemal dadurch bekommen, dass ich die Objecte vor der Uebertragung aus der Osmiumlösung in Alkohol ½—1½ Stunden in CrO_3lösung liegen liess; dadurch wird nicht nur die weiterhin in verschiedener Rücksicht etwas störende intensiv schwarze Färbung der Objecte etwas abgeblasst, sondern es scheint das auch auf die Conservirung des Gewebes günstig zu wirken, so dass weitere Versuche mit dieser Methode zu empfehlen sind. Das Anschneiden der Bulbushöhle geschieht dabei gleichfalls kurz vor der Uebertragung in Alkohol.

Die bekannte Fähigkeit der Osmiumsäure, die Gewebselemente bis ins kleinste Detail zu conserviren und diese, sowie die ganzen Organanlagen in ihrer Form und Lage zu erhalten, macht es möglich, mit ihrer Hülfe Präparate zu gewinnen, in welchen keine Spur von Abhebung oder Faltung und Verbiegung der hyaloidea oder Augenblase vorhanden ist; dabei zeigen dieselben eine grosse Schärfe und Reinheit der Conturen, die vielleicht mit einem dritten Vorzug zusammenhängt, nämlich dem, dass jede anderweitige Färbebehandlung und deren Einwirkungen auf die Gewebe wegfallen. — Auf eine weitere Annehmlichkeit: die für die rothen Blutkörperchen charakteristische besonders intensive Schwärzung, welche auch die vereinzelt liegenden sofort als solche erkennen lässt, wird der Leser durch die Betrachtung meiner resp. Zeichnungen selbst schon aufmerksam geworden sein. — Wegen der genannten Eigenschaften bieten Osmiumsäurepräparate des Auges eine vorzügliche Controle für die mit andern Methoden gewonnenen Resultate und ich glaube, dass letztere nur dann als definitiv gesichert angesehen werden dürfen, wenn sie mit jenen übereinstimmen, oder wenigstens in Einklang zu bringen sind.

Mit der MÜLLER'schen Flüssigkeit habe ich zuletzt noch im vorigen Sommer, um die SERNOFF'schen Angaben zu controliren, an einer grossen Anzahl von Embryonen in verschiedener Weise experimentirt — stets mit unbefriedigendem Erfolg: die Bilder waren annähernd dieselben, wie sie SERNOFF und LIEBERKÜHN geben. Die Schuld davon lag vielleicht mehr noch in der mangelnden Virtuosität im Gebrauch, als im Mittel selbst, da BABUCHIN z. B. — nach einigen seiner Zeichnungen (4) zu urtheilen — sehr schöne Härtungen damit erzielt hat; immerhin glaube ich, dass die sehr rasch wirkenden Substanzen den postmortalen

Veränderungen besser vorbeugen und gerade beim Auge eine leichtere Gewinnung guter Präparate ermöglichen, als die erst nach Wochen ihre Wirkung beendigenden.

Zu Gunsten der Entwickelung der Linsenkapsel des Hühnchens aus Bindegewebe führte SERNOFF (siehe oben S. 19) ferner an die Uebereinstimmung derselben mit der Membrana Descemeti in chemischer und physikalischer Hinsicht, und endlich die vollkommene Homologie derselben mit der gefässhaltigen Kapsel der Säuger.

Ueber erstere Parallele siehe Cap. VI., die Nichtexistenz einer gefässhaltigen Kapsel bei Säugern aber wird im folgenden sogleich nachgewiesen werden.

Säuger.

Taf. V. Fig. 65 zeigt, dass beim Hundeembryo zwischen primärer Augenblase und Hornblatt durchaus nichts von Bindegewebe oder mittlerem Keimblatt vorhanden ist, das Hornblatt vielmehr der Augenblase so unmittelbar anliegt, dass die Grenzconturen beider zu einer sehr feinen Linie verschmelzen. Auch Fig. 66 zeigt noch keine Spur von Kopfplattenelementen zwischen der Linsenanlage und Augenblase. Erst in dem Stadium von Fig. 67 (s. Fig. A) dringen — und dies ist wesentlich unterscheidend gegenüber der Annahme einer „*Miteinstülpung von Bindegewebe während der Linsenbildung*" von der *Peripherie*, von der Bauchseite her von der Arteria centralis ausgehende *Gefässsprossen*, aber auch *nur diese*, zwischen Linse und Augenblase ein, während wo diese noch nicht vorhanden sind, Augenblase und Linsenanlage nach wie vor einander unmittelbar berühren. Wenn man, wie dies in Schnitten aus gehärteten Embryonen nicht selten vorkommt, Augenblase und Linsenanlage etwas von einander abgehoben und entfernt findet, so ist dies nur Folge der während der Härtung so leicht eintretenden *Schrumpfung* der Objecte; und zwar genügt, da durch die letztere jede der beiden in Rede stehenden Organanlagen nach ihrem Mutterboden: die Linsenanlage nach dem Hornblatt, die Augenblase nach dem Hirnrohr, beide also nach entgegengesetzten Richtungen hin gezogen werden müssen, schon ein ganz geringer Grad von Schrumpfung, um eine solche Abhebung zu bewirken; in dem dadurch — also *künstlich* — erzeugten Zwischenraum zwischen beiden finden sich nur Spuren derselben zarten Masse, welche Cap. III als aus der Gerinnung der Körperlymphe (resp. des Glaskörpers) hervorgehend beschrieben wurde; letztere dringt offenbar erst während der Schrumpfung aus der Umgebung hierher vor, denn in besser gehärteten Präparaten, in welchen keine Abhebung eingetreten ist, lässt sich auch mit starken Systemen von dieser Masse nichts nachweisen (vgl. o. S. 55); Zellen oder Kerne habe ich — ausser den den vorhin erwähnten Gefässsprossen angehörigen — in dieser Masse *niemals* angetroffen. Die einander zugekehrten Flächen der Augenblase und der Linsenanlage — namentlich der letzteren — zeigen, wenn sie sich von einander abgehoben haben, einen scharfen dunklen Contur, der (proportional der Zunahme der Vertiefung der Linsengrube) allmälig eine solche Stärke gewinnt, dass man ihn nicht mehr für einen blossen Begrenzungscontur halten kann, sondern als optischen Ausdruck einer besonderen, selbstständig werdenden Grenz*schicht* ansehen muss, welche an der Linsenanlage selbstverständlich nichts anderes sein kann, als die sich entwickelnde Linsen*kapsel*. Ihre Bestätigung findet diese Auffassung durch Präparate wie das Fig. 83 gezeichnete, in welchen schon zur Zeit der eben sich vollziehenden Abschnürung der Linse die Kapsel als vollkommen selbstständiges Gebilde unzweifelhaft vorhanden ist, was in den sämmtlichen Schnitten der Serie, der jene Zeichnung entnommen ist, besonders deutlich dadurch hervortritt, dass durch einen Fehler in der Härtung die Kapsel etwas von den Linsenfasern sich abgehoben und leicht gefaltet hat (in anderen Schnitten von gleichaltrigen Schaafsembryonen liegt dieselbe den Fasern vollkommen glatt an, s. Taf. VI. Figg. 84, 85).

Aber nicht nur im Beginn, wie sich aus dem bisherigen ergibt, sondern auch im weiteren Verlaufe ist die Entwickelung der Linsenkapsel bei den Säugern vollkommen übereinstimmend mit derjenigen beim Hühnchen; denn die weitere Ausbildung derselben besteht auch bei den Säugern in nichts anderem als einer Zunahme der Dicke, in Folge deren allmälig immer deutlicher ein innerer und ein äusserer dunklerer Contur schärfer hervortreten, zwischen denen eine hellere structurlose Substanz liegt. Die Dicke der Kapsel ist bei Mäuseembryonen am beträchtlichsten im äquatorialen Theil: im Präparat zu Taf. V. Fig. 73 (Ratte) beträgt sie hier 0,002—0,003 Mm. — Spuren einer Zelle oder eines Kernes in der Kapsel finden sich in keinem einzigen meiner Präparate: wo immer die durch den Glaskörperraum zwischen Augenblase und Linse hinziehenden Gefässe diese berühren, liegen dieselben stets aufs deutlichste *ausserhalb* der Kapsel, dieser nur an. Vgl. Taf. V. Figg. 68—73.

Auch bei den Säugern also ist die Kapsel bereits vor vollendeter Abschnürung der Linse vorhanden, von vornherein structurlos, gebildet ohne Mitbetheiligung irgend welcher bindegewebiger Bestandtheile.[1]

Wie steht es nun aber mit der *Tunica vasculosa lentis?* — In der bisher allgemein angenommenen Weise, als geschlossener bindegewebiger gefässhaltiger Sack existirt dieselbe überhaupt nicht. Gefässe sind freilich auf der Linse in grosser Menge vorhanden (vgl. S. 41, 42), aber nicht das supponirte Bindegewebe, welches sie umhüllen, mit einander verbinden und den Sack oder eine zweite, die structurlose einschliessende, Kapsel bilden soll. Vielmehr ist das Verhalten der Gefässe zu der einzig und allein existirenden structurlosen Kapsel dasjenige, wie ich es bereits angedeutet habe und wie es die genannten Figg. 70 und 71 veranschaulichen: die Gefässe verlaufen vollkommen isolirt auf der Kapsel, diese nur berührend, in der Glaskörperflüssigkeit; überall, wo nicht ein Gefäss der Kapsel anliegt, wird diese (die structurlose) von der Glaskörperflüssigkeit unmittelbar bespült.[2]

An der ganzen *proximalen* Wand der Linse und im *Aequatorialtheil* derselben (bis an den freien Rand der Augenblase) ist (bei Maus, Ratte, Katze, Schaaf) dieses Verhältniss das bis ans Ende des Fötallebens *bleibende* [so in den Taf. V. Fig. 73 gezeichneten Präparaten und einigen von einem noch älteren Stadium vom Kaninchen mir vorliegenden, in welchem wahrscheinlich das Atrophiren dieser Gefässe (vgl. Cap. V) bereits begonnen hat]; die bisher

---

1) Die von den Autt. angegebene *Streifung* der Linsenkapsel finde ich in embryonalen Augen nicht.
2) Am instructivsten und klarsten zeigen dies Schnitte, welche senkrecht auf den Längsverlauf der die Linse umgebenden Gefässe geführt sind, während im Meridianschnitt ein in seinem Längsverlauf vom proximalen Pol bis an den Aequator getroffenes Gefäss die unmittelbare Berührung von Glaskörper und Kapsel, wie sie in den Lücken des Gefässnetzes stattfindet, dem Blick entziehen kann.

angenommene *Membrana capsularis* und *capsulo-pupillaris existiren also* bei den genannten Thieren *nicht*.

An der *distalen* Linsenwand liegen *anfangs* (etwa bis ans Ende des ersten Drittheils des Embryonallebens) die Gefässe gleichfalls in derselben Weise, wie an der proximalen Wand *frei* auf der Linsenkapsel. Dies ist freilich in den ersten Stadien der Gefässentwickelung schwer zu erkennen, und zwar deswegen, weil in den allerfrühesten (vgl. Taf. VI. Figg. 83, 85, 68) es den zwischen Linse und Hornblatt vordringenden Gewebselementen sich vielleicht nicht mit voller Sicherheit ansehen lässt, ob dieselben Gefässsprossen darstellen, oder ob nicht vielleicht ein Theil derselben zum Aufbau der Pupillarmembran bestimmte mitwandernde indifferente Kopfplattenzellen sind, in den darauf folgenden (Taf. V. Fig. 69) aber die Masse der letzteren schon eine so bedeutende ist, dass die Gefässe vollständig von denselben bedeckt sind. Mit dem Beginn der Bildung der vorderen Augenkammer aber stellt es sich sofort zweifellos heraus, dass die ganze zwischen Linse und Hornblatt gelangte Kopfplattenmasse — mit alleiniger Ausnahme einiger weniger in der unmittelbaren Nähe der Irisanlage liegen bleibenden Zellen — der Cornea angehört und dass die Gefässe allein und frei, ohne irgend welche sie einhüllende oder deckende Membran auf der Linsenkapsel liegen bleiben, so dass der distale Theil der letzteren in den Lücken und Maschen des Gefässnetzes ganz ebenso vom vorderen Kammerwasser bespült wird, wie der proximale vom Glaskörper. —

Erst *später*, etwa von dem Taf. V. Fig. 71 gezeichneten Stadium ab, bemerkt man dann in Schnitten, in denen die Gefässe in der vorderen Kammer nicht wie in Fig. 71 A in ihrem Längsverlauf, sondern mehr weniger senkrecht auf denselben getroffen sind, hie und da zwischen den Gefässquerschnitten einzelne sehr platte langgestreckte, die Linsenkapsel nicht berührende Körperchen, welche nicht den Eindruck machen, als ob sie bloss durch den Schnitt von einer Gefässwand abgeschält wären; ihre zugespitzten Enden laufen in eine äusserst feine Linie aus, welche über die Gefässe (und zwar über die kleinsten derselben ohne sie zu berühren, s. Taf. V. Fig. 75 A.) hinwegzieht.

Diese feine Linie mit den eingestreuten flachen Körperchen ist der Querschnitt der *Pupillarmembran*.

Die ersten Spuren der Pupillarmembran findet man stets an der Peripherie der Pupillaröffnung; die Vergleichung der resp. Stellen in den Taf. V. Figg. 71 B. und 70 lässt es wahrscheinlich erscheinen, dass bereits in Fig. 70 die zwischen dem inneren Epithel der Cornea und dem über den freien Rand der Augenblase wegziehenden Gefäss frei liegenden 2 spindelförmigen Zellen mit zur Anlage dieser Membran gehören. Von hier aus schreitet ihre Entwickelung nach dem Linsenpol hin vor. Ob derselbe aber von ihr bei allen Thieren wirklich erreicht und mit überzogen wird, ist eine Frage, die ich vorläufig noch offen lassen muss; in den Stadien von Figg. 71 und 72 reicht die Pupillarmembran noch nicht weiter als bis auf die Hälfte der Strecke vom Pupillarrand bis zum Pol. — Fig. 71 B zeigt, wie sie hier in der Nähe eines Gefässes, der Linsenkapsel sich nähernd, aufhört; die von dieser Stelle nach dem Pupillarrand hin liegenden Gefässe sind von ihr überzogen, die dem Pol näheren dagegen verlaufen frei auf der Kapsel und zwischen den letzteren berührt im Präparat das Gerinnsel des humor aqueus die Kapsel unmittelbar. — Auch in dem bedeutend weiter vorgerückten Entwickelungsstadium des Auges von einem 10 Cm. langen Katzenembryo, aus welchem ein Theil der distalen Linsenwand mit einem Stück der Pupillarmembran in Taf. V. Fig. 75 A abgebildet ist, finden sich in der Nähe des Poles noch Lücken in der Membran und bei einem noch älteren Kaninchenembryo fehlt dieselbe nicht nur am Pol, sondern auch in grosser Ausdehnung um den Pol herum vollständig, was man mit voller Sicherheit, wie bereits angedeutet, daran erkennt, dass das Gerinnsel des Kammerwassers unmittelbar die Linsenkapsel berührt; auch mit starken Vergrösserungen ist zwischen beiden in den betreffenden Ausdehnungen durchaus nichts zu entdecken, was für eine Andeutung der Pupillarmembran genommen werden könnte. — Das Gerinnsel des humor aqueus ist in meinen Präparaten von Mäuse- und Katzenembryonen viel heller und lockerer als dasjenige ihres Glaskörpers und von einer solchen Zartheit, dass ich auf eine Wiedergabe desselben in meinen Zeichnungen habe verzichten müssen.

Auf Grund gewisser Wahrnehmungen glaubte ich früher (20.) die Pupillarmembran als eine von der Adventitia der auf der Linsenkapsel verlaufenden Gefässe ausgehende Bildung bezeichnen zu müssen. Diese Ansicht ist jedenfalls eine irrige gewesen. Die Fig. 71 B und C gezeichneten und andere diesen ähnliche Präparate haben mich überzeugt, dass die Pupillarmembran die Fortsetzung des das Irisstroma nach der vorderen Augenkammer hin deckenden Epithels ist, welches letztere seinerseits wie bekannt und wie auch die Figg. 71 A, 72, 73 Taf. V zeigen, continuirlich in dasjenige der Innenfläche der Cornea übergeht. Das innere Corneaepithel läuft also durch Vermittelung des Irisepithels in die Pupillarmembran aus. Das erstere bietet freilich im völlig entwickelten Zustand bei den höheren Wirbelthieren ein von demjenigen der Pupillarmembran sehr verschiedenes Bild, in früheren Stadien aber, z. B. dem in Fig. 70 abgebildeten, sowie bei gewissen niederen Wirbelthieren auch im erwachsenen Zustand zeigt der Querschnitt jenes eine auffallende Aehnlichkeit mit dem der letzteren (vgl. Taf. V, Figur 74 A mit Taf. IV. Fig. 64 c).

Die in der Pupillarmembran enthaltenen Körperchen habe ich oben nicht als „Zellen" bezeichnet; je weiter die Entwickelung vorschreitet, desto weniger lässt sich in ihnen von einem Kern oder Kernkörperchen etwas entdecken, desto glatter und blasser werden sie, desto mehr nehmen sie sich nur wie zarte Anschwellungen der so äusserst zarten Membran aus (vgl. Taf. V. Fig. 75 A mit Fig. 71 B); es ist, als ob die wenigen Zellen, die die Anlage derselben bilden, ihr Protoplasma flächenhaft ausfliessen liessen und je mehr mit dem fortschreitenden Wachsthum der Linse die von der Membran zu deckende Fläche sich vergrössert, desto mehr auch die Reste dieser Zellen zur Bestreitung dieser Leistung consumirt würden. — Falls der bei der Entwickelung der Pupillarmembran in Wirklichkeit sich vollziehende Vorgang der soeben vermuthungsweise angedeutete ist, dieselbe also nur einem — wenn man es so nennen darf — Auflösungsprocess einiger in der vordern Augenkammer liegen gebliebener Zellen ihre Entstehung verdankt, so würde damit zugleich auch das Verständniss für die Lebensunfähigkeit und Vergänglichkeit dieser Bildung gegeben sein.

Die Pupillarmembran wäre sonach weiter nichts als ein kurzlebiger bedeutungsloser Anhang des inneren Cornea- resp. Irisepithels, dessen Besprechung in Zukunft mit derselben

Folgerichtigkeit in einem hin mit diesen letzteren vorzunehmen sein wird, wie die der Entwickelung der Linsenkapsel gemeinschaftlich mit der der Linse. In dieser Abhandlung aber musste aus Zweckmässigkeitsrücksichten, zur Erleichterung des Nachweises des Irrthümlichen in den bisher verbreiteten Anschauungen, wie die Linsenkapsel nachträglich in einem besonderen Capitel so die Pupillarmembran im Voraus schon an dieser Stelle besprochen werden, um zu zeigen, dass die ihr von den meisten Autoren zugeschriebenen Beziehungen zu der auf der Linse verlaufenden Endausbreitung der Arteria centralis in Wirklichkeit ebenso wenig existiren, wie diejenigen der genannten Gefässe zur Linsenkapsel, geschweige denn, dass die Entwickelung dieser Kapsel auch nur im Entferntesten etwas mit jener Membran zu thun hätte, von der sie durch das zwischen eingeschobene Gefässnetz von vornherein geschieden ist.

Damit fällt also, um auf die Linsenkapsel zurückzukommen, auch die letzte der von Sernoff für die bindegewebige Natur derselben beigebrachten Stützen und darf ich also wiederholen, was ich oben schon ausgesprochen, dass *auch bei den Säugerembryonen ebenso wie bei den Vögeln nur eine Art von Linsenkapsel, die structurlose, vorhanden und dass diese in einer sehr frühen Zeit, nämlich gleichzeitig mit der Einstülpung und Abschnürung der Linse, ohne irgend welche Mitbetheiligung von Bindegewebe, von vornherein structurlos angelegte Kapsel auch die bleibende ist*, an welcher bis aus Ende des Embryonallebens keine anderweitige Veränderung als die der allmäligen Dickenzunahme vor sich geht.

Es ist also die Linsenkapsel, da ein anderer Modus ihrer Entstehung als der durch Ausscheidung aus den Linsenzellen nach dem Obigen nicht wohl denkbar ist, wieder, wie bereits Kölliker gethan hatte, in die Reihe der auf diesem Wege aus den zugehörigen epithelialen Elementen hervorgegangenen Cuticularbildungen zu rubriciren.

Dass auch die Dickenzunahme, das Wachsthum der Kapsel, durch fortschreitende Ausscheidung aus den Linsenfasern herbei geführt wird, lässt sich zwar nicht stricte beweisen, aber doch als sehr wahrscheinlich bezeichnen; denn einerseits ist, namentlich für die gefässfreien Linsenkapseln eine andere Quelle für die Zufuhr des Wachsthumsmaterials nicht vorhanden, andererseits scheint die Leichtigkeit, mit welcher post mortem die Seite 17 erwähnten „Eiweisskugeln" aus den Linsenfasern austreten, die Vorstellung einer gewissen Permeabilität derselben für ihren eiweissartigen Inhalt zu gestatten, welche vielleicht auch unter physiologischen Verhältnissen zu einer Ausscheidung des letzteren nach aussen hin disponirt.

Das von mir gegen die Darstellung Sernoff's vorgebrachte hat natürlich im Wesentlichen seine Geltung auch gegen die übrigen Vertreter der bindegewebigen Natur der Linsenkapsel; ich erlaube mir nun nur noch gegen einige Einzelheiten in den thatsächlichen Beobachtungen und Darstellungen dieser Autoren folgende Bemerkungen, von denen wenigstens einige vielleicht insofern zur weiteren Klärung der Frage und Feststellung des wahren Sachverhaltes beitragen können, als sie eine Erklärung des Irrthümlichen der von jenen gegebenen Deutungen versuchen sollen.

Lieberkühn (28, S. 19) gibt in Bezug auf das Auge der Vogelembryonen ausdrücklich an, dass auch er „vor Beginn der Einstülpung der Linse zwischen Hornblatt und primitiver Augenblase nichts, dagegen hinter der in der Einstülpung begriffenen Linse in wiederholten Fällen eine Fortsetzung des Gewebes der Kopfplatte wahrgenommen habe. „Bei den Vögeln ist also entweder vor der Einstülpung in Wirklichkeit nichts vorhanden oder das Vorhandene ist zu schwach, um mit den gegenwärtigen Hülfsmitteln sichtbar zu sein." — Da letztere Möglichkeit bei der vorzüglichen Leistungsfähigkeit unserer gegenwärtigen Hülfsmittel wol kaum ernstlich in Betracht kommen dürfte, mithin zuzugeben sein wird, dass *vor der Einstülpung zwischen Hornblatt und Augenblase in der That nichts vorhanden ist*, so kann die Frage nur die sein: wie kommt *während* der Einstülpung die Fortsetzung der Kopfplatten zwischen das Hornblatt und die Augenblase? Bestünde diese Fortsetzung aus Zellen, so könnte man einfach an eine Zellenwanderung denken, die hierher vordringt; *Lieberkühn* giebt aber (S. 20) ausdrücklich an, dass dieselbe structurlos ist, mit Verweisung auf seine Figg. 8, 15, 50 und von einem viel späteren Stadium Fig. 51, in welchen dieselbe, „zellenlos, mit der Zwischensubstanz zwischen den Zellkörpern der Kopfplatten in continuirlichem Zusammenhang steht"; sie spaltet sich „in 2 Abtheilungen, von welchen die eine vor der Linse hinzieht, die andere dagegen hinter die Linse verläuft um sich in dem Glaskörper zu verlieren. In einem anderen Präparate befinden sich in dem noch ungespaltenen Stück bereits Zellkörper; [man sieht also, wie diese ihren Weg den zellfreien durchsichtigen Anlagen entlang nehmen." In dieser Darstellung begegnen wir wieder denselben beiden Irrthümern, welche wir in derjenigen SERNOFF's bereits kennen gelernt haben: 1) dass die aneinanderliegenden Grenzschichten des Hornblatts und der Augenblase (*Lieberkühn's* Figg. 15 und 50) für eine structurlose Fortsetzung der Kopfplatten genommen werden (vgl. o. S. 53, 54.) und dies in einer so frühen Entwickelungsperiode, in der doch die Differenzirungen im mittleren Keimblatt und speciell in den Kopfplatten noch so wenig vorgeschritten sind, dass structurlose Schichten, „durchsichtige Anlagen" in demselben noch gar nicht vorausgesetzt werden können; es könnte sich also nur um eine Schicht der Zwischensubstanz der Kopfplatten handeln; diese aber erscheint in gehärteten Präparaten stets sehr hell und zart, während die dunkle Färbung, wie sie auch in LIEBERKÜHN's Figg. 15 und 50 sich wiedergegeben findet, den vorhin genannten Grenzschichten zukommt, die dabei zugleich um so breiter und um so weniger scharf gegen einander abgegrenzt erscheinen, je weniger genau senkrecht auf die Trennungsflächen der Schnitt geführt worden ist; 2) dass die in 2 Abtheilungen gespaltene structurlose Masse in Fig. 51, „welche bei starker Vergrösserung als eine fein gestreifte Substanz sich erkennen lässt" (2 N. S. 20), welche doch weiter nichts ist, als das uns bekannte, in gut gehärteten Präparaten an diesen Stellen gar nicht vorhandene Gerinnsel (vgl. S. 54) [für die normale Weiterentwickelung des vermeintlichen Kopfplattenfortsatzes der Figg. 15 und 50 gehalten wird.] — (Für den doppelten Contur an der proximalen Fläche der Linsenanlage in LIEBERKÜHN's Fig. 8 weiss ich keine Erklärung; der weite Abstand der Linsenanlage von der Augenblase zeigt, dass das zugehörige Präparat nicht wohl erhalten gewesen ist.)

Noch bestimmter als in Bezug auf das Hühnchen lauten in Bezug auf die Säugerembryonen LIEBERKÜHN's, ARNOLD's u. A. Angaben über die bindegewebige Natur der Linsenkapsel.³) Auch hier können wieder nur die Verschiedenheit der Behandlung der Objecte und Präparate, der verschiedene Grad der Härtung, verschiedene Schnittführung und andere Verschiedenheiten der Untersuchungsmethode die Ursache der Differenzen zwischen den Angaben jener Autoren und den meinigen sein. So kann z. B. das Bild, als ob schon vor Beginn oder während der Linsenbildung mittleres Keimblatt durch eine Gewebsschichte mittleren Keimblattes getrennt wären — LIEBERKÜHN, 2 N. S. 19 ff., 37 ff, Fig. 27 und ARNOLD, 2. S. 24 ff., S. 30 Figg. 1 und 2 — trotzdem dass der Pol der Augenblase in beträchtlicher Ausdehnung unmittelbar vom Hornblatt bedeckt oder die Linsenanlage zum grössten Theil mit der Augenblase in unmittelbarer Berührung ist, dennoch erhalten werden, wenn der Schnitt nicht durch den Pol, sondern in einiger Entfernung durch diejenige Gegend gefallen ist, wo Augenblase und Hornblatt resp. Linsenanlage bereits von einander sich zu entfernen beginnen; hier müssen selbstverständlich die von der Peripherie her zwischen beide sich vorschiebenden Kopfplatten mitgetroffen werden; der Taf. VI. Fig. 82 B von mir gezeichnete Frontalschnitt, der nicht vollkommen senkrecht auf die Medianebene, sondern so geführt ist, dass auf der linken Seite die Mitte der Linsenanlage, auf der rechten dagegen die Mitte der hinteren Hälfte der Augenblase in demselben liegt, veranschaulicht nicht nur die soeben genannte Möglichkeit, sondern rechtseits auch noch die andere, dass eine bereits stark in der Einstülpung begriffene Augenblase einen ganz ähnlichen Querschnitt ergeben kann, wie diejenige, welche LIEBERKÜHN (2 N. S. 38 und 84) in seiner Fig. 27 als primitive bezeichnet.

LIEBERKÜHN und ARNOLD geben (2 N. S. 42 ff.; 2. S. 27) übereinstimmend an, dass die ersten Spuren der Linsenkapsel erst bemerkbar werden, wenn die Linsenfasern bereits die distale Wand erreicht haben²) und benutzen dieses so späte Auftreten derselben als Argument dafür, dass sie ein Erzeugniss der Kopfplatten sei; es sei gar nicht verständlich, wie die

---

1) LIEBERKÜHN's irrthümlicher Darstellung der Entwickelung der Linsenkapsel des Hühnchens folgt auch FOSTER (11. S. 101 ff); FOSTER lässt aber aus der mit eingestülpten Schicht mittleren Keimblattes nur die Linsenkapsel hervorgehen, während die von LIEBERKÜHN und SERNOFF angenommene Entstehung des Glaskörpers u. s. w. aus derselben ihm unwahrscheinlich erscheint.

2) ARNOLD (2. S. 30 ff.) bestätigt die Existenz eines bindegewebigen Sackes um die embryonale Linse der Säuger, welcher aus einer „lichten Gewebsschichte", die bei 12 Mm. langen Rindsembryonen die Linse in ihrer ganzen Circumferenz einhüllt, entstehe; in diesem Sack sollen bei 12 Mm. langen Embryonen nur in dem vor der Linse gelegenen Abschnitt Gefässe vorhanden sein; im hinteren Abschnitt entwickeln dieselben sich erst bei 15 Mm. langen Embryonen; dieser häutige, Gefässe führende Sack um die Linse (die Membrana pupillaris, capsulo-pupillaris, capsularis) stelle zu gewissen Perioden des Fötallebens ein einheitliches Gebilde dar.

3) Beim Vogel findet LIEBERKÜHN (2 N. S. 66) „die Linsenkapsel in ihrem vorderen Theil" erst am 6. Brüttag.

um diese Zeit in der Metamorphose schon so weit vorgeschrittenen Linsenfasern noch fortdauernd mit ihren hinteren Enden eine Membran für die Linse ausscheiden sollen. — Diese Deduction fällt von selbst vor der im obigen gewonnenen Erkenntniss, dass die Kapsel schon gleichzeitig mit der Linsenblase sich bildet; dass sie in diesen frühen Stadien von LIEBERKÜHN und ARNOLD nicht wahrgenommen worden ist, kann seinen Grund möglicherweise darin haben, dass die ihnen vorliegenden Präparate nicht in der Richtung eines Radius der Linsenblase geschnitten waren; *nur genau in dieser Richtung geführte dünne* Schnitte zeigen die Kapsel unverkennbar und in derjenigen Schärfe, wie ich sie in meinen resp. Figuren (s. o.) gezeichnet habe; Zweifel darüber, dass dieselbe in meinen bezüglichen Präparaten in diesem frühen Stadium bereits vorhanden ist, können gar nicht aufkommen, da das beste Kriterium für die Entscheidung dieser Frage: die Vergleichung der der Augenblase zugewendeten Fläche der Linsenanlage mit der der Linsenhöhle zugekehrten, an welcher eine besondere, selbstständige Grenzmembran sich niemals bildet, in jedem solchen Schnitt selbst geboten ist. Die Behauptung LIEBERKÜHN's, „dass die Linsenfasern sich nach vorn gegen die Linsenhöhle hin ebenso scharf abgrenzen, wie dies hinten der Fall ist" (2. S. 13 und 50), ist irrthümlich; das Verhältniss ist vielmehr so, wie es meine Figuren 5, 7 A. 8, 66—69, 76, 83—85 wiedergeben.

Wenn nach diesen Erörterungen es gewiss zugegeben werden wird, dass nur in der angegebenen Richtung, nemlich der eines Radius der Augenblase und durch den Pol dieser letzteren oder durch die tiefste Concavität der Linsenanlage geführte Schnitte sichere Aufschlüsse über die hier in Rede stehenden Verhältnisse geben können, so dürfte es sich wol auch kaum bestreiten lassen, dass ein diesen Anforderungen entsprechender Schnitt, welcher Augenblase und Hornblatt in unmittelbarer Berührung miteinander resp. die Linsenkapsel als bereits vorhanden erweist, mehr positive Beweiskraft besitzt als sämmtliche entgegenstehenden, in welchen zwischen jenen beiden Kopfplattenelemente vorhanden sind, resp. die Linsenkapsel nicht zu erkennen ist.

Consequenter als irgend ein anderer Autor führt W. MÜLLER (35) die Lehre von einer aus dem mittleren Keimblatt stammenden Linsenkapsel durch; derselbe behauptet nicht nur für die übrigen Thierclassen, sondern (gegen LIEBERKÜHN) auch für das Hühnchen die Anwesenheit einer „dünnen und aus einer einfachen Lage spindelförmiger und netzförmiger stark abgeflachter Zellen" bestehenden Schicht des Mesoderm zwischen Augenblase und Ektoderm schon vor der Linsenbildung. Da ich die Existenz dieser Schicht in Abrede stellen muss, so kann ich auch auf eine Besprechung der von MÜLLER (35. S. XXX. ff.) an dieselbe geknüpften Schlussfolgerungen und Betrachtungen mich nicht einlassen.

Schliesslich bemerke ich noch, dass, was die Linsenkapsel anbelangt, ich in meinen sämmtlichen Präparaten aus anderen Thierclassen (Hecht, Triton, Eidechse) nur Bestätigungen der im obigen von mir in Bezug auf diejenige des Hühnchens und der Säuger gemachten Angaben finde; in keinem einzigen Schnitt habe ich in der Kapsel auch nur Spuren von Zellen oder Kernen oder sonst irgend etwas entdecken können, was für ihre Entstehung aus dem mittleren Keimblatt oder für ihre bindegewebige Natur spräche.

II. Membrana limitans int. (hyaloidea Autt.).

Die Behauptung, dass die Membr. hyaloidea von dem mittleren Keimblatt geliefert werde, wurde schon von BABUCHIN (1. S. 81 ff.) mit voller Bestimmtheit ausgesprochen; BABUCHIN überzeugte sich, dass, wie SCHOELER angegeben, „die Zellenmasse, aus welcher die Kopfplatte besteht, in die Höhle der secundären Augenblase eindringt, so dass bei jungen Embryonen der Glaskörper die unmittelbare Fortsetzung der Kopfplatte darstellt. Auf der inneren Fläche des Augentheils der Platte befindet sich eine dünne Lage structurloser Substanz, welche eigentlich nichts anderes ist, als ausgetretene Zwischensubstanz, die sich später in die elastische Glasmembran der Chorioidea umwandelt. Diese Lage begleitet den sich einstülpenden Theil der Kopfplatte und wird später zur Membr. hyaloidea. Folglich hat letztere in genetischer Beziehung dieselbe Bedeutung, wie die Glasmembran der Chorioidea und ist sonach nur metamorphosirte Begrenzungssubstanz."

LIEBERKÜHN und ARNOLD (2. S. 11 ff.) lassen ihre Membr. hyal. „als Grenzmembran des Glaskörpers gegen die Retina" aus der vermeintlich mit der Linse in die Augenblase sich einstülpenden Kopfplattenschicht hervorgehen.

Nach dem was ich in dem vorhergehenden und in diesem Capitel auseinandergesetzt habe, ist in Wirklichkeit weder das von BABUCHIN, noch das von LIEBERKÜHN und ARNOLD für die Bildung dieser Membran angesprochene Material vorhanden. Dazu kommt, dass dieselbe bereits zu einer Zeit nachweisbar ist, in der vom Glaskörper, geschweige denn von Zellen in demselben kaum noch eine Spur vorhanden ist — so in meiner Fig. 5, in welcher die Anwesenheit dieser Membran durch eine während der Härtung des Objectes eingetretene Abhebung derselben von der inneren Lamelle der Augenblase in der Gegend der Augenblasenspalte ganz unverkennbar deutlich wahrzunehmen ist. In ausserordentlicher Feinheit ist dieselbe aber auch schon in den dem eben genannten vorhergehenden Stadien zu erkennen, in denen gleichfalls bereits die der Linse zugekehrte Fläche der inneren Lamelle der Augenblase in dünnsten Schnitten stets schärfer begrenzt sich zeigt als die der äusseren Lamelle zugewendete — und zwar nicht nur beim Hühnchen, sondern auch bei Säugern: siehe Fig. 66, und weiterhin Fig. 83. Die Entwickelung dieser Membran beginnt demnach schon zu der Zeit, in welcher die innere Lamelle der Augenblase der Linse noch unmittelbar anliegt, und Bildungsmaterial von aussen, von den Kopfplatten her zu der Innenfläche der sec. Augenblase noch gar keinen Zutritt hat: das Material kann also nur von der Augenblase selbst geliefert, diese Membran folglich nur ein Ausscheidungsproduct der inneren Lamelle selbst sein. Das zum Glaskörper werdende Transsudat findet also wie den Binnenraum zu seiner Aufnahme, so auch schon die Auskleidung desselben mit dieser *limitans interna* vorgebildet vor.

Diese vor der Entstehung des Glaskörpers schon vorhandene Grenzmembran der Innenfläche der Augenblase, für welche unter entwickelungsgeschichtlichem Gesichtspunkt also die Bezeichnung Membrana „hyaloidea" als die weniger passende erscheint, bleibt auch für alle Zeiten die einzige Scheidewand zwischen Glaskörper und Augenblase resp. Retina [1]).

Den anscheinend schlagendsten unter den gegen die Wahrscheinlichkeit des Hervorgehens der Limitans interna aus der Augenblase vorgebrachten Einwänden finde ich bei FOSTER (11): FOSTER meint, diese Membran könne nur ein Erzeugniss des mittleren Keimblattes sein, weil sie continuirlich den Pecten überzieht, mithin an einer Stelle vorhanden sei, wo doch sicherlich die Retina fehle. — Meine Zeichnungen Taf. III. Figg. 31—37 zeigen aber, dass da, wo „die Retina fehlt", i. e. über der Augenblasenspalte und der Pectenanlage, auch jene Membran fehlt und zwar noch am 6. Tage, also zu einer Zeit, in der sie auf der Augenblase selbst schon stark entwickelt ist. Die Umhüllungsmembran des Pecten entsteht also später als die Limitans interna; mag sie nun, was man wohl als das Wahrscheinlichste annehmen darf, aus der Pectenanlage selbst hervorgehen und nachträglich an der Basis des Pecten mit der Limitans interna confluiren, oder anderswie gebildet werden, so ist jedenfalls der von FOSTER von dieser Seite her entnommene Einwand gegen meine obige Darstellung unbegründet. Die *Limitans interna gehört also zur Augenblase, wie die Linsenkapsel zur Linse; beide sind Ausscheidungsproducte des oberen Keimblattes.*

---

[1]) Vgl. 39. S. 374; vgl. dazu auch Cap. V die letzte Anmerkung.

FÜNFTES CAPITEL.

SCHLUSS DER AUGENBLASENSPALTE. BILDUNGSENDPRODUKTE DER ARTERIA CENTRALIS. GLASKÖRPER.

Hühnchen.

Wir nehmen in diesem Capitel die Verfolgung der an der Bauchseite des Sehorgans ablaufenden Bildungsvorgänge, die uns bereits in Capitel III beschäftigt haben, wieder auf. Dort ist bereits auseinandergesetzt worden, wie durch die Einziehung des lateral-ventralen Theils der Wand der primären Augenblase zunächst eine Grube und eine von ihr ausgehende frontal gestellte Furche an der Bauchfläche der Augenblase entstand, wie dann diese Furche durch fortschreitende Annäherung des eingezogenen Theils der Augenblasenwand an den medial-dorsalen sich vertiefte und wie darauf die rasche Flächenvergrösserung der nun doppelwandigen „secundären" Augenblase eine stärkere Wölbung derselben und die Entfernung ihrer Innenfläche von der langsamer wachsenden Linse herbeiführte.

Diese rasche Flächenvergrösserung der Augenblasenwand nach allen Seiten hin treibt auch die Umbiegungsränder beider Lamellen in einander, von welchen die Furche an der Bauchfläche begrenzt ist, immer näher aneinander heran, während gleichzeitig das ursprünglich niedrige flache, von dem zur inneren Lamelle werdenden Theil der Augenblase überdachte Lumen dieser Furche zum Glaskörperraum sich ausweitet: statt der ursprünglichen flachen Grube und der von ihr ausgehenden Furche ist dann ein halbkugelförmiger Hohlraum (der Binnenraum der sec. Augenblase) mit einer an der Bauchfläche seiner Umwandung zwischen jenen Umbiegungsrändern der Augenblasenlamellen verbliebenen schlitz- oder spaltförmigen Oeffnung vorhanden; am distalen Ende der letzteren gehen die sie begrenzenden Umbiegungs- oder Faltungsränder der Augenblase in den Pupillarrand der Augenblase über. Diese schlitzförmige Oeffnung ist die sog. „*Augenblasenspalte*".[1]) In dem Fig. 6 abgebildeten Stadium

---

[1] Diese Benennung erscheint nicht ganz glücklich schon insofern als die damit bezeichnete Bildung nicht einem Spaltungs-, sondern einem Einziehungs- und Faltungsvorgang ihre Entstehung verdankt. Während aber in der späteren Zeit wenigstens eine *äussere* Aehnlichkeit mit einer Spalte vorhanden ist, fehlt auch *diese* Berechtigung für die Bezeichnung „Spalte" in den ersten Stadien der Einstülpung der Augenblase, in denen es in der That nur um eine Furche, Rinne — nicht um eine Spalte — sich handelt und der Gebrauch letzteren Wortes nur dazu angethan sein kann, irrthümliche Vorstellungen zu erwecken. Für diese ersten Stadien sollte daher der Ausdruck „Augenblasenspalte" durchaus vermieden werden, wenn man denselben auch, in Ermangelung eines für alle Stadien gleich passenden Terminus, für die späteren vorläufig beibehält.

ist diese „Spalte" noch so breit, dass ausser Schnitten, welche das in derselben liegende Gefäss seiner Länge nach treffen (Fig. 6 A), auch solche gewonnen werden können, in welchen von diesem Gefäss nichts zu sehen ist (Fig. 6 B), das Lumen der Spalte ist in letzterem Schnitt vollkommen zellenleer, nur von demselben Gerinnsel ausgefüllt wie der Glaskörperraum, in welchen dasselbe continuirlich übergeht.

Für die weiteren Entwickelungsvorgänge in derjenigen Gegend des Auges, die uns hier interessirt[1]), ist von der grössten Wichtigkeit der 5. Brüttag; denn auf ihn fällt die Entstehung der ersten Anlage des *Pecten*[2]).

Werfen wir zunächst einen Blick auf Fig. 41, welche einen Sagittalschnitt von einem 5 Tage bebrüteten Hühnerembryo darstellt[3]): das Gefäss über der Spalte erscheint, namentlich im Vergleich mit der unterdess beträchtlich fortgeschrittenen Grössenzunahme der Augenblase, verengt, kleiner; über demselben erhebt sich ein schmaler, in den Glaskörperraum hineinragender Zapfen, bestehend aus Zellen, welche die Charaktere der Kopfplattenelemente zeigen, in welche sie in der That durch einen schmalen, an den Seiten des Gefässes hinlaufenden Zellenzug übergehen. Die Vorbereitung zur Entstehung dieser im Schnitt als Zapfen erscheinenden Bildung — in Wirklichkeit einer schmalen, feinen Leiste, welche der Augenblasenspalte aufsitzt — ist bereits in den Figg. 33—35 wahrzunehmen, das Lumen des Gefässes erscheint nicht mehr bloss von den in einfacher Reihe liegenden Zellen, welche seine Wand ausmachen, umschlossen, die Zellen liegen demselben vielmehr, namentlich an der Dorsalseite, in 2-3 Lagen auf. Ob diese nun durch eigene Proliferation jenen Zapfen oder Leiste hervorbringen oder ob neuer Zuzug von den Kopfplatten aus durch die Spalte hindurch stattfindet, dürfte eben so schwierig zu entscheiden sein, wie die Frage, warum dieselben grade in dieser Weise sich anordnen, und warum diese Bildung nur über den *proximalen* Theil des im Glaskörper verlaufenden Gefässes sich herstellt, während sie im distalen Theil, in welchem doch viel mehr Kopfplattengewebe neben dem Gefäss in der Spalte sich findet (Figg. 36. 37), nicht zu Stande kommt. Letzteres ergibt sich, wie schon aus denjenigen von 5 Tage alten, so noch deutlicher aus einer mir vorliegenden Serie von Schnitten von einem fast 6 Tage (5 Tage 20 Stunden) bebrüteten Embryo: es sind im Ganzen 3 Gruppen von Bildern, welche man erhält, wenn man vom Pupillarrand beginnend senkrecht auf die Augenblasenspalte medianwärts fortschreitend schneidet: 1) in dem dem Pupillarrand nächstliegenden Theil der Spalte liegen die Umschlagsränder der Augenblase dicht aneinander, entweder nur sich berührend (Fig. 38), oder schon in der Verwachsung mit einander begriffen (Fig. 39); Kopfplattenelemente oder Blutkörperchen sind weder in der Spalte selbst, noch in dem über ihr liegenden Theil des Glaskörpers (c. v.) vorhanden; 2) von der Austrittsstelle des Gefässes bis zu demjenigen Theil desselben, über welchem der Pecten sich zu bilden beginnt, liegen Zellen vereinzelt und unregelmässig zerstreut oberhalb

---

[1]) Schoeler fertigt dieselben, unmittelbar nach der o. S. 23 citirten Stelle, mit der kurzen Bemerkung ab: „Crura trigoni paullatim propius obvia congrediuntur, quo fit ut fissura formam trigoni induat magis magisque acuminati. Tunc denique latera vel crura inter se contingunt, quo facto spatium illud in fissuram simplicem oblongam mutatur (Figg. s. 17)".

[2]) Synon.: Marsupium; Kamm; Fächer.

[3]) Fast dieselben Bilder ergab mir eine Schnittserie von einem 5 Tage 10 Stunden bebrüteten.

des Gefässes in der Glaskörpersubstanz eingebettet (Fig. 40); einige von ihnen sind als Blutkörperchen zu erkennen; von anderen lässt es sich nicht entscheiden, ob sie vielleicht degenerirte Blutkörperchen oder Kopfplattenzellen sind; die Augenblasenränder sind auch auf dieser Strecke schon in Berührung mit einander; 3) die dritte Gruppe zeigt die Anlage des Pecten, wie oben bemerkt als Zapfen, in dessen Basis das in hohem Grad reducirte Gefäss oft nur noch durch die Anwesenheit eines Blutkörperchens zu erkennen ist; und zwar erscheint im distalen Theil der Pectenanlage dieser Zapfen gleichmässig stumpf-konisch, ähnlich wie in Fig. 41, nur etwas höher; im proximalen Theil geht seine Spitze in eine Anschwellung über, die um den 5. Tag herum in Querschnitt noch spindelförmig, in dieser Serie aber viel stärker ausgesprochen und fast rundlich, knopfförmig erscheint (Fig. 42); sodann folgen einige Schnitte, in welchen die Augenblasenränder sich an der allmälig immer niedriger werdenden Pectenanlage (Fig. 43), und nachdem diese gänzlich aus den Schnitten verschwunden, gegen einander aufbäumen, um allmälig — und zwar mit ihrer dem Glaskörper nächstliegenden Zellschicht beginnend — in einander überzugehen und zusammenzufliessen (Fig. 44). Diese letzteren Schnitte gehören derjenigen Stelle der Augenblase an, wo der Augenblasenstiel in die Augenblase übergeht.

Die Combination der Schnitte dieser Serie ergibt also in Bezug auf die Augenblasenspalte als Resultat der Veränderungen des 6. Tages, dass, soweit die Umschlagsränder der Augenblase mit einander in Berührung getreten sind, statt der früheren klaffenden Spalte nur noch eine „*Naht*" an der Bauchseite der Augenblasen vorhanden ist. *Nicht* in Berührung mit einander getreten sind die Ränder der Augenblase aber 1) im proximalsten Theil der Spalte, soweit die Anlage des Pecten distalwärts reicht: in diesem Theil kommt es überhaupt niemals zu einer Annäherung der Augenblasenränder aneinander, weil nicht nur der Pecten seine diesen Theil der Spalte durchsetzende Verbindung mit den Kopfplatten niemals aufgibt, sondern auch die ganze Fasermasse des Sehnerven später durch diese Oeffnung hindurch zieht; 2) in ganz beschränkter Ausdehnung im Ciliartheil an derjenigen Stelle, wo das uns bekannte Blutgefäss aus dem Glaskörperraum in die Kopfplatten *aus*tritt; unter stetig fortschreitendem Atrophiren dieses Gefässes verkleinert diese Durchtrittsöffnung sich rasch, die Reste des Gefässchens in derselben schwinden, die Augenblasenränder stossen auch an dieser Stelle zusammen und es steht dann der Verwachsung der ganzen aus dem distalwärts von der Pectenanlage gelegenen Theil der Augenblasenspalte hervorgegangenen Naht kein Hinderniss mehr im Wege.

Was die weitere Entwickelung des Pecten anbelangt, so lag eine bis in die kleinsten Details gehende Untersuchung derselben nicht im Plan dieser Arbeit; ich gebe daher im folgenden darüber auch nur soviel, als für den vorliegenden Zweck zur Orientirung über dieses Organ im Allgemeinen und seine Beziehungen zu seiner Umgebung erforderlich ist. Da ich mich dabei zum Theil auf Lupenbeobachtungen beschränken werde, erwähne ich hier zuvor noch kurz das, was diese in den im vorhergehenden, nach mikroskopischen Präparaten bereits besprochenen jüngeren Stadien mir ergeben haben.

Im Laufe des 2. und 3. Tages habe ich nichts gefunden, was nicht schon in der Darstellung REMAK's enthalten und in seinen schönen Abbildungen veranschaulicht wäre.

Von der Mitte des 4. Tages an, wenn eben die Pigmentirung der Augenblase beginnt, bemerkt man in dem bekannten pigmentlosen Streifen an der Bauchfläche der Augenblase eine feine rothe Linie; dieselbe ist, wenn man sofort nach Eröffnung des Eies den Embryo in situ beobachtet, namentlich nach Entfernung des Amnion, so lange das Herz noch pulsirt, sehr deutlich und scharf zu erkennen, s. Fig. I. Man könnte zweifelhaft sein, ob dieselbe dem an der Bauchfläche der Augenblase zurückführenden, also oberflächlich gelegenen, oder dem die Spalte durchsetzenden innerhalb der Augenblase verlaufenden Theil der Gefässschlinge entspricht? Ich glaube letzteres; denn einerseits ist jener Theil (siehe o. S. 37) wohl zu fein, um unter der Lupe so deutlich und dick sich präsentiren zu können, andererseits ist diese rothe Linie noch schärfer und deutlicher und in derselben Dicke bei der Betrachtung von oben her zu sehen, wenn man durch einen Scheerenschlag die obere Hälfte des Bulbus abgetragen hat¹). Je älter und undurchsichtiger der Embryo wird, desto undeutlicher wird jene rothe Linie, bis sie zu Anfang des 7. Tages von aussen-unten kaum noch wahrzunehmen ist, bei der Betrachtung von oben-innen aber äusserst fein und dünn und in der Basis des Pecten liegend und zwar überhaupt nur in der Ausdehnung dieses letzteren wahrgenommen wird, siehe Figur II a. und b; der pigmentlose Streif reicht um diese Zeit noch bis an den Pupillarrand; dass derselbe in diesem Theil nicht mehr einer Spalte, sondern nur dem Mangel des Pigments in den sich bereits berührenden oder schon mit einander verwachsenden Umschlagsrändern der Augenblase sein Dasein verdankt, ist an Sagittalschnitten durch denselben leicht zu constatiren. — Am 9. Tage fängt dieser helle Streif an zu schwinden, indem sowohl am Pupillarrand als in dem dem Pecten nächstliegenden Theil desselben Pigmentirung eintritt, und dies zwar so intensiv, dass diese Stellen dunkler erscheinen als ihre Umgebung, in welcher sie am Ende des 9. Tages als schwarze Linien sich markiren; nur im Bereich der Process. ciliares und der Iris ist die Linie noch weiss²); allmälig schwärzt sich auch diese Stelle, und dann ist auch in mikroskopischen Schnitten senkrecht auf die früher vorhanden gewesene weisse oder schwarze Linie in der ganzen Ausdehnung vom Pupillarrand bis zum distalen Ende des Pecten keine Spur der früheren Spalte oder des Pigmentmangels mehr zu finden, die Bilder vielmehr vollkommen denjenigen gleich, welche man durch Schnitte aus irgend einer anderen entsprechenden Stelle der Augenblase erhält³).

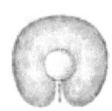

Fig. I.
Auge eines Hühnerembryo von 3 Tagen 16 Stunden, von der Seite und unten besehen.

Fig II.
Hühnerembryo vom Anfang des 7. Bruttages.
a. nach Abtragung der oberen Bulbushälfte durch einen Scheerenschlag.
b. der pigmentlose Streif stärker vergrössert: p. proximales — d. distales Ende (Pupillarrand) desselben; — die feine Linie in demselben bezeichnet die Ausdehnung, in welcher das Gefäss zu sehen ist, die punktförmige Verbreiterung desselben in der Nähe des proximalen Endes entspricht wahrscheinlich der Eintrittsstelle des Gefässes, während die Verbreiterung des pigmentlosen Streifens in derselben Gegend die Eintrittsstelle des N. opt. in den Bulbus (vgl. Fig. 6.) bezeichnen dürfte, vgl. zu dieser Fig. Huschke's (18) Fig. 6.

---

¹) Dies lässt sich mit einer allerfeinsten Scheere recht wohl ausführen, ohne dass irgend welche Spuren eines etwa stattgehabten Druckes auf das Object an den Rändern des zurückbleibenden Theiles des Bulbus (Faltung oder Verbiegung derselben) zu bemerken wären.

²) Dies legt den Gedanken nahe, dass wie die Pigmentirung so auch die Verwachsung der Spalte in jenem Theil zuerst eintritt und würde damit eine entwickelungsgeschichtliche Erklärung für das Vorkommen von Ciliar- und Iris-Colobomen ohne gleichzeitigen Defect in der Retina gegeben sein.

³) Liebenkühn (2a. S. 32) lässt die Augenblasenspalte verwachsen „unter Bildung einer Falte der Netzhaut". Ich finde eine solche Falte in meinen Präparaten nicht und halte dieselbe daher für ein Kunstproduct (vgl. o. S. 55.).

Aus der Figur III a. ist auch zu ersehen, wie das Messer geführt werden muss, wenn man in diesem Stadium senkrecht auf die Basis des Pecten schneiden will: die als „sagittal" bezeichneten Schnitte dürfen schon längst nicht mehr parallel der Medianebene fallen, sondern müssen dieselbe unter einem schiefen Winkel treffen; dazu kommt noch die der Bulbuskrümmung entsprechende bedeutende Convexität der Pectenbasis (siehe Figur IV), aus welcher die Forderung erwächst, dass jene Schnitte gleichzeitig *Keil*schnitte in der Richtung des Krümmungsradius der Pectenbasis sein müssen, wenn die sämmtlichen Schnitte einer Serie senkrecht auf die Trennungsflächen fallen sollen; um dieser Grundbedingung für die Gewinnung scharfer und klarer Bilder zu genügen, ist also eine beständig fortschreitende Aenderung der Schnittrichtung nothwendig.

Fig. III.
Hühnerembryo von 9 Tagen, nach Entfernung der äusseren Bedeckungen der Bulbi, von der Bauchfläche her gesehen.
a. Die beiden Bulbi in situ; 1. Schnabel; 2. Pupille.
b. Der pigmentlose Streif, stärker vergrössert: 1. distales Ende desselben am Pupillarrand; 2. das im Ciliartheil; 3. u. 4. das in der Retina liegende; 4. das die Basis des Pecten enthaltende Stück desselben; 5. Nerv. opticus.

Wie rasch der Pecten, nachdem er einmal angelegt ist, in seinem Wachsthum fortschreitet, zeigt Figur IV. Das zu Grunde liegende Präparat ist gewonnen von einem 8—9 Tage alten Hühnerembryo; nach Erhärtung in CrO₃ und Alkohol wurde der übrige Theil des Bulbus mit der Scheere allmälig abgetragen und darauf der Glaskörper möglichst vollständig durch Abzupfen mit zwei feinen Pincetten entfernt. Die kleine, frei in den Binnenraum des Auges hinaufragende Wand trägt an ihrem oberen Rand einen schmalen Saum, der zarter und durchsichtiger ist, als die übrige Masse des Pecten; der Lage nach würde derselbe dem späteren sogenannten Pigmentaufsatz entsprechen. Von Faltung ist noch keine Spur vorhanden. Vom distalen Ende der Basis des Kammes geht ein äusserst feiner Strang bogenförmig über die in der Zeichnung durch eine punktirte Linie angedeutete, im Präparat selbst nicht mehr sichtbare Verwachsungsspur der Augenblasenspalte: ein Ueberrest des atrophirenden Theiles des Gefässes und der dasselbe begleitenden Kopfplattenelemente (vgl. Taf. III. Fig. 40.); im Strahlenblättchen tritt der pigmentlose Streif noch deutlich hervor.

Fig. IV.
Pecten eines 8—9 Tage alten Hühnerembryo. Vgl. Hesenkel's (18) Fig. 4.

In dem Figur V. gezeichneten Stadium — aus einem wahrscheinlich circa 10—12 Tage bebrüteten Ei — ist die Faltenbildung im vollen Gang; von den 15 vorhandenen Falten ist die mittelste die stärkste; je weiter von dieser entfernt, desto niedriger und verwaschener sind sie; die Faltung scheint also von der Mitte nach den beiden Enden hin fortzuschreiten. Der ungefaltete Theil des Pecten nimmt sich dünner und durchsichtiger aus als der gefaltete, von welchem er in CrO₃-Präparaten durch eine etwas dunkler gefärbte, nicht ganz scharf begrenzte Zone getrennt erscheint. Pigment ist noch nicht vorhanden.

Fig. V.
Pecten eines (circa 10 bis 12 tägigen) Hühnerembryo.

Am 17. oder 18. Brüttag ist das Aussehen des Pecten schon fast dasselbe, wie beim ausgeschlüpften Hühnchen; die Pigmentirung, die allmälig vom Pigmentaufsatz nach der Basis hin vorgeschritten ist, ist nur in der Nähe der letzteren noch nicht vollständig. Die Falten (17 an Zahl — im erwachsenen Huhn nach HUSCHKE'S (18) Angabe 18) divergiren nach der Basis hin, und zwar stärker im proximalen als im distalen Theil; die Längsdurchmesser der einzelnen Falten haben annähernd die Richtung von Radien des Bulbus. Die höchste Höhe hat bereits die 2. Falte, von dieser ab werden sie proximalwärts immer niedriger, am raschesten erfolgt die Abnahme bei den 4—5 letzten — alles ganz ähnlich wie im erwachsenen Thier; der bedeutend höhere distale Rand fällt fast senkrecht, der niedrige proximale in der Weise schräg ab, dass die Basis länger ist als der freie Rand. Ein Horizontalschnitt zeigt die Faltung in Form eines Zickzack mit abgerundeten Ecken — Taf. III. Fig. 47. Die Falten liegen schon ziemlich dicht aneinander, sodass die Flächenansicht dem unbewaffneten Auge das Bild einer kleinen massiven Wand darbietet, deren innerer Bau nur durch die senkrechte dunklere Streifung sich verräth; aber auch diese wird allmälig etwas schwächer in dem Maass als mit zunehmendem Alter die Pigmentirung intensiver wird; indess genügt auch dann noch selbst eine schwache Lupe, um über den wahren Sachverhalt Aufschluss zu geben.

Fig. VI.
Pecten eines 17tägigen Hühnerembryo.

Der *Pecten des erwachsenen Vogels* wird gewöhnlich charakterisirt als „gefässreiche pigmenthaltige Membran". Der Gefässreichthum desselben ist in der That, wenigstens beim *Huhn*, so kollosal (vgl. Taf. III. Figg. 47, 48, 50), dass man vielmehr sagen möchte: er besteht nur aus, auf das vielfachste unter einander communicirenden, flächenhaft angeordneten Gefässschlingen, welche durch ein äusserst spärliches, zwischen eingestreutes, reichlich Pigment führendes Bindegewebe und durch eine zarte structurlose Umhüllungsmembran zu einem Ganzen vereinigt werden. — Das Pigment ist amorph, die grösseren und kleineren Körnchen desselben bilden kleine Gruppen, welche darauf schliessen lassen, dass dasselbe in die zwischen den Gefässen liegenden Bindegewebszellen eingeschlossen ist; bisweilen findet man in der Mitte einer solchen kleinen Gruppe eine rundliche pigmentlose Stelle, die man gewiss für den unpigmentirten Zellenkern halten darf. Der Verlauf der Gefässe ist im Allgemeinen ein von der Basis nach dem freien Rand hin gerichteter; nur an letzterem selbst verlaufen 2—3 grössere Gefässe parallel mit diesem, also annähernd horizontal; da das Gebiet dieser letzteren stets am intensivsten pigmentirt ist, so wird diese Zone auch als „Pigmentaufsatz" bezeichnet. — Feinste Capillaren finde ich im völlig entwickelten Pecten des Huhnes gar nicht; der Durchmesser der kleinsten Lumina beträgt immer noch das 2 bis 3fache desjenigen eines Blutkörperchens.[1] — Gespeist werden die sämmtlichen Gefässe im

---

[1] MIHALKOVICS (32. S. 592) lässt den Kamm bestehen „aus einem Convolut mannigfach miteinander verflochtener *Haargefässe*, deren äusserst sparsame Lücken eine farblose Gallertmasse ausfüllt, in der um die Gefässe herum zahlreiche schwarze Pigmentkörnchen abgelagert sind. Grössere Stämme ziehen von der Basis zwischen feineren Haargefässen aufwärts, jedoch zeigen auch diese die Structur von Haargefässen." — Diese Beschaffenheit haben die Gefässe wol nur in jüngeren Stadien; bei alten Thieren finde ich die Wandungen derselben von so erheblicher Dicke vgl. Taf. III. Fig. 48, dass die Bezeichnung „Haargefässe" nicht mehr anwendbar ist. — Die oben von mir angegebene Gruppirung der Pigmentkörnchen erkennt man nur in Präparaten von Objecten, deren Härtung besonders gut gelungen war; ist dies nicht der Fall gewesen, so treten die Pigmentkörnchen zum Theil aus den Zellen aus und die Conturen der letzteren sind dann nicht mehr zu erkennen. Ich werde auf die Thatsache, dass Pigmentzellen sich bei gewissen Behandlungsarten schwerer conserviren als pigmentlose, in Cap. VII. nochmals zu recurriren genöthigt sein.

Pecten aus einer eigens dazu vorhandenen Arterie, welche der Basis des Pecten entlang in der Rinne der Eintrittsstelle der Sehnervenfasern verläuft. Um die Anwesenheit dieser Rinne, so wie den Verlauf und die Lage der zu- und abführenden Gefässe des Pecten verständlich zu machen, dürften folgende Bemerkungen über das in einigen Beziehungen von demjenigen bei den Säugern abweichende Verhalten des Nervus opticus und seiner Fasern beim Eintritte in den Bulbus hier um so mehr gerechtfertigt erscheinen, als eine correcte Vorstellung gerade von diesen Verhältnissen für das Verständniss der später anzustellenden Vergleichung derselben mit den entsprechenden in anderen Thierclassen, namentlich den Säugern, unumgänglich nothwendige Vorbedingung ist.

Obgleich auch beim Huhn der Querschnitt des Opticusstammes annähernd kreisförmig ist, so zeigt doch die Lücke in der Retina, durch welche seine Fasern hindurchtreten, nicht, wie die entsprechende Oeffnung im Auge der Säuger, die jenem Querschnitt entsprechende runde Form, sondern die einer frontal stehenden breiten Spalte mit abgerundeten Enden. Dies ist bedingt durch folgendes Verhalten des Opticus: Die durch zahlreiche bindegewebige Septa in eine Menge abgeplatteter Bündel gruppirte Fasermasse des mächtigen Stammes des Sehnerven durchbricht beträchtlich ventralwärts vom medialen Endpunkt der Sehaxe nicht wie diejenige der Säuger annähernd in der Richtung eines Radius des Bulbus, sondern unter schiefem Winkel die Sclera, dringt in die Chorioidea ein, entsendet nun aber nicht, wie dies bei den Säugern der Fall ist, sofort auch die *ganze* Masse seiner Fasern in gestrecktem Laufe durch die Schichten der Retina hindurch an deren Innenfläche, sondern nur die am meisten dorsal gelegenen seiner Bündel, welche die nach oben und zu beiden Seiten von ihrer Eintrittsstelle gelegenen Partien der Retina mit einer sehr mächtigen Faserlage überziehen (Fig. 50. N. f. und Fig. 46). Die ganze Summe der übrigen, hierzu nicht verbrauchten Faserbündel schlägt eine noch mehr ventral-distalwärts gerichtete Direction ein — Fig. 46 (N. o.) — um in einer Richtung fortzulaufen, die um so mehr derjenigen nach dem tiefsten Punkt des Linsenäquators sich nähert, je mehr ventral im Opticus das resp. Faserbündel liegt. Während dieses Laufs dringen beständig dünnere Faserbündel in die spaltartige Lücke vor, um über beide Seiten derselben auf die Innenfläche der Retina auszustrahlen (Fig. 49). Dabei verschmächtigt sich der Stamm des Opticus immer mehr — vgl. Fig. 50. N. o. mit Fig. 49. N. o. und Fig. 46; endlich dringt auch der letzte Rest der Fasern am distalen Ende der Spalte durch diese hindurch, um sich in gleicher Weise radiär über die Innenfläche der dieses Ende umgebenden ventralen Retinapartien zu verbreiten, wie die dorsalen Bündel es am medialen Ende der Spalte gethan hatten.

Die Vergleichung der beiden Sagittalschnitte Taf. III. Figg. 50 und 49 ergibt — und Horizontalschnitte bestätigen dies —, dass die spaltförmige Durchtrittsöffnung in der Retina und Chorioidea in ihrer ganzen Längsausdehnung die gleiche Breite hat; der cylindrische Stamm des N. opt. verwandelt sich also vor seinem Eintritt in die inneren Augenhäute in ein in der Richtung des Querdurchmessers der Durchtrittsöffnung, also von vorn nach hinten stark comprimirtes, plattes Gebilde; nur am proximalen und distalen Ende der Durchtrittsöffnung findet radiäre Ausstrahlung statt (vgl. LIEBERKÜHN's (28) Fig. 18); die über den vorderen und hinteren Rand derselben in die vordere und hintere Bulbushälfte ziehenden Fasern dagegen verlaufen anfangs vollkommen parallel. Durch ihr bogenförmiges nach vorn und hinten Auseinanderweichen innerhalb der Durchtrittsöffnung entsteht über der Mitte dieser letzteren die oben genannte Rinne oder Furche — vgl. Taf. III. Fig. 50 bei a. p. und Fig. 45 —, in der die zum Pecten gehörige mächtige Arterie liegt. Beide, die Arterie sowol als die Rinne, reichen unter allmäliger Abnahme der Dicke der ersteren und der Tiefe der letzteren vom proximalen bis zum lateralen Ende der Durchtrittsöffnung — vgl. Fig. 46 und Fig. 50 a. p. mit Fig. 49.

Den Ursprung dieses Gefässes beschreibt BARKOW (7) nach zahlreichen Injectionen an verschiedenen Vogelarten folgendermassen: der äussere Ast der Carotis interna löst sich gleich nach seinem Austritt aus dem Schläfenbein in das grosse rete mirabile ophthalmicum auf; aus diesem gehen die Artt. palpebrales inff., ethmoidalis und ophthalmica hervor. Die Art. ophthalm. gelangt an die äussere Seite des Nervus opt., bildet hier ihrerseits wiederum ein Wundernetz: das rete mirabile pectinis, dessen Zweige die Sclera durchbohren und dann zu einem gemeinschaftlichen Stamm sich vereinigen, welcher der ganzen Länge des Fächers nach an seiner Basis verläuft und aus dem eine grosse Anzahl von Zweigen hervorkommt, die in die einzelnen Falten des Fächers eintreten.[1]

Dieser Stamm, oder die zu ihm sich vereinigenden Zweige des Wundernetzes müssen natürlich, um bis an den Pecten zu gelangen, die Nervenfaserlage am medialen Ende durchbohren.

Der *Abfluss* des Blutes aus dem Pecten findet in eine grosse Chorioidalvene statt — Fig. 49; zwei von den Ciliarkörpern herkommende Venen nämlich fliessen in der Gegend des distalen Endes des Pecten zu einem mächtigen Stamm zusammen, welcher (Fig. 49 Ch. v.) in der Chorioidea eine Strecke parallel mit der Basis des Pecten medianwärts läuft, um dann etwa in der Mitte der Längsausdehnung derselben, nicht weit von der Durchbohrungsstelle der Sclera durch den N. opt., Fig. 46 Ch. v., durch ein besonderes Loch in der Sclera an die Aussenfläche des Bulbus zu dringen. — Die Verbindungen zwischen dieser grossen Vene und den vom Pecten abführenden Gefässen sind in den Figg. 46 (unterhalb p) und 49 (v. v.) nur zum Theil sichtbar, da diese Gefässe, nachdem sie die Nervenfaserschicht durchbohrt haben, stark geschlängelt theils zwischen den am oberflächlichsten gelegenen Faserbündeln, theils zwischen diesen und dem freien Rand der Retina[2] sich hindurchwinden; dieser ihrer starken Krümmungen wegen können sie nicht in grösserer Aus-

---

[1] Dazu stimmt die Angabe LEUCKART's (27. S. 221): „Die Arterien des Fächers sind ohne Zusammenhang mit denen der Chorioidea."

[2] Letztere Beobachtung hat offenbar OWEN vorgelegen, wenn er (35 a. S. 139) von einem Eintreten von Gefässen between the laminae of the retina along the whole extent of the oblique slit, welche dann unmittelbar in die Falten des Marsupium eindringen, spricht. Die Annahme, dass es sich hier nicht um *eintretende*, sondern um *austretende*, abführende Gefässe handelt, erscheint nicht nur durch den oben beschriebenen Zusammenhang derselben mit der Chorioidalvene, sondern auch durch den Umstand gerechtfertigt, dass Owen (l. c. S. 141) selbst die *arterielle* Zuleitung ausführlich ganz ebenso beschreibt wie BARKOW. Auf derselben S. 141 (l. c.) macht OWEN die interessante Bemerkung: „The vessels of the lens are derived from those of the marsupium;" nur bei einigen Vogelarten reicht der Pecten überhaupt bis an die Linse; sollten bei diesen an der Linse Gefässe vorhanden sein?

dehnung in einen Schnitt fallen, lassen sich aber in aufeinander folgenden Schnitten dieser Region sicher verfolgen.[1])

Was die *Entwickelung* der Gefässe im Pecten anbelangt, so kann die Frage aufgeworfen werden, ob dieselbe dadurch zu Stande kommt, dass von der Arterie an seiner Basis ausgehende Gefässsprossen ins Gewebe der Pectenanlage hineintreiben — letzteres würde dann im Erwachsenen nur in den zwischen den Gefässen liegenden Pigmentzellen wiederzufinden sein — oder ob dieselbe in loco, durch eine Differenzirung des die Pectenanlage bildenden Zellenmaterials in Blutzellen, Gefässwandungen und Pigmentzellen sich vollzieht? — Die Bilder, welche mir von den bezüglichen Stadien vorliegen, scheinen fast für den letzteren Modus zu sprechen; man findet nämlich auch schon in den Fig. 45. kurz vorhergehenden Stadien in Querschnitten das Innere der bisher gleichmässig dichten Pectenanlage allmälig sich lichtend, die Zellen zeigen sich auseinandergewichen und in die Nähe der Umhüllungsmembran dichter zusammengedrängt; in der helleren Mitte liegen Fig. 45 nur spärlichere grössere runde Zellen, die an junge Blutzellen erinnern. In einem erheblich späteren Stadium, in welchem die Pigmentirung des Pecten bereits begonnen hat, nach der Basis hin aber noch kaum vorhanden ist, findet man dann auch schon gelblich gefärbte Zellen i. e. völlig entwickelte Blutkörperchen, wenn auch in der Gegend des späteren Pigmentaufsatzes sehr spärlich und vereinzelt, während gleichzeitig auch die im Entstehen begriffenen Gefässwandungen durch die regelmässige Aneinanderreihung der in ihren Aufbau einbezogenen Zellen vorzugsweise in den unteren Theilen des Pecten, im Pigmentaufsatz dagegen noch gar nicht, sich bemerkbar machen; einen Zusammenhang dieser jungen Gefässwandungen mit der Arterie an der Basis habe ich in diesem Stadium nirgends sicher nachweisen können, während derselbe von völlig ausgewachsenen Hühnern mir in zahlreichen Schnitten vorliegt.

Dass die Arterie an der Basis früher vorhanden ist, als die Gefässe in den Falten, braucht kaum noch bemerkt zu werden, siehe Fig. 45; ihre Herkunft unterliegt keinem Zweifel, denn da sie genau dieselbe Lage und denselben Verlauf hat, wie der proximale Theil der Gefässanlage, welche wir Cap. III. S. 35 ff. durch die Augenblasenspalte in den Glaskörperraum sich erheben sahen, und dieses Gefäss in derjenigen Ausdehnung, in welcher die Pectenanlage an dasselbe anlehnte (oder aus ihm hervorging?) in allen meinen Präparaten aus den verschiedensten Stadien — wenn auch in vielen nur mit einem sehr kleinen Lumen — nachweisbar ist, offenbar also niemals schwindet, so kann diese Arterie nur der in einer späten Zeit zu mächtiger Entfaltung gelangte persistirende Theil jener uns wohlbekannten Gefässschlinge sein [2]).

Wenn der distalwärts von der Pectenanlage gelegene Theil dieser Gefässschlinge atrophirt, so geht dann der Abfluss des Blutes aus dem persistirenden Theil ausschliesslich durch diejenigen feinsten Zweige vor sich, welche S. 36 als vom Stamm, schon vor dessen

---

[1] Nach Leydig's und A. Vorgang gibt Lieberkühn (28) S. 29 an, dass der Pecten „von einer grösseren Arterie und Vene versorgt wird, die an seiner Basis entlang laufen." Eine solche Vene existirt nicht.

[2] Noch später als derjenige des Pecten entwickelt sich der Gefässreichthum der Chorioidea (Fig. 19. 56. ch), denn in dieser ist auch bei dem schon mehrere Tage alten Küchlein (Fig. 46) nur erst eine fast nur capillare Gefässschicht vorhanden.

Austritt unterhalb des Linsenrandes, durch die Augenblasenspalte ventralwärts in die Kopfplatten abgehend erwähnt wurden; ihnen entsprechen nach Lage und Verlauf vollkommen diejenigen Gefässe, welche wir soeben beim Erwachsenen als abführende kennen gelernt haben; letztere gehen also zweifelsohne aus jenen hervor, indem ihr Lumen proportional dem Wachsthum der Arterie und der übrigen Pectengefässe sich erweitert und sie zugleich durch neu hinzugekommene Zweige vermehrt und auch mit den Gefässen in den Falten selbst in directe Verbindung gesetzt werden.

Die Kopfplattenelemente, welche ursprünglich unterhalb der Pectenanlage in der Augenblasenspalte noch sich vorfanden, werden allmälig, durch die zwischen ihnen hindurch ziehenden Fasern des Opticus auseinandergedrängt, theilweise wohl in die dünnen bindegewebigen Blätter umgewandelt, welche die Nervenbündel einscheiden, theilweise vielleicht auch zur Bildung der Gefässanlagen verbraucht. Durch diese Bindegewebszüge und -Scheiden, und die sie begleitenden abführenden Gefässe sowohl wie durch das zuführende wird also der Pecten, der im ausgebildeten Zustand bei flüchtiger Betrachtung durch den Opticus und die Nervenfaserschicht von seinem Mutterboden ganz isolirt zu sein scheint, siehe Fig. 50, auch im völlig entwickelten Thier in lebendiger Verbindung mit jenem, resp. mit den aus letzterem (dem mittleren Keimblatt) hervorgegangenen gefässreichen bindegewebigen Umhüllungen des Auges erhalten.

Lacerta.

Bei der Eidechse bleibt das Gefäss, welches wir noch in den Figg. 78. 79. auf der Rinne oberhalb der sich berührenden Umschlagsränder der Augenblase fanden, nicht auf dieser liegen; das Fehlen der Verbindung mit den Kopfplatten, welche beim Hühnchen durch die Augenblasenspalte hindurch stattfand, gestattet ihm, sich mit einer leichten dorsalwärts gerichteten Convexität etwas höher in den Glaskörperraum zu erheben, Fig. 80 A., während gleichzeitig die allmälig stärker sich krümmende Bulbuswand an der Bauchfläche nach der entgegengesetzten Richtung, ventralwärts, sich von ihm entfernt. Das Gefäss tritt in Fig. 80 an der Bauchseite des Nervus opticus (N. o.) und des noch niedrigen, breitbasigen kegelförmigen Pecten in den Glaskörperraum ein, hat einen Durchmesser von etwa 3—4 Blutkörperchen und tritt in der Nähe der Ora serrata durch den Ciliartheil aus der Augenblase wieder aus — Fig. 80 B., um wohl in ähnlicher Weise, wie beim Hühnchen durch eine Ciliar- resp. Chorioidalvene sein Blut abführen zu lassen. Bis auf diese kleinen Durchtrittsöffnungen des Gefässes und diejenige für den Nerv. opt. ist die Augenblasenspalte schon längst in ihrer ganzen Ausdehnung spurlos verwachsen; dies geschieht bei der Eidechse viel früher als beim Hühnchen, während die Vascularisation des Pecten in eine ebenso späte Zeit fällt, wie dort: Fig. 80 ist noch nichts davon zu sehen; sie scheint erst gleichzeitig mit der endlich auch die im Ciliartheil gelegene Austrittsöffnung des Binnengefässes betreffenden Verwachsung der Spalte, vielleicht aber auch in causalem Zusammenhang mit dieser einzutreten; die allmälige Verengerung und der allendliche gänzliche Verschluss dieser letzteren nämlich muss zu einer steigenden Behinderung und endlich zur Aufhebung des Abflusses, diese aber bei fortbestehendem Zufluss zu einer Ueberfüllung des Gefässes und diese, wenn

10*

der vermehrte Austritt von Blutkörperchen in den Glaskörper — (Fig. 80 A. sind diese reichlich in letzterem vorhanden; vgl. Fig. 78) zur Verminderung der Spannung der Gefässwand nicht mehr ausreicht, zur Entwickelung neuer Abflussbahnen, wie etwa in den eben in raschem Wachsthum begriffenen, dem Gefäss dicht anliegenden Pecten, Veranlassung geben. — Der im Glaskörperraum liegende Theil des Gefässes scheint dann zu atrophiren und endlich gänzlich zu verschwinden.

Der Pecten ist in Fig. 80 noch vollkommen pigmentlos, im Erwachsenen aber intensiv schwarz. Seine Gestalt ist bei diesem annähernd cylindrisch, mit zugespitztem freiem Ende; sein Längsdurchmesser übertrifft den Querdurchmesser etwa um das vierfache.

Von **Schlangen** besitzt nach HULKE (siehe 27. S. 226) die Boa constrictor und die Viper einen kleinen Fächer. Die grosse Uebereinstimmung der Fig. 76 gezeichneten Gefässanlage bei der Viper mit derjenigen bei der Eidechse, lässt vermuthen, dass auch die Entwickelung des Pecten eine ähnliche sein wird; ich habe mir Material für Untersuchungen darüber nicht verschaffen können [1]).

Säuger.

Bei Säugern erhebt die Arteria centr. resp. die sog. Art. hyaloidea sich noch mehr dorsalwärts in den Glaskörperraum, als bei der Eidechse, so dass sie fast in die optische Axe zu liegen kommt. Es hängt dies einfach damit zusammen, dass — was beim Hühnchen und der Eidechse niemals der Fall ist, das Gefäss von vornherein mit der Linsenanlage, und zwar mit deren am meisten medianwärts eingezogenen Theil nicht nur in Berührung tritt, sondern vermittelst der die Linse umklammernden Verzweigungen seines distalen Endes hier sich auch befestigt.[2]) Wenn dieser Theil der Linsenanlage sich dann allmälig mehr dorsalwärts wendet — vgl. Figg. 66—68; und 81—85 —, so müssen die ihm anhaftenden Gefässe natürlich folgen und mit ihnen das distale Ende ihres gemeinschaftlichen Stammes, der Arteria hyaloidea, die in demselben Maass an Länge zu nimmt, wie die mediale Wand der Augenblase allmälig von der Linse sich entfernt.

Viel augenfälliger als bei irgend einer anderen Classe tritt bei den Säugern die durchaus nur transitorische Bedeutung der ersten Anlage der Binnengefässe des Auges hervor; während nämlich beim Hühnchen und der Eidechse eben nur die zu keiner weiteren Entwickelung gelangte Fortsetzung des zur Versorgung des Pecten erhalten bleibenden Theils der primitiven, einfachen Gefässschlinge allmälig wieder schwindet, ist bei den Säugern das gesammte vielverzweigte und ausgebreitete Gefässnetz, welches den Glaskörper durchsetzt und die Linse ziert und namentlich bei gewissen Thieren eine Mächtigkeit erreicht, die zur Erwartung eines bleibenden Bestandes zu berechtigen scheint, dem spurlosen Untergang geweiht; denn das eigentliche Bildungsendproduct der Arteria centralis, ihre bleibende End-

---

[1]) Auch über die weitere Entwickelung der bezüglichen Gefässanlagen bei *Fischen* muss ich mich aller weiteren Angaben erhalten, da meine Beobachtungen darüber noch zu lückenhaft sind.
Dass das Auge des *Triton* ohne Binnengefässe sich entwickelt, wurde oben schon angegeben.
[2]) Siehe S. 39—42.

ausbreitung, die *Netzhautgefässe*, haben mit dem bisher betrachteten Gefässapparat nicht den geringsten genetischen Zusammenhang, sondern entwickeln sich völlig unabhängig von demselben.

Die ersten Spuren derselben habe ich bei eben geworfenen Ratten [1]) gefunden, Fig. 87: zwischen Limitans interna und Nervenfaserschicht schiebt sich eine dünne Schicht einer Zellenmasse vor, welche in der Nähe der leicht convexen Papilla nervi optici aus 2—3 Lagen besteht, je weiter von dieser entfernt desto mehr sich verschmälert, überhaupt aber nur etwa auf das vierfache des Querdurchmessers des Sehnerven rings um dessen Eintrittsstelle sich erstreckt; in dieser Zellenschicht, den Nervenfasern dicht aufliegend, verlaufen feinste Capillaren, jedoch nur erst bis auf 1—1½ Opticusquerdurchmesser Entfernung von der Papille, siehe Fig. 87. In einem der Schnitte sehe ich ein Gefässchen von 2—3 Blutkörperchen Durchmesser vom Stamm der Art. central., unmittelbar vor ihrem Austritt in den Glaskörper, abgehen, welches sich dann bald in jene Capillaren auflöst.

Von Untersuchungen über die weitere Entwickelung der Netzhautgefässe, insonderheit diejenige der *Vena* central., glaubte ich um so mehr absehen zu dürfen, als einerseits die Vermuthung nahe liegt, dass dieselbe einfach in der Weise verläuft, dass die beschriebenen Gefässanlagen von der Papille aus in der Retina allmälig immer weiter bis an die Ora serrata hin vortreiben, während einzelne Sprossen rückläufig umbiegen um das Blut zur Papille zurückzuführen [2]) und hier zusammenfliessend die Vena central. constituiren. — andererseits durch Ermittelung des innerhalb der Papilla optica stattfindenden Abganges der Anlagen der Retinalgefässe aus dem Stamm der Art. central. selbst das wesentlich interessirende: die Unabhängigkeit der Entwickelung der Retinalgefässe von den ursprünglichen Verästelungen der Centralarterie im Glaskörper und um die Linse sicher constatirt ist.

Die Gefässe im Glaskörper und um die Linse herum zeigen zur Zeit des Beginnes der Bildung der Retinalgefässe noch keine merkliche Abnahme ihrer Mächtigkeit, siehe Figg. 73 und 87; ihr Atrophiren muss indess sehr bald darnach beginnen und offenbar rasch verlaufen.

Die *Augenblasenspalte* ist bei der Maus bereits im Stadium von Fig. 69 in ihrer ganzen Ausdehnung vollständig verwachsen, und ihre Spur, wie eine Serie von Sagittalschnitten mir zeigt, nur an dem Mangel des Pigmentes noch kenntlich. *Nicht* zur Berührung und Verwachsung kommen die Ränder der Augenblasenspalte nur am proximalen Ende der letzteren in derjenigen geringen Ausdehnung, in welcher die Fasern des Opticus incl. Art. central. durch dieselbe in die Bulbushöhle hindurchtreten: dieser offenbleibende Rest der Spalte nimmt die dem Opticusquerschnitt entsprechende Kreisform an: ich werde denselben vorläufig als „Papillar-Oeffnung der Augenblase" bezeichnen. Dass in dieser wirklich ein Theil der früheren „Spalte" erhalten geblieben ist, geht auch daraus hervor, dass auch in

---

1) Es ist möglich, dass dieser Wurf vielleicht etwas verfrüht war, da er in einer Mausefalle stattfand, in welche das Mutterthier sich hineingezwängt und in der es einige Zeit zugebracht hatte; bei in der Freiheit geworfenen würde man vielleicht eine weiter vorgeschrittene Entwickelung antreffen.

2) Fig. 87 sieht man in der Peripherie der Papille 2 Lagen feinster Gefässe übereinander; vielleicht ist die eine von ihnen venös.

einem schon recht weit vorgerückten Stadium: demjenigen von Fig. 72, in welchem der Nervus opticus sich bereits wohl entwickelt zeigt, an dem diese Oeffnung begrenzenden Rand der Augenblase das Umbiegen der äusseren (Pigment-) Lamelle in die innere noch ebenso deutlich zu erkennen ist, wie dies früher in der ganzen Ausdehnung der Spalte der Fall war und in Fig. 72 am Pupillarrand auch noch der Fall ist. In Pupillar- und „Papillar-Oeffnung der Augenblase" persistiren: in ersterer das abgerundete breite, in letzterer das spitz auslaufende, jenes durch die hineingezogene Linsenanlage, dieses durch die eingedrungenen Opticusfasern offen erhaltenen beiden Enden der ursprünglich einheitlichen „birnförmigen" (REMAK, 36. S. 92) Oeffnung der eben gebildeten secundären Augenblase, während in dem zwischen diesen beiden Enden gelegenen Theil durch gegenseitige Annäherung der Faltungsränder zunächst die Augenblasenspalte resp. Naht sich gebildet hatte und später völlige Verwachsung eingetreten ist.

Es würde überflüssig erscheinen, auf die grosse Uebereinstimmung in den ersten Anlagen und auf die Homologieen in der weiteren Entwickelung der in diesem Capitel besprochenen Bildungen bei den verschiedenen Thierclassen hier nochmals ausdrücklich hinzuweisen, wenn nicht das Vorliegen gewisser abweichender Darstellungen und gegentheiliger Behauptungen besonders dazu aufforderte.

1) Das Vorhandensein einer der *Arteria centralis* der Säuger homologen Gefässanlage konnte sicher nachgewiesen werden bei den Vögeln (für welche LIEBERKÜHN (28. S. 11. 16) sie mit Bestimmtheit in Abrede stellt), Eidechsen, Viper, Hecht. - Nach LIEBERKÜHN's (28) Fig. 43 existirt dieselbe (von ihm als Gefäss der Membrana hyaloidea bezeichnet) auch bei Alytes obstetr. — Bei der weiteren Entwickelung derselben unterscheidet sich bei Säugern, Vögeln. Eidechse ein persistirender und ein zu Grunde gehender Theil derselben: ersterer reicht so weit wie die Berührung mit dem Nervus opticus: Arteria centralis nervi optici der Säuger, Arteria pectinis der Vögel und Eidechse; der zweite umfasst bei Säugern die durch den Glaskörper, um die Linse und in der vorderen Augenkammer verlaufenden Gefässe, bei Vögeln und Eidechse den distalwärts von der Pectenanlage gelegenen Theil der Gefässschlinge — an seine Stelle tritt dann die bleibende Endausbreitung der Arteria centralis: bei Säugern die Retinalgefässe, bei Vögeln und Eidechse die im Pecten [1]).

2) Was die *Augenblasenspalte* anbelangt, so kommt LIEBERKÜHN (28. S. 31. und 68) zu dem Schluss: „Es sind also an dem Auge des Hühnchens in späteren Stadien der Entwickelung 2 Augenblasenspalten zu unterscheiden, eine hintere, die Kammspalte, welche in dem Bereich der eigentlichen Retina ihre Lage hat und diese wie das Pigmentblatt durchschneidet, aber ganz und gar vom Pecten eingenommen wird, und eine vordere, die Gefässspalte, welche in das Bereich der Pars ciliar. retinae und des Pigmentblattes des Corpus

---

[1] Genauere Beobachtungen über die Entwickelung dieser verschiedenartigen Endausbreitungen werden wahrscheinlich eine grössere Uebereinstimmung auch in Bezug auf den Entstehungs-Modus derselben ergeben, als aus den im Obigen mitgetheilten spärlichen Angaben für Hühnchen und Säuger hervorgetreten ist; bei der so geringen Anzahl von Stadien, aus denen mir darüber Präparate vorliegen, muss ich selbst darauf aufmerksam machen, dass ich dieselben in Bezug auf die Frage, ob die Gefässe aus dem Stamm der Arteria centralis hervorsprossen oder in loco entstanden mit diesem erst nachträglich in Verbindung treten, beim Hühnchen oder bei den Säugern nach der einen oder der anderen Seite hin möglicherweise irrthümlich gedeutet habe.

ciliare fällt. Die Gefässspalte ist auch bei nahezu ausgewachsenen und selbst bei alten Hühnern noch erhalten. Sie hat aber relativ an Länge abgenommen, beginnt nämlich dicht unter dem Irisrand des Strahlenkranzes und durchzieht nur die Hälfte oder den dritten Theil desselben" (S. 31)[1]. — Abgesehen davon, dass ich im Obigen bereits wiederholt mich dahin habe aussprechen müssen, dass auch beim Hühnchen die distale Durchtrittsöffnung der embryonalen Binnengefässschlinge vollständig verwächst, und dass der im Ciliartheil länger als in der übrigen früheren Ausdehnung sich erhaltende weisse Streif nur auf dem Mangel des Pigments, nicht auf der Anwesenheit einer Spalte beruht, so würde doch, selbst wenn dieselbe im Ciliartheil wirklich persistirte, ihr die Bezeichnung „*Gefäss*spalte" kaum mit mehr Recht zukommen als derjenigen, welche LIEBERKÜHN als „*Kamm*spalte" bezeichnet; denn durch letztere geht ja nicht nur der ursprüngliche Stamm der embryonalen Arteria centralis, sondern auch späterhin die gesammte Zu- und Abfuhr zum und vom Pecten; durch diese Gefässe tritt diese Spalte oder Oeffnung allerdings auch zum Pecten oder Kamm in Beziehung — aber *diese* Beziehung ist nur von untergeordneter Bedeutung, die *wesentliche* Bedeutung dieser Oeffnung liegt in ihrer *Beziehung zum Schnerven*; diese letztere ist die *ältere*, ursprüngliche, wie einfach daraus sich ergibt, dass sie in den auf einer niedrigeren Entwickelungsstufe stehen bleibenden Augen, bei denen es nicht zur Bildung von Binnengefässen des Auges kommt (Triton) und bei denen durch diese Oeffnung *nur die Opticusfasern* hindurchgehen, die Oeffnung also nur *dieser* wegen vorhanden sein kann, die einzige und ausschliessliche ist. Einmal aus diesem Grund, ferner weil auch beim Huhn in der That nicht der Kamm, sondern der Nerv. opt. (incl. die ihn begleitenden Gefässe) diese „Spalte" ausfüllt (s. Figg. 49 und 50; in Fig. 45 haben sich nur durch einen Härtungsfehler, wie dies in CrO_3 leicht geschieht, die aus der inneren Lamelle hervorgegangenen Retinaschichten und die Nervenfaserschicht in die Höhe gehoben) , endlich und namentlich weil auch bei Thieren, die überhaupt keinen Kamm besitzen, eine der von LIEBERKÜHN als „Kammspalte" bezeichneten vollkommen homologe Oeffnung vorhanden ist, muss die Bezeichnung „Kammspalte" jedenfalls fallen gelassen und womöglich durch eine der wesentlichen Bedeutung mehr entsprechende ersetzt werden: die vorhandene Terminologie bietet keinen ganz präcisen kurzen Ausdruck dafür; Bezeichnungen wie: „Nervenspalte" oder „Foramen opticum retinae", an die man etwa denken könnte, würden nicht passend sein, erstere: weil der Querschnitt der Durchtrittsöffnung bei den meisten Thierclassen kreisförmig zu sein scheint, letztere: weil der Terminus „Retina" die Nervenfaserschicht mit in sich begreift, diese Schicht ja aber selbstverständlich von dem Foramen nicht mit durchsetzt wird, vgl. Figg. 50 und 87: wie die embryonale Augenblasenspalte von dem Faltungsrand der Augenblase, dem Umbiegungsrand der Lamellen in einander, so ist auch im Erwachsenen die von der ursprünglichen Spalte übrig gebliebene Lücke, das in Rede stehende Foramen begrenzt nur von denjenigen Retinaschichten, welche aus den Augenblasenlamellen selbst hervorgegangen sind (vgl. die bezüglichen Stellen i. e. die Augenblasenränder in den folgenden Figuren: 22 mit 47, und diese mit 50; 68 mit 80, und diese mit 87). Die Nervenfasern resp. die Papilla Nervi opt. füllen dies Foramen

---

[1] Dieselbe Darstellung gibt FOSTER (11.) S. 105.

aus und über den dasselbe umgebenden Augenblasenrand nach allen Seiten hin auseinanderbiegend, verdecken sie es gegen das Innere des Auges hin. — Diesen Verhältnissen dürfte vielleicht die Bezeichnung: „Foramen opticum der Augenblase" oder die oben gebrauchte: „Papillar-Oeffnung der Augenblase" noch am ehesten gerecht werden.

Der *Glaskörper* der Säuger zeigt eine wesentliche Gleichartigkeit seiner Substanz mit derjenigen des Hühnchens, wie in den früheren (s. S. 40 ff.), so auch in allen späteren, selbst den der Geburt nahen Stadien s. Fig. 87 c. v.; Veränderungen gehen nur mit den in demselben enthaltenen Blutkörperchen und Blutgefässen vor sich: letztere schwinden bekanntlich allmälig gänzlich und ebenso spurlos wie die die Linse umgebenden; von den Veränderungen an den in die Glaskörpersubstanz ausgetretenen Blutzellen ergeben meine Präparate von Mäuse- und Katzenembryonen andere Bilder als diejenigen des Schaafes; während die letzteren nur ein einfaches Zerfallen der Zellen zeigen, ähnlich wie S. 34 von denjenigen im Glaskörper des Hühnchens beschrieben wurde, macht sich in jenen als erste Veränderung eine Vergrösserung der Zellen bemerkbar, während gleichzeitig die ursprüngliche Schärfe des Contours schwindet und im Inneren dunklere Flecke sichtbar werden, wie wenn das Protoplasma an einzelnen Stellen sich dichter zusammen gezogen hätte.[1] Unter allmäliger weiterer Zunahme der Grösse der Zelle tritt dann ein excentrisch gelegener Kern immer deutlicher hervor, während der übrige Inhalt der Zelle immer blässer wird, bis schliesslich nur ein bläschenartiges jetzt wieder scharf conturirtes Gebilde übrigbleibt, dessen Inhalt ebenso hell und homogen erscheint, wie die umgebende Glaskörperflüssigkeit, während der Kern entweder dicht an dem Grenzcontur liegt oder in diesen eingeschoben, so dass das Ganze die Form eines Siegelringes erhält[2], oder vollständig aus dem Bläschen ausgetreten gefunden wird. Endlich finden sich dann ganz vereinzelt noch solche helle Bläschen, von deren Kern überhaupt nichts mehr zu entdecken ist; — schliesslich schwinden auch diese. - Da diese hellen Bläschen die letzte Erscheinungsform sind, unter der bei Maus und Katze geformte Gebilde im Glaskörper überhaupt noch nachzuweisen sind, so liegt der Gedanke nahe, dass sie das Schlussglied der soeben angegebenen Reihe von Veränderungen bilden, unter denen die in demselben befindlichen Zellen zur Auflösung gelangen[3]. Das allendliche Schicksal dieser letzteren ist also bei Maus und Katze dasselbe wie bei Schaafsembryonen; ob die verschiedenen Bilder, die ich über diesen Vorgang beim Schaafe einerseits, bei Maus und Katze andererseits, erhalten habe, in Wirklichkeit verschiedenen Processen oder nur einer verschiedenen

---

[1] Sehr ähnlich denen, die G. Semmer, Ueber die Faserstoffbildung u. s. w. Inaug. Dissert. Dorpat 1871. Fig. I a als „rothe Körnerkugeln" abbildet.

[2] Aehnlich wie in Semmer's (l. c.) Fig. IV. 5 und Fig. V. 2, nur dass die Kerne im Verhältniss zur Grosse der ganzen Zelle kleiner sind als in Semmer's Fig. V.

[3] Während Semmer seine „rothen Körnchenkugeln" als die erste Stufe einer progressiven Metamorphose deutet, würden also die von mir als jenen ähnlich bezeichneten Gebilde der gleichen Stufe eines regressiven Processes angehören. Ein Streit über die Frage, welche von beiden Deutungen die richtige ist, könnte aber natürlich erst beginnen, nachdem die Identität beider Formen wirklich vollkommen sicher festgestellt wäre.

Behandlungsweise der Objecte (von Schaafembryonen liegen mir von den vorgerückteren Entwickelungsstadien nur CrO_3-, von denjenigen der Maus und Katze nur Osmiumsäure-Präparate vor) — ihre Entstehung verdanken, lasse ich unentschieden; das *wesentliche* ist, dass bei beiden die sämmtlichen in früheren Stadien in den embryonalen Glaskörper hineingelangten Zellen resp. Blutkörperchen im weiteren Verlauf der Entwickelung zu Grunde gehen und verschwinden, und dass dann auch bei den genannten Säugern der Glaskörper als vollkommen zellenlose helle Masse sich präsentirt, die bei gleicher Behandlung auch ganz das gleiche mikroskopische Bild darbietet, wie der Glaskörper des Hühnchens (s. S. 22) und der übrigen von mir untersuchten Thiere. Was später und im Erwachsenen etwa von zelligen Elementen in dem Glaskörper angetroffen wird, kann nur als durch spätere erneute und wiederholte Einwanderungen von den Blutgefässen (namentlich der papilla optica) aus in denselben hineingekommen angesehen werden.[1]

Schliesslich kann ich nicht umhin, hier noch ausdrücklich auf eine Consequenz hinzuweisen, welche mir aus dem, was in diesem und im 3. Capitel über die Entwickelung und Natur des Glaskörpers gesagt worden ist, mit Nothwendigkeit hervorzugehen scheint, nämlich die, dass dem Glaskörper derjenige „*histologische Werth*", der ihm bisher auf Grund seiner vermeintlichen directen „Abstammung aus dem embryonalen Bindegewebe" von allen Autoren beigelegt worden ist, hinfort nicht mehr zugestanden werden kann: derselbe ist in seiner ersten Anlage — und bleibt es auch — eben nur ein Transsudat, welches aller ständigen Formelemente entbehrend durch die hineingetretenen und in ihm zu Grunde gehenden Blutkörperchen (resp. Gefässe) nur zu einer Aenderung, Steigerung seiner Consistenz, nicht aber — etwa in der Weise, wie das von HENSEN (VIRCHOW's Archiv Bd. XXXI. S. 53) als „Secretgewebe" bezeichnete aus einer ursprünglich homogenen gallertigen Zellenabscheidung in ein wahres Gewebe umgewandelt wird — zu irgend welcher Textur oder Organisation gelangt. Die Angaben einiger neuerer Autoren, welche im Glaskörper Erwachsener entweder gar keine oder nur höchst spärliche Zellen, jedenfalls aber keine irgendwie sicher nachweisbare Textur vorfanden, können daher auch nicht befremden; im Gegentheil steht zu erwarten, dass die Bestätigungen derselben in demselben Maass sich mehren werden, als die Voraussetzung, dass die Entstehung des Glaskörpers aus embryonalem Bindegewebe durch die Entwickelungsgeschichte ausser Zweifel gesetzt sei [2]), an Einfluss auf die Deutung der Bilder verloren haben wird. In demselben Maass werden aber auch die schon vorhandenen Schwierigkeiten, die es unverkennbar macht, dem Glaskörper den Charakter und die Beschaffenheit des Bindegewebes zu vindiciren [3]), zur Unmöglichkeit sich steigern und wird, was von Seiten der

---

1) Was ich für den Glaskörper des Hühnchens bereits im Jahre 1860 und für den der Säuger etc. im Obigen auf entwickelungsgeschichtlichem Wege nachgewiesen habe, nämlich: dass die Zellen in demselben nur eingewanderte Blutkörperchen sind, hat SCHWALBE (39. S. 474) *experimentell* an demjenigen einiger *erwachsenen* Säuger, u. A. auch dem des Menschen, festgestellt.

2) Vgl. 39. S. 476.

3) Jeder Versuch dazu wird um so mehr gerade die *Verschiedenheit* zwischen beiden hervortreten lassen, mit je mehr Wahrheitsliebe dabei zu Werke gegangen wird; so wenn SCHWALBE (39. S. 476) sagt: „Das Glaskörpergewebe steht auch später dem Bindegewebe am nächsten, *unterscheidet sich von allem anderen Bindegewebe aber vor Allem durch den Mangel fixer Zellen* (Endothelzellen), sowie durch *das Zurücktreten der Fibrillen und die Massenhaftigkeit der interfibrillären Substanz*, die dann ihrerseits wieder durch den grossen Wassergehalt von der Kittsubstanz des fibrillären Bindegewebes sich unterscheidet.

Entwickelungsgeschichte jetzt schon gefordert werden muss, dann auch vom rein anatomischen Standpunkt aus geboten erscheinen: den Glaskörper entweder als (zellenloses) Gewebe (?) sui generis hinzustellen oder ihn *aus der Reihe der Gewebe überhaupt ganz zu streichen.*

Es scheint mir die Annahme die einfachste, die ganze innerhalb der Hyaloidea zwischen ihr und der Membran des Centralcanals liegende Masse einem von einer Endothelscheide umhüllten primären Bindegewebsbündel gleich zu setzen; *nur ist der endotheliale Ueberzug ersetzt* durch eine elastische Membran, die Hyaloidea, während im Innern *die Fibrillen durch die ausserordentliche Zunahme der interfibrillären Substanz auseinander gedrängt und zerstreut* sind." — Selbst durch *diese* Deutungen, die man doch gewiss nicht als vollkommen ungezwungene wird bezeichnen können, wird also als Tertium comparationis zwischen Glaskörper und Bindegewebe weiter nichts gerettet als eine als Substitut eines endothelialen Ueberzuges fungirende elastische Membran und die Fibrillen. Von diesen beiden aber hat die erstere, die limitans interna, sich uns (Cap. IV) als Ausscheidungsproduct der Augenblase und mithin dieser zugehörig erwiesen, sie kann also als Beweis für die bindegewebige Natur des Glaskörpers füglich nicht herangezogen werden; und was jene in der massenhaften wasserreichen interfibrillären Substanz zerstreuten „Fibrillen" anbelangt, so halte ich dieselben für *Fibrinfasern.* Gerinnsel, welche entweder erst postmortal, beim Absterben des Auges so wie beim Austritt des Glaskörpers aus dem lebenden Auge sich bilden," oder falls sie in diesem schon existiren, in dem *physiologischen* Transsudat, aus welchem nach unserer Auffassung der Glaskörper besteht, doch wol ebenso gut sich ausscheiden können, wie dies in dem anderweitig *pathologisch* gesetzten Trans- und Exsudaten viel rascher und massenhafter geschieht. — Diese Annahme würde auch durch die von einigen Autoren angegebenen eigenthümlich regelmässigen Anordnungen der Fibrillen oder ausgeschiedenen Massen, „der festen Substanz in der Glaskörperflüssigkeit" (39. S. 463—466), falls dieselben sich als auch im Lebenden vorhanden bestätigen sollten, nicht unmöglich gemacht werden; warum sollten nicht die Fibrinausscheidungen ebenso gut wie ein aus Zellen hervorgegangen gedachtes Gerüst im Glaskörper irgend welche der regelmässigen Gestalt der Begreuzungswände des Hohlraumes, in welchem sie sich bilden, entsprechende regelmässige Schichtung oder Form annehmen können? Dies scheint mir a priori nicht undenkbar, ich halte aber die von Schwalbe (l. c.) gegen die Existenz jener Structuren im Lebenden gehegten Zweifel für vollkommen begründet; in embryonalen bulbis habe ich auch in den am weitesten vorgerückten Stadien bei guter Härtung nie eine Spur weder der concentrischen Schichtung noch der radiären Septa auffinden können; namentlich habe ich vergeblich darnach gesucht im Glaskörper zweier menschlicher Früchte aus dem letzten Drittheil der Schwangerschaft: eines Zwillings von 14" Länge und eines Foetus von 32 Wochen; ½ Stunde nach dem Tode enucleirt wurde von beiden Früchten je ein bulbus in Osmiumsäure, der andere in CrO₃ (1%) gehärtet; bei 24 stündigem Liegenlassen in der letzteren und Nachbehandlung mit Alkohol (s. S. 56) hatten die intacten bulbi vollkommen ihre Form bewahrt und einen Querdurchmesser von 11 resp. 16 Mm.; nach Durchschneidung im Aequator erschienen die Schnittflächen des Glaskörpers vollkommen glatt, die Glaskörpermasse durchweg absolut homogen, opalisirend leicht getrübt, aber noch durchsichtig genug, um in der einen Hälfte die Linse und Ciliarfalten, in der andern die pap. nervi optici deutlich sehen zu lassen; auch unter einer starken Lupe ist nicht die geringste Andeutung einer Zeichnung im Glaskörper zu erkennen; der Glaskörper füllt seinen Raum vollständig aus, nirgends eine Spur von Schrumpfung oder Abhebung von der Retina (auch an den Schnitträndern nicht); die Retina selbst vollkommen glatt und ohne jegliche Faltungen liegt der Chorioidea und diese der Sclera überall unmittelbar und dicht an. Das mikroskopische Bild ist das S. 22 beschriebene, die Faserchen sind aber fast noch feiner als die in den Präparaten vom Huhnchen; irgend welche Verschiedenheit eines Theiles des Glaskörpers, etwa des centralen gegenüber den pheripheren habe ich nicht nachweisen können, die Bilder der Schnitte aus beiden schienen mir vielmehr vollkommen identisch zu sein. — Die Osmiumsäurepräparate ergeben dieselben Bilder, wie der Glaskörper des Hühnchens bei der gleichen Behandlung (s. S. 22); von Fasern ist in denselben nichts zu entdecken; dieser Umstand spricht wol am entschiedensten gegen die Präexistenz derselben. Die Faserausscheidung erscheint darnach nur als eine Folge der Einwirkung der CrO₃ resp. der ähnlich wirkenden angewandten Reagentien, als eine von diesen abhängige Form der Gerinnung. Vielleicht ist es die Schnelligkeit, mit welcher starke (2%) Osmiumsäurelösungen härten, welche der Faserausscheidung vorbeugt (vgl. S. 57. 58).

Für die Feststellung der normalen Beschaffenheit des Glaskörpers dürfen die Ergebnisse der Untersuchungen an Augen *erwachsener Menschen* gewiss nur mit Vorsicht verwerthet werden; bei den mannigfachen Schädlichkeiten und Reizungen, denen unser Sehorgan bei Lebzeiten fast unvermeidlich ausgesetzt ist, muss wenigstens die Möglichkeit, dass die den auf entwickelungsgeschichtlicher Grundlage gewonnenen Voraussetzungen nicht entsprechenden Befunde *pathologische Folgezustände* jener Einwirkungen repräsentiren, immer im Auge behalten werden. — Da alle Analogieen dafür sprechen, dass unter dem Einfluss von Reizungen eher eine Vermehrung des Zellengehaltes (und vielleicht auch der Fibrinausscheidung?) als eine Reduction und Auflösung der normaler Weise in den gereizten Organen etwa vorhandenen körperlichen und festen Bestandtheile eintritt, so würden auch unter *diesem* Gesichtspunkt (ebenso wie unter dem entwickelungsgeschichtlichen - s. o.) diejenigen Beobachtungen, welche einen Mangel körperlicher oder fester Elemente im Glaskörper ergaben, a priori mehr die Wahrscheinlichkeit für sich haben, an normalen Objecten und nach richtiger Methode angestellt worden zu sein, als die zahlreicheren entgegenstehenden.

SECHSTES CAPITEL.

ENTWICKELUNG DER CORNEA.

Von den äusserst spärlichen Angaben, welche über die Entwickelung der Cornea in der Literatur vor Beginn dieses Decenniums sich finden[1]), hat gerade diejenige, welche es am meisten verdient, am wenigsten der Berücksichtigung und Anerkennung von Seiten der Autoren sich zu erfreuen gehabt; es ist folgende Beobachtung HENSEN's (14 a. S. 420): „Gleich nach der Linseneinstülpung ist die Cornea äusserst dünn, nur eine Basalmembran des Epithels, während die Sclera als Fortsetzung der Muskelsehnen sich bereits dunkler abgrenzt. Es liegt nun, so lange die Linse noch hohl ist, zwischen Linse und Cornea (? Hornblatt) nach vorn von der Membrana pupillaris ein Gallertgewebe, genau von derselben Structur wie das des Glaskörpers in diesem Stadium, während zu keiner Zeit etwas ähnliches an Sclera oder Chorioidea sich findet. Dies Gewebe geht dann sehr bald in der Bildung der Cornea auf, welche vom Rande her sich verdickt."

Meine Untersuchungen haben mir folgendes ergeben:

Hühnchen.

Der erste Anfang der Corneabildung fällt beim Hühnchen in dasjenige Stadium, in welchem die Linsenfasern eben die distale Wand erreicht haben. Um diese Zeit erscheint an der Innenfläche des Hornblatts über dem dreiseitig von Augenblasenrand, Linse und Hornblatt begrenzten ringförmigen Raum, den wir als Anlage der späteren vorderen Augenkammer erkannt haben (S. 51), Fig. 10 B: v. k., eine sehr schmale structurlose, bei Carminbehandlung dunkler, als das Hornblatt und die Linsenzellen sich färbende Schicht, Fig. 10 B: c. p., welche in der Nähe des Augenblasenrandes am dicksten, sowohl nach dem Linsenpol als nach der Peripherie hin sich verschmälernd unmerklich im inneren Contur des Hornblattes sich ver-

---

[1]) Ich habe dieselben 19, S. 14 bereits zusammengestellt; sie finden sich auch bei LAERENIGAN (28, S. 64 und ARNOLD (2, S. 44 ff). Ueber die neueren Angaben siehe die Anmerkung S. 86.

liert. Diese Schicht ist *die erste Anlage der Cornea propria* (c. p.). Sie dehnt sich rasch über die Innenfläche des Hornblatts, soweit dasselbe bisher der Linse angelegen hatte (Fig. 10 A.), aus und nimmt dabei stetig an Dicke zu — Figg. 12. 13.

Kaum hat die structurlose Schicht die Dicke des Hornblattes erreicht — etwa um die Mitte des 5. Tages — so beginnt die Bildung des *inneren Epithels der Cornea* in folgender Weise: Die Kopfplatten drängen sich zwischen dem peripherischen Theil der Anlage der Cornea propria und der äusseren Lamelle der secundären Augenblase hindurch bis an die vordere Augenkammer, vgl. Fig. 11 A mit Fig. 12. Von hier aus kriecht dann eine von vornherein einfache Zellenschicht an der Innenfläche der Anlage der Cornea propria, concentrisch vorrückend, gegen den Mittelpunkt dieser Fläche hin, Figg. 13 A und B: e. Am 6. Tag treffen die Zellen von allen Seiten her in demselben zusammen, und damit ist das innere Epithel der Cornea fertig hergestellt, Figg. 14 A und B; vgl. Fig. 13 B. e mit Fig. 14 B. e. Die einzige unbedeutende Veränderung, die an demselben weiterhin noch stattfindet, besteht darin, dass seine Zellen näher aneinanderrücken und sich noch etwas mehr abplatten.

Die Anlage der Cornea liegt anfangs der Linse noch unmittelbar an; schon am folgenden Tag jedoch beginnt sie sich von ihr zu entfernen; letzteres scheint eingeleitet zu werden durch die Verdickung und das weitere Hervorwuchern der zwischen dem Augenblasenrand und dem peripheren Theil der Cornea befindlichen Kopfplattenschicht; es wird später weiter befördert durch die Bildung der Iris und die stärkere Wölbung der Cornea. — Durch das Auseinanderweichen von Linse und Cornea erweitert sich die vordere Augenkammer, die bisher nur als ringförmiger Canal existirte, über die ganze distale Linsenfläche hin; ihre bekannte definitive Gestalt und Begrenzung erhält dieselbe erst durch die noch später erfolgende Bildung der Iris.

Gleichzeitig mit der Bildung des inneren Epithels haben sich in dem soeben erwähnten Theil der Kopfplatten wichtige Differenzirungen angebahnt; diejenige, welche zuerst in die Augen fällt, ist die Anlage des *Cornealfortsatzes* incl. *Ciliarmuskel*; sie erscheint (Figg. 15. 16. ff.) als Verdichtung des Gewebes — an Querschnitten als dunklerer Streifen, dessen Richtung die unmittelbare Fortsetzung derjenigen des inneren Corneaepithels bildet (Figg. 16. 17.). Dieser dichtere Zellenstrich theilt die Kopfplattenmasse dieser Gegend in eine — vom Centrum des Auges aus gerechnet — innere und eine äussere Schicht; die innere wird die Iris und Processus ciliares bilden helfen (s. Cap. VII), die äussere liefert das Material für den einzigen noch fehlenden Bestandtheil der Cornea: die *Corneakörperchen*.

Von dem zuletzt genannten äusseren Theil der Kopfplatten aus nämlich beginnt, sobald die Bildung des inneren Epithels vollendet ist, eine Einwanderung von Zellen in die structurlose Schicht, deren Dickendurchmesser unterdess bedeutend zugenommen hat. Die eindringende Zellenmasse zeigt auf dem Querschnitt (Fig. 15) eine Keilform, die, je weiter sie vorrückt, desto spitzwinkliger sich auszieht (Fig. 16). Der von den jeweilig am weitesten vorgedrungenen Zellen gebildete Kreis verkleinert sich von Stufe zu Stufe, er schwindet endlich am 8. Tag durch Zusammentreffen der Zellen von allen Seiten her.

Die Figg. 15—18 zeigen, dass die Einwanderung nur in die *mittlere* Zone der structurlosen Schicht stattfindet, die dem Hornblatt und dem Endothel angrenzenden Zonen dagegen zellenlos bleiben; anfangs sind diese zellenlosen Zonen noch breit (Figg. 16. 17.), sie verschmälern sich aber rasch in demselben Grad wie die mittlere, zellenführende durch fortgesetzten Zuzug von den Kopfplatten aus auf ihre Kosten sich verbreitert, schwinden jedoch niemals ganz, persistiren vielmehr durch das ganze Leben hindurch als *vordere* und *hintere Grenzschichte* (elastica anter. und poster. BOWMAN, resp. Membrana Descemeti).

Früher als alle übrigen existirt der einzige im bisherigen noch nicht erwähnte Bestandtheil der Cornea: *das äussere Epithel*. Es entwickelt sich in sehr einfacher Weise aus dem Hornblatt in derjenigen Ausdehnung, in welcher dasselbe die abgeschnürte Linse und die Anlage der vorderen Augenkammer deckte. Die Veränderungen in ihm gehen nur langsam vor sich: von den zwei Schichten, die schon vor dem Beginn der Corneabildung im Hornblatt vorhanden sind, zeigt die äussere, aus horizontal zur Körperoberfläche liegenden Zellen bestehende nur eine numerische Zunahme und dichter Aneinanderrücken ihrer Elemente, während diejenigen der inneren Schicht allmälig zu schönen, grosskernigen Cylinderzellen sich ausbilden; erst gegen Ende des Embryolebens erscheint zwischen beiden eine dritte Schicht rundlicher, wohl entwickelter Zellen. Die Vermehrung der Schichten im äusseren Epithel muss mithin in der Jugendzeit des ausgeschlüpften Vogels sich noch fortsetzen. Obgleich also am frühesten vorhanden, scheint dieses Epithel doch der am spätesten zur vollen Ausbildung gelangende Theil der Hornhaut zu sein.

Nach diesem kurzen Ueberblick über die so eigenartigen Vorgänge bei der Bildung der Cornea des Hühnchens dürften noch folgende Bemerkungen über einige Einzelheiten derselben am Platze sein.

Vor allen interessirt die als „Anlage der Cornea propria" bezeichnete Schicht. — Die bekannte regelmässig schichtweise Lagerung der Corneakörperchen im Erwachsenen nicht minder als der eigenthümliche Process ihres Eindringens in eine allem Anschein nach vollkommen homogene Masse mussten die Frage nahe legen, ob sich nicht vielleicht in der letzteren doch eine von vornherein vorhandene Zusammensetzung aus Lamellen oder Schichten nachweisen lasse, deren, wenn auch kleinste, Interstitien die Erklärung jener Erscheinungen erleichtern könnten. Ich habe daher die bezüglichen Präparate mit den stärksten mir zugänglichen HARTNACK'schen Immersionssystemen XI und XV untersucht. Aber auch mit diesen ist es mir an gut gehärteten und namentlich an den mit Osmiumsäure behandelten Präparaten nicht gelungen, Spuren einer Schichtung oder überhaupt irgend welche Zeichnung in jener Masse zu erkennen, dieselbe erscheint vielmehr vollkommen hyalin; dagegen zeigen in etwas vorgerückteren Stadien solche Präparate, die wahrscheinlich bei der Härtung etwas geschrumpft sind, allerdings eine Zeichnung, aus welcher auf die Anwesenheit einer Structur geschlossen werden kann: die noch zellenfreien Partien der Grundsubstanz nämlich bieten das Bild eines Netzwerkes vorwiegend parallel den Corneaflächen, jedoch nicht ganz gerade und regelmässig verlaufender, unter mehr weniger spitzen Winkeln in einander übergehender Linien dar. Diese Linien könnten wohl als Ausdruck schmaler Interstitien zwischen äusserst zarten Lamellen angesehen werden, welche letztere im normalen Zustand vielleicht so dicht aneinander geschmiegt sind, dass Interstitien nicht existiren und dem entsprechend auch in gut gehärteten Präparaten nicht wahrgenommen werden, während ihre Entstehung bei eintretender Schrumpfung der

Lamellen leicht verständlich ist. — Falls diese Deutung, die ich vor der Hand freilich nur als Vermuthung hinstellen kann, die richtige ist, die Lamellen also auch in der noch hyalin erscheinenden Masse der Grundsubstanz schon vorhanden sind, so würde auch der Process des Eindringens der Corneakörperchen in dieselbe resp. zwischen die präformirten Lamellen derselben nicht mehr absonderlich räthselhaft erscheinen [1]).

Von fast noch grösserem Interesse ist die zweite Frage: wie und woher diese erste zellenlose Anlage der Cornea propria entsteht? — Ich habe früher (19. S. 16 und 18) die-

---
[1]) LIEBERKÜHN (28. S. 24) hat behauptet, dass eine structurlose Anlage der Cornea propria, wie ich sie angegeben, überhaupt gar nicht existire; die ursprüngliche Zellenlosigkeit jener Schicht so wie das erst spätere Einrücken der Zellkörper in dieselbe seien vielmehr nur scheinbar; jene Substanz erscheine allerdings „auf Durchschnitten kernlos"; „wenn man jedoch einen Streifen aus der Cornea heraussehneidet und ihn zu einer Falte umschlägt, so dass das Epithel nach einwärts gekehrt ist, so gelingt es doch, vereinzelte Kerne in der Grundsubstanz wahrzunehmen." — LIEBERKÜHN scheint also den Ergebnissen dieses Verfahrens mehr Werth und Sicherheit beizulegen als demjenigen der Durchmusterung einer continuirlichen Serie dünner mikroskopischer Schnitte mit starken Systemen. „Wenn es beim Vogelauge Schwierigkeiten macht", fährt LIEBER-KÜHN fort, „die Zellkörper in dem Gewebe der Cornea zu dieser Zeit zu finden, so sieht man sie dagegen beim Säugethierauge stets mit der grössten Leichtigkeit und in grosser Zahl auf jedem beliebigen Durchschnitt, (vgl. Fig. 52). — Da nun die Cornea auch schon, wo sie homogen erscheint, Zellkörper besitzt, und sie niemals verliert", so könne er meiner „Annahme nicht beistimmen, dass diese erste Anlage nur aus Grundsubstanz bestehe, in welche die Zellen erst nachträglich einwandern. Sie werden aber nur in grossen Mengen am Rande zuerst leichter sichtbar, später auch gegen die Mitte zu. So lange die Zellkörper in der Cornea schwer sichtbar sind, durfte von einer zellfreien Grenzschicht nicht die Rede sein; erst wenn die Zellen überall deutlich hervortreten" u. s. w.

Auch ARNOLD (2. S. 50) bestreitet — auf Grund seiner Untersuchungen an Rindsembryonen — die Richtigkeit meiner Angaben über die Entwickelung der Cornea beim Hühnchen und Triton; er kann meiner „Annahme", dass die Zellen erst später einwandern, nicht beipflichten, weil er „zu jeder Zeit und in jedem Stadium der Entwickelung nachweisen konnte, dass das Gewebe, aus welchem die Hornhaut wird, Kerne eingebettet enthält; — mit zunehmender Dicke der Hornhaut werden sie zahlreicher und von einer feinkörnigen Protoplasmamasse umlagert" (?). Auch bezüglich der Bildung des Endothels könne er meiner „Annahme, dass dasselbe von den Seiten her über die Hornhautfläche sich wegschiebe", nicht beipflichten; seinen „Beobachtungen zufolge entsteht es in loco gleichzeitig mit der sich vollziehenden Scheidung des vor der Linse gelegenen Fortsatzes des mittleren Keimblattes in Cornea einerseits und Membrana capsulo-pupillaris und pupillaris andererseits." Diesen Darstellungen gegenüber habe ich zunächst im Allgemeinen nur daran zu erinnern, dass es unzulässig ist, die an einem einzigen Repräsentanten einer einzigen Thierklasse gewonnenen Erfahrungen so ohne weiteres zu verallgemeinern, geschweige denn darnach die vorliegenden abweichenden Befunde in anderen Thierklassen corrigiren zu wollen oder gar zu beanstanden; denn dieses Verfahren involvirt die Voraussetzung einer bis in die kleinsten Details gehenden absoluten Identität der Entwickelungsvorgänge bei den aufeinander bezogenen Thierklassen — eine Voraussetzung, welche consequent durchgeführt jeden Unterschied zwischen diesen Thieren aufheben würde, und welcher somit nicht nur selbstverständlich die thatsächlich bestehende Verschiedenheit dieser Thiere, die doch nur durch eine irgendwo beginnende Divergenz resp. Differenzen der Entwickelungsvorgänge zu Stande kommen kann, sondern auch das vollkommen sichere Ergebniss der Entwickelungsgeschichte entgegensteht, dass auch bei einander anscheinend sehr nahe stehenden Gliedern ein und derselben Thierklasse noch viel weiter zurück datirende und viel fundamentalere Verschiedenheiten der Anlagen und Bildungsvorgänge vorkommen als diejenigen, um die es sich hier handelt. — Ganz besonders aber verbietet sich die Verallgemeinerung der von ARNOLD gemachten Beobachtungen insofern als nach diesen die Entwickelung der Cornea im Zusammenhang mit der Bildung der Pupillarmembran vor sich gehen soll und hätte vielmehr in diesem Umstand gerade eine Aufforderung gefunden werden müssen, diesen Modus der Cornea- resp. Endothelbildung ausdrücklich auf diejenige Thierklasse zu beschränken, in welcher eine Pupillarmembran bisher ausschliesslich allgemein angenommen wird: auf die Säuger; bei anderen Thieren ist eine Pupillarmembran nicht bekannt und um ihre Nichtexistenz bei den Vögeln wusste schon HALLER (vgl. auch KÖLLIKER 21. S. 297); bei diesen kann also auch die Cornea resp. das innere Epithel nicht durch Spaltung eines Kopfplattenfortsatzes in Cornea und Pupillarmembran entstehen — abgesehen davon, dass wie wir in Cap. IV gesehen haben, auch der sich spaltende und dadurch nach SERNOFF's, LIEBERKÜHN's Angaben beim Hühnchen die Cornea und die Linsenkapsel liefern sollende Kopfplattenfortsatz überhaupt gar nicht vorhanden ist.

Auf die vermeintliche Existenz und Spaltung dieses Fortsatzes mittleren Keimblattes vor der Linse gründete, wie S. 18 erwähnt, SERNOFF die Berechtigung, die Entstehung der vorderen Augenkammer mit der Bildung der Pleuro-peritonealhöhle in Parallele zu setzen, während W. MÜLLER (35. p. XXXIII) dieselbe „mit den Gelenkbildungen in eine Reihe" stellte.

selbe den vom mittleren Keimblatt gelieferten Bestandtheilen der Cornea zugezählt, in der Meinung, dass sie von denjenigen Zellen, welche ich nach der Abschnürung der Linse zwischen dieser und dem Hornblatt (resp. der ersten Anlage der Cornea) liegend fand und damals nur als durch die Augenblasenspalte hierher gewanderte Kopfplattenelemente zu deuten wusste, hervorgebracht werde: diese Zellen liessen die damals mir vorliegenden Präparate nicht mit derjenigen Sicherheit und Schärfe, wie die seitdem gewonnenen, als stets bestimmt ausserhalb der hyalinen Schicht liegend und scharf gegen dieselbe abgegrenzt erkennen; vielmehr schien mir das Protoplasma einiger derselben ohne recht scharfe Grenze in jene Schicht überzugehen (19. S. 15. o.) und dieses Verhalten zur Annahme eines genetischen Zusammenhanges zwischen diesen Zellen und jener Schicht zu berechtigen. — Diese Auffassung konnte insofern nicht befriedigen, als, nachdem die geringe Anzahl jener Zellen zur Herstellung der allerersten Anlage der Grundsubstanz verbraucht war, für deren weiteres Wachsthum kein Material mehr vorhanden war und ihre rasche und so bedeutende Dickenzunahme, wie ich 19. S. 21 ausdrücklich hervorheben musste, vollkommen unverständlich blieb. — Die durch letzteren Umstand veranlasste Wiederaufnahme und Weiterführung der Untersuchungen über diese Frage hat nun ergeben, dass meine obige Herleitung der in Rede stehenden Schicht aus dem mittleren Keimblatt in der That eine irrthümliche, und sogar auf einem doppelten Irrthum beruhende gewesen ist: jene Zellen zwischen Linse und Hornblatt nämlich haben weder an der Bildung der Cornea irgend welchen Antheil, noch auch gehören sie dem mittleren Keimblatt an; sie sind weder eine Fortsetzung der die Augenblase rings umgebenden Kopfplatten etwa in der Art, wie Babuchin sich dies denkt (vgl. o. S. 51.), noch auch durch die Augenblasenspalte hierher vorgedrungen, sondern weiter nichts — als die Reste des S. 8 und 9 und S. 51 bereits erwähnten Linsenstiels; dieser bildet unmittelbar nach Abschnürung der Linse ein Häufchen von Zellen (Fig. 9), welche allmälig in demselben Maass als die ursprünglich (auch in Fig. 9 noch) vorhandene Concavität der distalen Linsenwand an der Abschnürungsstelle in eine Convexität übergeht, von hier verdrängt werden und über die distale Linsenfläche hin sich vertheilen[1]). Diese Zellen entstammen also dem Hornblatt; es würde also auch jene hyaline Schicht, falls dieselbe aus ihnen hervorginge, ein Derivat nicht des mittleren, sondern des oberen Keimblattes sein.

Der früher von mir angenommene genetische Zusammenhang zwischen beiden besteht aber überhaupt nicht; gegen denselben spricht, abgesehen von den schon erwähnten Umständen, nämlich 1) dass jene Zellen stets *ausserhalb* der genannten Anlage liegen, und 2) dass das nach ihrem Untergang erst beginnende Dickenwachsthum der bezüglichen Schicht vollkommen unerklärlich erscheint — auch noch 3) dass die allerersten Spuren der structurlosen Schicht nicht an der Stelle sich finden, wo jene Zellen ursprünglich lagen und auch später am häufigsten angetroffen werden, nämlich am Linsenpol, sondern entfernt von diesem (vgl. Fig. 10 A. u. B. mit Fig. 9) in der Nähe des Augenblasenrandes, bis wohin die zu Grunde gehenden Kerne nur ganz vereinzelt verschlagen zu werden scheinen (so zufällig in dem Fig. 10 B. abgebildeten Schnitt); 4) dass es Thiere gibt, bei denen zwischen Linse und

---

1) Siehe Babuchin's (1) Fig. VIII.

Hornblatt ursprünglich überhaupt gar keine Zellen sich finden, so — s. o. Cap. II. S. 15 — bei den Säugern, bei denen der Ueberschuss an Zellen bei der Abschnürung der Linse in die Höhle der letzteren hinein verfällt; bei diesen müsste mithin das Material für die Entwickelung der ersten Anlage eines so wichtigen Organtheiles, der Cornea, ein anderes sein als beim Hühnchen — eine Annahme, zu der man sich schwerlich verstehen wird. Der so eben erwähnte Befund bei Säugern kann vielmehr nur dazu angethan erscheinen, in Bezug auf die weiteren Schicksale der Linsenstielreste des Hühnchens diejenige Ansicht zu unterstützen, welche auch nach meinen resp. Präparaten von diesem selbst als die einzig zulässige erscheint, nämlich: dass dieselben durchaus keine morphologische Verwerthung finden, sondern, ebenso wie jene bei Säugern in die Linsenhöhle abgesetzten Zellen, einfach sich auflösend zu Grunde gehen: Fig. 9 ist jeder Kern noch reichlich von Protoplasma umgeben, Figg. 10 u. 11 erscheinen die Kerne nackt, in den folgenden Stadien sind sie gänzlich verschwunden.

Muss demnach sowohl auf Grund der Beobachtung am Hühnchen selbst als aus Rücksicht auf die einschlägigen Verhältnisse bei Säugern, die Betheiligung der in meinen Figg. 9—11 abgebildeten, von BABUCHIN irrthümlich als in eine Membran eingehüllt dargestellten Zellen beim Aufbau der Cornea bestimmt in Abrede gestellt werden, so bleibt für die Entstehung der hyalinen Schicht, da anderweitige freie Zellen, welche das Material dafür liefern könnten, an der Stelle, wo sie entsteht, nicht vorhanden sind, nur die Möglichkeit, dass sie durch *Ausscheidung* gebildet wird. Diese Ausscheidung kann man sich ausgehend denken nur entweder von den Kopfplatten oder vom Hornblatt. Die Figg. 10 B. und 11 sprechen gewiss zu Gunsten der letzteren Annahme; denn während die Ausläufer der Kopfplatten nur bis an den peripheren Rand der hyalinen Schicht heranreichen und gar nicht abzusehen ist, warum eine von ihren Elementen etwa gelieferte Ausscheidung nicht da, wo sie vor sich geht, sondern gerade an einer Stelle, wo Kopfplattenelemente *nicht* vorhanden sind, sich ablagern sollte, deckt das Hornblatt die hyaline Schicht in ihrer ganzen Ausdehnung. (Vgl. auch Fig. 13 A.)

Triton.

S. Taf. V. Die einzelnen Bestandtheile der Cornea treten bei Triton in derselben Reihenfolge auf, welche wir schon beim Hühnchen kennen gelernt haben. Zuerst vorhanden ist natürlich auch hier das *Epithel*. Die Vergleichung von Fig. 57 h. mit Fig. 64 e. a. zeigt, dass das Hornblatt in derjenigen Ausdehnung, in welcher es die spätere Cornea überzieht, ausser einer ganz geringen Abplattung seiner Zellen, auch späterhin gar keine Veränderung erfährt.

An das Epithel bildet sich die bekannte hyaline Schicht, die erste Spur der *Grundsubstanz der Cornea propria*, an. Sie ist in Fig. 60 in der ganzen Ausdehnung des Epithels bereits, und zwar in gleichmässiger Dicke vorhanden. In Goldpräparaten (Fig. 60) zeigt sie sich ebenso hell und blass wie diejenige des Hühnchens bei Osmiumbehandlung, in Carminpräparaten (Fig. 61 ff.) stark gefärbt — in beiden aber absolut homogen und texturlos. Schon sehr früh scheint sie eine bedeutende relative Festigkeit zu besitzen; in dem Fig. 60 B. gezeichneten Präparat hat sie, so dünn wie sie ist, der Verletzung, welche dasselbe beim Einschliessen erfahren hat, Widerstand geleistet, während das Hornblatt gerissen ist.

In dem Stadium von Fig. 60 hat auch die Bildung des *inneren Epithels* bereits begonnen: von den Kopfplatten aus haben die 2—3 Schichten spindelförmiger Zellen, welche in concentrischer Lagerung die äussere Lamelle der secundären Augenblase umgeben, sich nach der vorderen Augenkammer hin vorgeschoben; die innerste von diesen Schichten zieht sich an der Aussenfläche der Pigmentlamelle bis an den Pupillarrand hin, um die Iris bilden zu helfen; eine zweite einzellige Schicht rückt in derselben Weise wie beim Hühnchen längs der Innenfläche der hyalinen Schicht der Corneaanlage gegen deren Mitte hin vor, welche sie in einem zwischen den Figg. 61 und 62 gelegenen Stadium erreicht.

Der damit gegebenen Herstellung des inneren Epithels folgt unmittelbar die bei Triton in höchst beachtenswerther Weise sich vollziehende Einwanderung der *Corneakörperchen*: Fig. 62 zeigt eine einzellige Schicht derselben schon fast bis an den Pol der Corneaanlage vorgedrungen; statt der einen hyalinen Schicht von Figg. 61 und 62 sind jetzt deren zwei vorhanden, welche jene Zellenlage zwischen sich aufgenommen haben. Der ersten eingewanderten Zellenlage folgt dann bald eine zweite, dieser eine dritte u. s. w. — jede von vornherein *einzellig*, von der benachbarten durch je eine Lamelle hyaliner Substanz getrennt: mit der Zahl der einwandernden Zellenschichten nimmt also auch die der Lamellen stetig zu. Dies setzt sich so fort, bis die sehr ansehnliche Dicke der erwachsenen Cornea (Fig. 64) erreicht ist.

Die Vermehrung der Zahl der Lamellen der Grundsubstanz dachte ich mir früher (19. S. 21) dadurch zu Stande gekommen, dass die ursprünglich (Figg. 60 und 61) vorhandene sich spaltet (Fig. 62), von den zwei dadurch entstandenen jede wiederum eine Spaltung eingeht, um dem Eindringen je einer neuen einzelligen Schicht von Corneakörperchen ein Interstitium zu bieten u. s. f. Eingehendere spätere Beobachtungen haben mir nicht die gewünschte Bestätigung für diese Erklärung geboten; wäre dieselbe richtig, so müsste man nämlich erwarten, in Präparaten von dem Fig. 63 gezeichneten und etwas älteren Stadien auch in den dem inneren Epithel näher liegenden Lamellen gelegentlich den Spaltungsvorgang als eben sich einleitend oder vollziehend zur Anschauung zu bekommen; ich habe aber nach Bildern, welche dies unzweifelhaft darthäten, vergeblich gesucht: vielmehr scheinen, je näher der Innenfläche der Cornea, desto mehr die Zellenschichten durchweg continuirlich über die ganze Breite der Cornea hinüberzulaufen, die Lamellen mithin durch dieselben vollständig von einander getrennt zu sein[1]: nur in der unmittelbaren Nähe des Hornblatts trifft man Lamellen, die in der Polgegend noch in grösserer Ausdehnung, so weit die Corneakörperchen noch nicht zwischen dieselben vorgedrungen sind, sich berühren; doch auch hier wird man, wenn man die Einzelheiten der Bilder genau ins Auge fasst, nicht den Eindruck sich vollziehender dichotomischer Spaltungen vorher einheitlicher Lamellen gewinnen, sondern den, dass die numerische Zunahme der letzteren bewirkt wird durch eine successiv sich wiederholende Neubildung und Ablösung solcher Schichten vom Hornblatt her, in folgender Weise:

Wenn die zuerst vorhandene hyaline Schicht eine gewisse Dicke (Figg. 60 und 61) erreicht hat, wird dieselbe vom Hornblatt abgedrängt durch eine zweite an dieses sich an-

---

[1] In sehr exquisiter Weise gewinnt man diesen Eindruck auch an der Cornea der Eidechse in dem Fig. 80 gezeichneten Stadium.

bildende hyaline Schicht; in das zwischen beiden Schichten entstehende Interstitium dringt von der Peripherie her eine einzellige Lage der spindelförmigen Kopfplattenelemente, die sich vorher schon in einem spitzen Winkel gegen das Hornblatt am Rand der Corneaanlage gestellt hatten, ein (Fig. 62); sobald dieselben von allen Seiten her im Pol der Cornea zusammentreffen, ist die erste hyaline Schicht von der unterdess zu der gleichen Dicke entwickelten zweiten vollständig gesondert. Ebenso wie die erste durch die zweite, wird dann die zweite durch eine dritte neu sich bildende Schicht vom Hornblatt und darauf durch eine zweite einwandernde Lage von Kopfplattenelementen von der dritten Schicht isolirt; diese wieder vom Hornblatt durch eine vierte neue Schicht und von letzterer durch eine dritte Zellenlage u. s. f. Die Einwanderung der Corneakörperchen würde also, bis die definitive Zahl von Lamellen und Zellenlagen erreicht ist, immer nur zwischen die zuletzt vom Hornblatt abgelöste und die eben in der Anbildung an dieses begriffene hyaline Schicht (Lamelle) stattfinden. Nur zu dieser Vorstellung von dem Hergange passt auch der in Fig. 64 deutlich hervortretende Umstand, dass die Sclera — (alles was zwischen den beiden Pigmentschichten liegt, gehört der Chorioidea resp. Ciliarmuskel und Lig. pectinatum an) durch eine so schmale Brücke in die Cornea und zwar, wie man aus der Richtung des Längsdurchmessers der Zellen in diesem Uebergangstheil entnehmen darf, nur in deren dem Epithel nächstliegende, i. e. zuletzt gebildete Schichten übergeht.

Die zuerst entstandene hyaline Schicht (Fig. 60) ist zur Membrana Descemeti (elast. poster., inneren Grenzschicht), die letztentwickelte zur elast. anter. oder äusseren Grenzschicht geworden.[1]

Fragen wir schliesslich, wie oben in Bezug auf die Grundsubstanz der Cornea des Hühnchens, nach der *Herkunft* der Masse, welche die Cornealamellen des Triton bildet, so muss bei der Beantwortung auch hier wieder davon ausgegangen werden, dass diese Masse, da dieselbe auch bei Anwendung der stärksten Systeme weder in der ersten noch in den später auftretenden Lamellen jemals eine Spur von Zellen oder Zellenresten aufweist, nur ein Ausscheidungsproduct sein kann. Dass dieses aus denjenigen Zellen oder zellenähnlichen Gebilden hervorgehen sollte, welche in den Figg. 58 und 59 in dem später zur vorderen Augenkammer werdenden Raume liegen, ist nicht anzunehmen; denn abgesehen von allem anderen (s. 19. S. 20 o.) könnten dieselben ja, wenn überhaupt eine, so nur die allererste Lamelle erzeugen; sobald an diese das innere Epithel sich angebildet hat, ist durch letzteres die Corneaanlage gegen die Augenkammer hin abgeschlossen, und das Material für die folgenden Lamellen müsste also von anderswoher zufliessen als dasjenige für die erste — was gewiss Niemand wollen wird. Demnach dürften bezüglich der Entwickelung der Grundsubstanz der Cornea auch für Triton nur dieselben 2 Möglichkeiten in Betracht kommen, welche oben für diejenige des Hühnchens aufgestellt wurden und wird wohl auch die Wahl zwischen diesen beiden hier kaum anders ausfallen als dort; denn dass die erste aus Hornblatt sich anbildende Schicht von den Kopfplatten in der Umgebung der Augenblase, von der Peripherie her über die vordere Augenkammer sich vorschiebe, ist bei Triton nicht wahrscheinlicher als beim

---

[1] Da die zur Membrana Desc. werdende Schicht früher vorhanden ist als das innere Epithel, so kann letzteres nicht als Matrix jener angesehen werden (gegen W. MÜLLER 35. S. 38.).

Hühnchen; für die *nach* dieser ersten sich bildenden Schichten oder Lamellen aber etwa von den einwandernden Zellenlagen das Material geliefert zu denken, ist desswegen unthunlich, weil, wie oben dargelegt, die zweite Schicht am Hornblatt *früher* vorhanden ist als die erste Zellenlage zwischen den Lamellen.

Nach alledem bleibt also wohl für die Entstehung der Cornealamellen des Triton keine andere Annahme übrig, als diejenige, welche nach der eigenthümlichen Art und Weise ihres Auftretens auch a priori schon als die wahrscheinlichste erscheinen muss, nämlich die durch *successive schichtweise Ausscheidung aus dem Hornblatt* selbst.

Säuger.

Das Hornblatt liegt bei Schaafsembryonen der Linse nach deren Abschnürung in beträchtlicher Ausdehnung unmittelbar an — Taf. VI. Fig. 84; Fig. 85 zeigt beide nur wenig von einander entfernt, den Zwischenraum ausgefüllt von einer homogenen lichten Masse; ausser dieser ist dann bei einem noch etwas älteren Embryo vom Rind Taf. VI. Fig. 86 noch eine einfache, der distalen Linsenwand (resp. Kapsel) unmittelbar aufliegende Zellenschicht vorhanden, deren Fortsetzung über einige kleine Gefässlumina auf der Linsenkapsel und über die spätere vordere Augenkammer hinweg bis in die Kopfplattenmasse zwischen dem Umbiegungsrand der Augenblase und dem Hornblatt sich verfolgen lässt. Zwischen diesem Zellenzug und dem Hornblatt finden sich auch in der lichten Masse Zellen — Ausläufer der Kopfplatten — eingestreut; dieselben reichen jedoch nur bis zu der mit ek bezeichneten Gegend; von hier nach dem Pol hin ist die Masse vollkommen homogen und zellenlos. Gegen die vordere Augenkammer zeigt diese Masse durchaus nicht die scharfe Abgrenzung wie die erste Anlage der Cornea propria beim Hühnchen und Triton; dies ist auch in den Taf. V. Figg. 68 und 69 gezeichneten Präparaten von der Maus nicht der Fall; erst wenn die Zellen des Endothels näher aneinanderrücken und sich präciser ordnen (vgl. Taf. V. Figg. 70 und 71 A.), tritt sowohl hierdurch als auch durch das gleichzeitige Dunklerwerden der inneren, dem inneren Epithel nächstliegenden Zone ihre Abgeschlossenheit gegen die Augenkammer hin deutlich hervor. Dieses Dunklerwerden der genannten Zone beruht nicht etwa auf einer lebhafteren Reaction derselben gegen Osmiumsäure, auf intensiverer Färbung, sondern darauf, dass hier bereits der Process begonnen hat, durch dessen Ablaufen in der Anlage der Cornea diejenige innere Anordnung sich herstellt, welche für ihr Gewebe im entwickelten Zustand so charakteristisch ist: die Corneakörperchen, welche während und unmittelbar nach ihrer Einwanderung noch ganz das Aussehen der indifferenten Kopfplattenelemente zeigten und keine bestimmte Gruppirung erkennen liessen, stellen sich, unter gleichzeitiger Abplattung und Verlängerung ihres Querschnittes, in immer deutlicher hervortretende continuirliche, den Corneaflächen concentrische Schichten — im Querschnitt: Reihen, deren einzelne Glieder durch längere oder kürzere Ausläufer und Fortsätze mit einander sich verbinden; die Grundsubstanz erscheint nun gleichfalls in Form von concentrischen Schichten, Lamellen, welche alternirend zwischen den Zellenschichten liegen und diese von einander trennen. Diese Zellenreihen liegen dichter an einander, haben schmalere Schichten von Grundsubstanz zwischen sich, als die noch unveränderten Zellen der Corneaanlage; da nun in Osmiumsäure die Zellen sich dunkler färben als die Grundsubstanz, so müssen diejenigen Partien der Cornea, in welchen die Zellen resp. Zellenreihen dichter stehen, auch dunkler sich ausnehmen (vgl. Taf. V. Figg. 70 und 71 B.). — Von der so eben beschriebenen Veränderung werden allmälig sämmtlichen Schichten der Cornea betroffen, und zwar schreitet der Process stetig in der Richtung von dem inneren nach dem äusseren Epithel hin vor: Fig. 70 ist noch fast die ganze Corneaanlage, Fig. 71 nur die äussere Hälfte, Fig. 73 nur noch eine ganz schmale, der elast. ant. unmittelbar angrenzende Zone von mehr rundlichen, den noch indifferenten Kopfplattenelementen ähnlichen Zellen eingenommen. Präparate von entsprechend alten Schafsembryonen bestätigen mir dies.

Wenn ich nun zunächst die den Figg. 84—86 entnommenen Beobachtungsthatsachen über die Entwickelung der Cornea — unter der Voraussetzung, dass dieselbe bei Schaaf und Rind wesentlich identisch ist, mithin die genannten Figuren aufeinander bezogen werden dürfen — dahin deute, dass auch bei Schaaf und Rind an dem zum Corneaepithel werdenden Bezirk des Hornblatts zuerst eine hyaline Schicht, an diese dann das innere Epithel sich anbildet und darauf sofort die Einwanderung der Corneakörperchen in jene hyaline Schicht beginnt, so kann dagegen möglicherweise der Einwand erhoben werden, dass der Mangel eines bestimmt abgrenzenden Contours oder einer verschiedenen Färbung ebenso gut zu der Annahme berechtige, dass diese hyaline Masse zwischen Hornblatt und Linse nur ein Theil des die ganze vordere Augenkammer ausfüllenden Flüssigkeitsgerinnsels sei. Dem gegenüber habe ich zu Gunsten meiner Auslegung anzuführen: 1) nur unter der Voraussetzung einer gewissen Abgeschlossenheit der ersten Anlage der Grundsubstanz der Cornea propr. gegen die Augenkammer hin ist es verständlich, warum die erste nach dem distalen Pol hinwandernde Kopfplattenzellenschicht zwischen diese Anlage und die Linse, und nicht irgend wie in die homogene Masse hinein dringt; letztere muss gegen die Augenkammer hin eine Fläche besitzen, welche jenen Zellen diesen Weg anweist; — 2) geht aus der, auch gerade auf das Schaaf sich beziehenden, oben citirten ganz bestimmten Angabe Hensen's hervor, dass bei geeigneter Behandlung diese Masse als dem Hornblatt anliegendes „Basalmembran"-artiges Gebilde sich präsentirt; es würde also nur darauf ankommen, eine Behandlungsweise der Objecte kennen zu lernen, welche, ohne irgend welche anderweitigen nachtheiligen Einflüsse auf dieselben auszuüben, diese Schicht schärfer begrenzt[1] hervortreten lässt.

Der soeben erwähnte Umstand, dass die erste Kopfplattenzellenlage immer längs der Innenfläche der hyalinen Schicht, *niemals zwischen diese Schicht und das Hornblatt* vordringt, ist noch in einer zweiten Beziehung von Interesse insofern als er nicht nur auf die bereits erörterte Abgeschlossenheit gegen die Augenkammer, sondern auch auf eine zur Zeit des Beginnes dieser Zellenwanderung noch bestehende feste Verbindung und innigen Zusammenhang dieser Schicht mit dem Hornblatt schliessen lässt — ein Zusammenhang der seinerseits wieder die Vermuthung einer genetischen Zugehörigkeit derselben zum Hornblatt nahe legt und aus dieser jedenfalls am einfachsten sich erklärt. Dies zugegeben, stellt es also auch für Schaaf und Rind

---

[1] Mir selbst liegen Präparate vor, welche gerade *dieser* Forderung besser genügen als das Fig. 86 gezeichnete; dieselben sind aber in anderer Hinsicht nicht ganz gelungen, daher ich, obgleich dieselben für mich überzeugend sind, von ihrer Verwerthung nach aussen hin Abstand nehmen zu müssen geglaubt habe.

als das wahrscheinlichste sich heraus, dass die zellenlose hyaline erste Anlage der Grundsubstanz der Cornea aus dem Hornblatt hervorgeht, ein Ausscheidungsproduct desselben ist [1]).

Wird sonach die erste Anlage der Cornea bei Säugern in derselben Weise gebildet, wie beim Hühnchen und Triton, so muss man a priori schon erwarten, dass auch die weitere Entwickelung eine wenigstens *wesentlich* mit derjenigen jener übereinstimmende, d. h. durch fortgesetzte Einwanderung von Zellen und fortgesetzte Production von Grundsubstanz sich vollziehende sein wird. Dass erstere, eine fortgesetzte Einwanderung von Zellen in die Corneaanlage wirklich stattfindet, dürfen wir daraus schliessen, dass die numerische Zunahme derselben zu massenhaft und zu rasch vor sich geht, als dass sie durch blosse Proliferation in loco erklärt werden könnte. Aber noch mehr: der Gedanke liegt nahe, dass unter den Corneazellen diejenigen, welche zuerst durch die S. 91 beschriebene Veränderung zu ihrer definitiven Form und Anordnung gelangen, die ältesten, zuerst eingewanderten, und diejenigen, welche diese ihre Entwickelung am spätesten beendigen, die zuletzt hinzugekommenen sind; da jene Veränderung in der dem inneren Epithel nächstliegenden Schicht beginnt und von dieser stetig nach dem Hornblatt hin fortschreitet, so müssen wir also hier (d. i. bei den Säugern) dieselbe in der Richtung vom inneren Epithel nach dem Hornblatt hin stetig abnehmende Altersfolge der Schichten annehmen, welche wir bei Triton fanden, und — wenn wir die gleiche Erscheinung auf die gleiche Ursache zurückführen — zu dem Schluss gelangen, dass auch bei Säugern die einwandernden Kopfplattenelemente immer nur in die dem Hornblatt unmittelbar anliegende Zone der Corneaanlage eindringen und dass die bereits vorhandenen Schichten (incl. Membr. Desc. und inneres Epithel) um so mehr vom Hornblatt sich entfernen, je mehr neue Einwanderungen sich zwischen sie und das Hornblatt einschieben.

Was die Grundsubstanz anlangt, so hat ROLLETT[2]) angegeben, dass die die Cornealamellen bildende „helle Masse" erst auftritt, nachdem die ursprünglich runden Zellen sich bereits abgeplattet haben; bis dahin liegen dieselben (und auch die bereits abgeplatteten noch) „dicht übereinander, wie die Zellen in den oberen Lagen eines Plattenepithels". Ich kann diese Angabe nicht bestätigen; nicht nur bei Mäuse- sondern auch bei Schaafsembryonen finde ich in allen Stadien die Zellen in der Hornhaut-Anlage durch Zwischensubstanz von einander getrennt und isolirt; und zwar scheint — wie die ersten Ausläufer der Kopfplatten diese Masse vorgebildet vorfanden (Fig. 86) — so auch weiterhin stets ein genügender Vorrath derselben vorhanden zu sein, um die neu eintretenden Zellen in sich aufzunehmen, wenigstens findet sich in allen Stadien bei Maus sowol als beim Schaafe in derjenigen Zone der Cornea-Anlage, in welche die Einwanderung stattfindet, i. e. in der unmittelbaren Nähe des Hornblatts eine grössere Menge derselben angehäuft (in den Präparaten als hellerer, zellenloser Streifen zwischen dem Hornblatt und den Körperchenschichten erscheinend, vgl. namentlich Figg. 70 und 72); hier muss also eine fortlaufende Production solcher Masse stattfinden, die wir uns nach allem doch schwerlich anderswoher als vom Hornblatt ausgehend denken können. So drängt also auch hier wieder Alles zu der Annahme,

---

1) Diese Deduction hat auch für das Hühnchen und den Triton Gültigkeit und kommt für diese als weiteres zu den oben schon für die Ausscheidung aus dem Hornblatt beigebrachten Argumenten hinzu.

2) STRICKER's Handbuch der Lehre von den Geweben, S. 1129.

dass auch bei den Säugern die Grundsubstanz durch fortgesetzte Ausscheidung vom Hornblatt geliefert werde; nur geschieht dies hier nicht unter Bildung solcher massiger und von vornherein starrer Lamellen wie bei Triton, vielmehr scheint erst später in der anfangs zarten, festweichen, jeder Form der in ihr liegenden Zellen sich anschmiegenden Substanz eine Art von Erstarrung und Verdichtung einzutreten, durch welche dieselbe sich consolidirt und in immer deutlicher hervortretende Schichten streckt, und könnte vielleicht auch dieser in dem vom Hornblatt entferntesten ältesten Theil derselben zuerst auftretende Vorgang die Ursache der Abplattung und regelmässigen Reihung der Hornhaut-Zellen sein, für welche man sich in diesen Körperchen selbst doch kein selbstständiges Motiv vorhanden denken kann.

Cap. IV ist mitgetheilt worden, dass SERNOFF als Stützmoment für die bindegewebige Natur der Linsenkapsel die physikalische und chemische Gleichartigkeit oder Aehnlichkeit derselben mit der Membrana Descemeti anführt. Da ich in jenem Capitel die *nicht-bindegewebige* Natur der Linsenkapsel unzweifelhaft festgestellt zu haben glaube, so kann ich meinerseits aus der angegebenen Gleichartigkeit beider Membranen, wenn überhaupt einen, so nur *den* Schluss ziehen, dass auch die Membrana Descemeti — und da diese nur ein persistirender Theil der Anlage der Cornea propria ist, auch diese letztere nicht-bindegewebiger Natur ist, — ein Ergebniss, welches das auf entwickelungsgeschichtlichem Weg in dieser Hinsicht von uns ermittelte also nur bestätigen würde.

Für die Annahme einer *Conjunctiva corneae* finde ich in der Entwickelungsgeschichte keinen Anhalt; denn nach aussen von der elastica anterior habe ich bei den von mir untersuchten Embryonen zu keiner Zeit irgend ein anderes Gewebe als das aus dem Hornblatt sich bildende Epithel allein nachweisen können. — Die Gefässe in der embryonalen Cornea liegen, soweit meine Beobachtungen reichen, nach innen von der elast. anterior — vgl. Taf. V. Figg. 72. 73; auch habe ich dieselben niemals weiter vorgedrungen gefunden als in meiner Fig. 72.

SIEBENTES CAPITEL.

ENTWICKELUNG DER IRIS UND DER CILIARFALTEN.
(GLIEDERUNG DER SECUNDÄREN AUGENBLASE.)

Die Durchmusterung der bezüglichen älteren Literatur ergibt, dass v. Baer und Remak die einzigen sind, welche die Entwickelung der in Rede stehenden Theile zu verfolgen gesucht haben. Dabei fand v. Baer, dass die vordere Zone der inneren Lamelle der secundären Augenblase sich verdünne und am 7. Tage schon als Strahlenblättchen sich zu erkennen gebe, scharf von der eigentlichen Netzhaut gesondert; „an derselben Stelle, wo die Netzhaut aufhört, sieht man nun auch in der dunkelen Haut eine Trennung in Aderhaut und Ciliarkörper"; er sagt aber selbst, dass er nicht ins Klare darüber habe kommen können, *wie* das Strahlenblättchen und der Ciliarkörper sich bilden — ob durch „eine wahre Trennung oder ob nur die Netzhaut und Aderhaut sich von der Linse zurückziehen und das Strahlenblättchen und der Ciliarkörper neu hinzugekommene Theile sind" (l. c. I. Theil, S. 105. 122); im II. Theil 1837, S. 114 aber giebt er ganz bestimmt an: „die Netzhaut sah ich zuerst bis an die Linse hinan reichen, dann aber von derselben sich abziehen, mit Zurücklassung des Strahlenblättchens". Letzteres „scheint an der Linsenkapsel aufzuhören oder mit ihr verwachsen zu sein". Von der *Iris* giebt v. Baer nur an, dass sie als sehr schmaler ungefärbter Ring an der Oeffnung der Gefässhaut gegen Ende des 10. Tages entstehe; zwischen dem 11.—13. Tag färbe sie sich vom Pupillarrand aus.

Remak (l. c. S. 35) begnügt sich mit der kurzen Notiz, dass der Anflug schwarzen Pigments auf der äusseren Fläche der Augenblase (d. h. — wie aus dem folgenden Satz sich ergiebt — *die* äussere Lamelle) die gemeinschaftliche Anlage der Chorioidea, der Processus ciliares und der Iris bilde.

Einen wesentlichen Fortschritt bildete die von Kölliker (22. S. 606), offenbar im Anschluss an seine so wichtige Ermittelung der Herkunft des Retinalpigments, gemachte Angabe, dass die Pigmentschicht an der hinteren Irisfläche wahrscheinlich „aus der äusseren Lamelle der secundären Augenblase sich entwickelt". Darnach würde also das hintere Irispigment dem Retinalpigment homolog sein.

Ich habe 19. S. 22 ff. in Bezug auf die Entwickelung der Iris und Ciliarfalten des Hühnchens und des Triton folgendes angegeben, was ich auch jetzt noch aufrecht erhalten muss:

Hühnchen.

Bereits bei der Entwickelung der Cornea ist auseinandergesetzt worden, wie die Kopfplatten sich zwischen die secundäre Augenblase und das Hornblatt, gegen die vordere Linsenfläche hin, vorschieben; der freie Rand derselben reicht zu der Zeit, wenn das innere Epithel von ihnen aus gebildet wird, fast bis an die Linse heran; eine scharfe Begrenzung desselben ist nicht vorhanden (vgl. Fig. 13); erst in einem folgenden Stadium, Figg. 15, 16., bildet die der vorderen Augenkammer zunächst liegende Zellenschicht einen schwach concaven Contur zwischen dem inneren Epithel der Cornea und dem Umschlagsrand der Augenblase, welcher letztere, der Linse anliegend, etwas mehr in die vordere Augenkammer hinein vorragt.

Zu gleicher Zeit hat in dem der Umbiegungsstelle nächstliegenden Theil der inneren Lamelle der Augenblase eine Verdünnung begonnen; sie erscheint am Ende des 7. Tages — Fig. 16. — schon recht ausgesprochen, wie die Vergleichung des Dickendurchmessers in der Nähe des Umbiegungsrandes mit dem des in der Gegend des Bulbusäquators gelegenen Theils ergibt. — An derselben Figur (und noch mehr in den folgenden Stadien, Figg. 17 und 18) springt es aber auch sofort in die Augen, dass mit dieser Verdünnung nichts weniger als ein Zurückweichen des Umschlagsrandes der Augenblase verbunden ist, dass dieselbe sich im Gegentheil weiter in die Augenkammer *vorschiebt*, vgl. Fig. 22, dass also offenbar mit der Verdünnung der inneren Lamelle eine *Flächenverbreiterung* dieses vorderen Theils der secundären Augenblase Hand in Hand geht.

Die der äusseren Lamelle zunächst anliegenden Elemente der Kopfplatten folgen in gleichem Schritt diesem Vorrücken des Pupillarrandes der Augenblase; es sondert sich dadurch in diesem Theil der Kopfplatten eine schmale innere Schicht von einer äusseren, bedeutend breiteren (der Anlage des Cornealfortsatzes, incl. Ciliarmuskel, s. S. 84); zwischen beiden Schichten bleibt am freien Rand der Kopfplatten eine Anzahl von Zellen liegen, welche weder der einen noch der anderen Schicht zufallen, sondern als Anlage eines selbstständigen Gebildes sich erweisen, indem sie durch einen sehr leicht und deutlich zu verfolgenden Umwandelungsprocess zum sog. *Ligamentum pectinatum* werden. Es fangen nämlich die Fortsätze dieser Zellen an, in die Länge ausgezogen zu werden, wozu das Zellprotoplasma fast vollständig verbraucht zu werden scheint, wenigstens gewinnen diese Zellen, die sich früher durch nichts von den übrigen indifferenten Kopfplattenelementen unterscheiden, immer mehr das Ansehen blosser (mit Kernkörperchen versehener) Kerne: es scheint auch fast, als ob sie dabei die Fähigkeit der Fortpflanzung einbüssten, denn in demselben Grad als die Fasern länger und feiner werden, rareficirt sich dieses Gewebe, bis es schliesslich ein äusserst zierliches Fasernetzwerk darstellt, in dessen Knotenpunkten jene anscheinend nackten Kerne liegen, siehe Figg. 18 21. l. p.; — die einzelnen Maschen strecken sich allmälig immer mehr in die Länge, je mehr die Fasern sich parallel zu einander lagern. Seine definitive Entwickelung erreicht das Ligamentum pectinatum wohl erst im ausgeschlüpften Hühnchen; dagegen nimmt es die Lage und Richtung, welche es im Erwachsenen beibehält, schon ziemlich früh ein: am 7. Tage (Fig. 16) bildet der die vordere Augenkammer begrenzende Zellenzug desselben, welcher das Endothel mit dem Pupillarrand der Augenblase verbindet, noch einen schwach concaven Contur; am 9. Tage (Fig. 17) aber ist die durch das concentrische Vorrücken des Pupillarrandes nach dem vorderen Linsenpol hin bedingte *spitzwinklige* Stellung gegen die Cornea schon deutlich. Diese Stellung ist beim Vogel die bleibende.

Kehren wir zur Augenblase zurück, so ist die nächste Veränderung eine am 9. oder 10. Tag in geringer Entfernung vom Umschlagsrande auftretende *Faltenbildung* beider Lamellen (Fig. 18. p. c.). Dadurch wird in dem *verdünnten* Theil der Augenblase eine Sonderung in einen vorderen und einen hinteren Theil eingeleitet; ersterer wird (mit dem ihm unmittelbar aufliegenden Theil der Kopfplatten) zur Iris, letzterer (gleichfalls mit dem ihm unmittelbar aufliegenden Theil der Kopfplatten) zu den processus ciliares. Wie die *Faltung beide* Lamellen betraf, so werden auch *beide* Lamellen der Augenblase im vorderen sowohl als im hinteren Theil in die Bildung der eben genannten Organe einbezogen.

In Bezug auf den *Kopfplattenantheil* der Iris und process. cil. kann ich mich auf die Bemerkung beschränken, dass von ihm aus selbstverständlich das eigenthümliche Iris- und Ciliargewebe (Muskeln, Bindegewebe, Gefässe u. s. w.) gebildet wird. — (Die Gefässbildung in der Iris leitet sich schon sehr früh ein; ein oder mehrere grössere Lumina sind in den Querschnitten derselben sichtbar zu einer Zeit, zu welcher in der Chorioidea nur erst eine Choriocapillaris existirt); die betreffenden *Augenblasenantheile* erfordern eine eingehendere Betrachtung:

Die Veränderungen in dem vorderen Abschnitt der Augenblase bestehen anfangs nur in einer einfachen Verdünnung der inneren Lamelle; diese bietet schon um den 10. Tag im Querschnitt das Ansehen eines einfachen *Cylinderepithels*. Wenn — wie ich nach meinen Präparaten glaube — die Behauptung BABUCHIN's (l. c. 1863. Band IV, S. 71) richtig ist, dass in der ersten Zeit nach der Bildung der secundären Augenblase die innere Lamelle aus schmalen Körperchen besteht, welche mit ihren blassen Fortsätzen die ganze Dicke der Lamelle durchlaufen, letztere also von vorn herein eigentlich nur aus einer einzigen Zellenschicht besteht und ihr geschichtetes Ansehen nur dadurch erhält, dass die Körperchen in verschiedenen Höhen in der Lamelle liegen, so kann die eben erwähnte Umwandlung in einem sehr einfachen Vorgang bestehen: die Zellkörper (resp. Kerne) lagern sich allmälig in *eine* Höhe neben einander, während zugleich die Fortsätze eingezogen und zur Vergrösserung des Zellenleibes verwendet werden. Der *Ciliartheil* der inneren Lamelle bleibt auf dieser Entwickelungsstufe stehen; im Iristheil dagegen gehen die Elemente allmälig in eine mehr *runde* Form über, während gleichzeitig *Pigment*bildung in ihnen auftritt; letztere ist in dem Fig. 21 abgebildeten Stadium schon recht vorgeschritten, jedoch noch nicht so intensiv, wie in der äusseren Lamelle. Allmälig werden durch diese Veränderungen im Iristheil die Zellen der inneren Lamelle denen der äusseren immer ähnlicher, die Grenze zwischen beiden jedoch - so dicht sie auch an einander liegen (so dass sie bei schwächeren Vergrösserungen nur eine einzige Schicht zu bilden scheinen) — so wie die Umbiegung der einen Lamelle in die andere am Pupillarrand, bleibt bis ans Ende des Embryolebens, auch bei schon recht intensiver Pigmentirung, mit stärkeren Vergrösserungen noch deutlich sichtbar. Es unterliegt wohl keinem Zweifel, dass bei passender Behandlung (Bleichung) auch in der erwachsenen Iris sich diese 2 Schichten im Pigment noch werden nachweisen lassen. (Unter den Säugethieren liefern dazu geeignete und leicht zu beschaffende Objecte die Albinos, namentlich die weissen Kaninchen.)

Das für den Entwickelungsplan der Iris und Processus ciliares des Hühnchens Wesentliche lässt sich demnach kurz dahin aussprechen: *Iris und Processus ciliares werden gebildet durch die Betheiligung* **zweier** *Keimblätter, des oberen und des mittleren, — specieller: der aus der Medullarplatte stammenden beiden Blätter der secundären Augenblase einerseits und der Kopfplatten andererseits.*

Diese Entstehung und Zusammensetzung der Iris und Processus ciliares berechtigt nun auch die genannten Bildungen, eine andere, selbstständigere Stellung zu beanspruchen, als ihnen bisher angewiesen zu werden pflegte: HENSEN (l. c. in der Tabelle „zu Seite 423") sagt, dass corp. cil. und Iris von der Chorioidea gebildet werden; KÖLLIKER (Gewebelehre, 5. Aufl. S. 659) bezeichnet die Iris als vorderen Abschnitt der Gefässhaut; HENLE (Eingeweidelehre S. 578) als vorderen Theil der mittleren Augenhaut; die Processus ciliares sind nach HENLE (l. c. S. 612) der vordere, ansehnlich verdickte Theil der Chorioidea. Nach dem obigen sind sie offenbar mehr: sie treten durch die Betheiligung der beiden Lamellen der secundären Augenblase an ihrer Bildung in eben so nahe Beziehung zur Retina, wie durch die Betheiligung der Kopfplatten zur Chorioidea. Und fasst man die *Art* des Hervorwachsens der Iris und Processus ciliares darauf hin genauer ins Auge, so wird man kaum verkennen, dass ihre Entwickelung in erster Linie sogar von der Augenblase ausgeht, und dass die Wachsthumsverhältnisse in dieser, namentlich die Differenzirungen in der inneren Lamelle den Impuls zu ihrer Entstehung geben. Durch die mit der Verdünnung gleichzeitige Flächenverbreiterung des vorderen Abschnittes der Augenblase wird der vordere freie Rand nach dem vorderen Augenpol zu vorgeschoben; die ihr zunächst anliegende Schicht des mittleren Keimblattes wird nachgezogen und dadurch von der Hauptmasse der Kopfplatten abgespalten (vgl. Figg. 16—22). Mag sie es nun sein, welche durch ihren Zusammenhang mit dem hinter ihr liegenden Theil der inneren Schicht der Kopfplatten (der Anlage der Chorioidea) der noch weiteren Vorschiebung des Augenblasenrandes als hemmender Zügel entgegenwirkt oder liegt das Hinderniss in der Anstemmung des Umschlagsrandes an die Linse [1] — die Flächenverbreiterung schafft sich durch Faltenbildung Raum und gibt so wiederum den Anstoss zur Entstehung eines zweiten Gebildes, der Processus ciliares; die Kopfplatten gehen nur in die Falten ein.

Strict beweisen kann ich diesen Causalzusammenhang freilich nicht; aber die Verdünnung der inneren Lamelle und die Flächenverbreiterung liegen klar zu Tage, während von Seiten der Kopfplatten kein ätiologisches Moment aufzufinden ist. Auch noch im Erwachsenen ist der Augenblasenantheil der am weitesten nach dem vorderen Linsenpol hin vorgeschobene Theil; er bildet allein den Pupillarrand. Beim Menschen überragt die Pigmentlamelle (nach HENLE, Eingeweidelehre, S. 630) am Pupillarrand die eigentliche Iris um 0,1 mm.

In Bezug auf das im Auge vorhandene *Pigment* sei noch folgendes zu bemerken gestattet: die *Verbreitung des von der secundären Augenblase aus gelieferten* erstreckt sich am Ende der embryonalen Entwickelung auf die äussere Lamelle in ihrer ganzen Ausdehnung und auf den Iristheil der inneren; sie setzt sich beim Vogel in der nachembryonalen Periode noch weiter fort auf denjenigen Abschnitt des Ciliartheils der inneren Lamelle, welcher die hintere Augenkammer begrenzen hilft. (Dass sich dies bei den Säugethieren ebenso verhält, darf man vermuthen nach den von FLEMMING seinen „Untersuchungen über die Ciliar-Muskel der Haussäugethiere" (M. SCHULTZE's Archiv Bd. III, Taf. XXIV) beigegebenen Zeich-

---

[1] Statt dieser letzten Worte würde ich jetzt lieber sagen: oder liegt das Hinderniss etwa darin, dass vielleicht der Pupillarrand der Augenblase durch fortschreitende Consolidirung und Festerwerden der an demselben ineinander übergehenden Lamellen bereits eine gewisse Starre und Unnachgiebigkeit erlangt hat, welche eine weitere Verkleinerung der Pupillaröffnung nicht mehr gestattet.

nungen, nach welchen beim *Kätzchen* der ganze Ciliartheil der inneren Lamelle noch unpigmentirt erscheint, während bei den übrigen, offenbar erwachsenen Thieren entnommenen Bildern der in die vordere Augenkammer sehende Abschnitt der inneren Lamelle pigmentirt ist. Letzteren finde ich auch bei einem menschlichen Foetus aus der ungefähr 32. Schwangerschaftswoche noch unpigmentirt, während in den 2 Zellenschichten an der hinteren Irisfläche die Pigmentirung vollständig und gleichmässig ist.) *Die Verbreitung des Chorioidalpigmentes* reicht in der Fig. 20 abgebildeten Entwickelungsstufe bis an den peripheren Irisrand. Seine Entwickelung beginnt an der *Aussenfläche* der Chorioidea und erstreckt sich nach innen zu nie weiter als bis an die Aussenfläche der pigmentlosen Choriocapillaris, welche es vom Augenblasenpigment trennt.

Diese Gesondertheit beider Pigmentarten lässt sich auch im erwachsenen Auge deutlich durch eine überall zwischen beiden befindliche unpigmentirte Schicht erkennen: im ganzen hinteren Bulbus-Abschnitt ist die Trennung äusserst scharf markirt durch die zwischenliegende Choriocapillaris; wo letztere aufhört, geht das Chorioidalpigment längs der meridional ins Stroma der Proc. ciliar. hineinziehenden Gefässe in dieses mit ein; nach vorn reicht es bis an den peripheren Irisrand, wo es plötzlich aufhört; nur bei sehr stark pigmentirten Individuen findet sich eine schwache Fortsetzung desselben auf die *vordere* Irisfläche; letztere Pigmentirung hat aber durchaus keine specifische Bedeutung, hat mit dem, was man mit „Irispigment" zu bezeichnen pflegt, selbstverständlich nichts zu thun, sondern ist der Pigmentbildung gleich zu setzen, welche auch in der Sclera, im Cornealfortsatz — und auch anderwärts im Körper in verschiedenen Erscheinungsformen — in den Derivaten und als Derivat des mittleren Keimblattes angetroffen wird, am massenhaftesten aber eben in der Chorioidea vorliegt. Nach der Entwickelungsgeschichte haben wir eben überhaupt nur 2 Arten von Pigment einander gegenüber zu stellen: das gesammte vom *mittleren* Keimblatt aus gelieferte dem in den Derivaten des *oberen* Keimblattes (specieller der Medullarplatte) in der secundären Augenblase und in gewissen Nervenzellen (?) sich entwickelnden.

Je nach der Entwickelung in den Derivaten des einen oder des anderen Keimblattes ist vielleicht auch die Grösse der einzelnen Pigmentkörnchen eine verschiedene; wenigstens sind die in der Chorioidea nach Rosow („Ueber das körnige Augenpigment", in Gräfe's Archiv IX. Abth. III, S. 64) „unendlich feiner und weniger stark conturirt" als die in den „Epithelialzellen der inneren Oberfläche der Gefässhaut" und als diejenigen der „Epithelzellen, welche das Corp. ciliare von der Ora serrata an und die hintere Oberfläche der Regenbogenhaut bedecken".

Welches die Bildungsendproducte der secundären Augenblase sind, ist im Obigen in extenso auseinandergesetzt worden; aus diesem recapitulire ich schliesslich unter dem speciellen Gesichtspunkt der durch diese Metamorphosen hervorgebrachten allendlichen **Gliederung** *der secundären Augenblase* übersichtlich folgendes:

Vom 7. Tag an tritt im vorderen Abschnitt der secundären Augenblase eine vom freien, der Linse anliegenden Rand medianwärts (rückwärts) fortschreitende *Verdünnung der inneren Lamelle* ein, wodurch die *letztere in 2 Abschnitte sich sondert:*

Der hintere, im Dickendurchmesser wachsende Theil der secundären Augenblase liefert durch Differenzirung sämmtliche Schichten der Retina: in der vorderen, sich verdünnenden Zone tritt am 10. Tag durch Faltenbildung eine neue Sonderung ein: der **vor** *der Falte gelegene Theil beider Lamellen der secundären Augenblase wird zum Irispigment:* der **hinter** *dem vorderen Faltenrand gelegene liefert durch die äussere Lamelle das Pigment, durch die innere das pigmentlose* (theilweise später noch sich pigmentirende) *Epithel der Pars ciliaris.*

Der „**Iristheil der secundären Augenblase**" *reicht nach vorn bis an den Pupillarrand, welchen er* (auch im Erwachsenen) *bildet; der* „**Ciliartheil der secundären Augenblase**" *reicht vom peripheren Irisrand bis an die Ora serrata, an welcher sie ohne scharfe Grenze in die* „**Retina**" *übergeht.*

An die vorstehend entwickelte *Gliederung der secundären Augenblase* knüpfen sich folgende Bemerkungen in Betreff der Terminologie:

Die Bezeichnung „*Retinalpigment*" scheint zuerst von BABUCHIN (l. c. Band IV. 1863. S. 84: „pigmentum retinae") eingeführt worden zu sein. Nach den Gründen, die BABUCHIN dafür geltend macht, war er eigentlich nur zur Bezeichnung: „*Augenblasenpigment*" berechtigt. Dies erkannte auch M. SCHULTZE, der daher jene Bezeichnung zurückweist, indem er (Bd. III. S. 377 seines Archivs) sagt: „Ist die prim. Abl. auch ursprünglich ein untrennbares Ganzes, so sondert sie sich doch sehr früh in 2, in der weiteren Entwickelung durchaus verschiedene Blätter. Nur im Inneren erhalten sich nervöse Elemente, dieses bildet die Retina im bisher gebräuchlichen Sinn. Das äussere Blatt geht dagegen seine besondere Metamorphose ein und wird zu einer Schicht von Pigmentzellen"; M. SCHULTZE entscheidet sich deshalb dafür: „bei der Herzählung der Schichten die Pigmentschicht coordinirt als eine besondere Schicht zwischen Chorioides und Retina aufzuführen, eine Nomenclatur, welche dem Hergebrachten gegenüber am wenigsten Anstoss erregen dürfte." Dieser Vorschlag hatte seine Berechtigung so lange als unsere Kenntniss von den Leistungen der sec. Abl. ihren Ausdruck fand in dem Satz: die innere Lamelle wird zur Retina, die äussere zum Pigmentepithel. Durch den Nachweis, dass in die Production der Retina nur ein *Theil* der inneren, in die Production des die Ret. deckenden Pigments **nur ein** *Theil* der äusseren Lamelle der sec. Abl. aufgeht, fällt die Berechtigung, die Bezeichnungen: „Retina" und innere „Lamelle" und „Retinalpigment" und „Augenblasenpigment" synonym und promiscue zu gebrauchen; die Bezeichnung „Retina" darf erst von *dem* Stadium an eingeführt werden, in welchem die Sonderung der inneren Lamelle in den vorderen verdünnten und den hinteren sich verdickenden Theil eingetreten ist; auf diesen letzteren muss sie sich aber auch *beschränken;* ebenso hat die Bezeichnung „Retinalpigment" ihre Geltung erst von **dem** Eintritt jener Sonderung an und beschränkt sich ebenfalls nur auf denjenigen Theil der äusseren Lamelle, welcher den zur Retina werdenden der inneren Lamelle deckt. *Vor der* beginnenden Differenzirung dagegen ist die Bezeichnung: „äussere und innere Lamelle der sec. Abl." die einzig berechtigte, eben weil in ihnen *sämmtliche* Bildungsendproducte der sec. Abl.: Ret. und Retinalpigment plus Ciliartheil und Iristheil potentia, noch ungesondert enthalten sind.¹)

Es leuchtet von selbst ein, dass von dem soeben geltend gemachten Gesichtspunkt aus auch die Bezeichnung „*Retinal*spalte" verworfen und statt dessen „*Augenblasen*spalte" gesagt werden muss. Dagegen gewinnt der Terminus „*Retinalpigment*" eine — wenn auch beschränktere, dafür aber in dieser Beschränkung um so sicherere — neue Berechtigung, da die Entwickelungsgeschichte für diese Pigmentschicht den unzweifelhaften Nachweis ihrer *morphologischen Zugehörigkeit zur Retina* geliefert hat, mit deren äusserster Schicht sie, wie längst feststeht (s. M. Schultze l. c.), zu einer auch „*physiologisch untrennbaren Einheit*" verwächst.

Triton.

Es ist bereits früher erwähnt worden, dass und wie die Verschiedenheit im Wachsthum der beiden Lamellen der Augenblase bei Triton schon sehr früh sich geltend macht. Mit dem Eintritt der Pigmentirung (der Kern bleibt pigmentlos) nimmt der Dickendurchmesser der äusseren Lamelle wieder etwas zu, indem die Zellen derselben näher aneinander rücken und dabei ihr früher spindelförmiger Querschnitt in einen annähernd quadratischen übergeht. In allen Stadien ist die Pigmentlamelle *einschichtig*.

Die innere Lamelle ist dafür um so mächtiger, und bleibt es auch — Taf. IV. Fig. 55 ff.

Sofort nach der Einstülpung durch die Linse zeigt sich an der Innenfläche der Augenblase eine dem Aequator parallel verlaufende circuläre *Einknickung*, Figur 56 ff.; nur der medianwärts von dieser gelegene Theil wird zur *Retina*. Der abgeknickte laterale (vordere) Theil dagegen mit der dazu gehörigen Zone der Pigmentschicht und einer entsprechenden Zellenlage der Kopfplatten zur *Iris*.

a) *Retina*. Die ersten Differenzirungsvorgänge vollziehen sich in dem Stadium von Fig. 59; die Art und Reihenfolge derselben scheint dieselbe zu sein, welche Babuchin (l. c.) für den Frosch angibt. In dem Stadium von Fig. 60 A. hat die Bildung der Stäbchen und Zapfen bereits begonnen.

b) *Iristheil der secundären Augenblase*. Auf den Iristheil setzt sich die Sonderung in Schichten nicht fort; die den Bildungszellen der Retina perfecta morphologisch gleichwerthigen Zellen derselben ordnen sich hier vielmehr allmälig in eine einzige Schicht (vgl. das darüber beim Hühnchen S. 97 Gesagte); in demselben Maasse verdünnt sich der Iristheil und tritt die Knickung schärfer hervor — s. Figg. 60—64. Die dem Pupillarrand nächststehenden Zellen platten sich ab, die an der Peripherie der Irisanlage dagegen werden stabförmig (genauer: keilförmig — das dem Pigment zugewendete Ende ist etwas dicker, das entgegengesetzte etwas zugespitzt). — Noch bei der 1,5 Cm. langen Larve ist der Uebergang von den Zellenformen des Iristheils zu denen des Retinaltheils der Augenblase ein ganz allmäliger, bei der Larve von 3,3 Cm. (Fig. 63) dagegen sind die Differenzirungen in der Retina schon

---

1) Aus den angeführten Gründen kann es auch nicht correct erscheinen, wenn W. Müller (35. S. 34) die innere Lamelle als „retinale" der Pigmentlamelle gegenüberstellt.

fast zum Abschluss gelangt, die Grenze zwischen den kleinen Retinaelementen und den peripherischen Iriszellen ist schon deutlich; erstere hören mit einem sanft abgerundeten Rande auf, welchem die langen Iriszellen anliegen. — Im Erwachsenen tritt die Grenze noch etwas schärfer hervor dadurch, dass auch die Stäbchen- (und Zapfen-) Schicht bis an den freien Rand hin sich entwickelt hat einerseits, andererseits dadurch, dass die Elemente in der Retina sowohl als in dem Iristheil sich dichter zusammendrängen; im *Wesentlichen* aber bleibt das Verhältniss beider Theile zu einander dasselbe: die langen parallel gestellten Zellen des Iristheils liegen den nervösen Elementen der Retina unmittelbar an, die Continuität bleibt eine ungestörte, ganz ebenso wie es beim Hühnchen zwischen der Retina und der Pars cil. einerseits und zwischen der Pars cil. und dem Iristheil andererseits der Fall ist. Die innere Fläche der Iris wird ganz ebenso wie diejenige der Retina von der Limitans interna bekleidet; dieselbe geht über die Knickungsstelle glatt hinüber. Es handelt sich hier eben nur um eine *Zonenbildung* in einer ursprünglich gleichen Zellenmasse durch histologische Differenzirung, welche eine Unterscheidbarkeit der Iris von der Retina zu Wege bringt.

Das *Pigment* im Iristheil bleibt hinter dem der Retina insofern in der Entwickelung zurück, als es keine einscheidenden Fortsätze zu liefern hat.

Die Betheiligung der Kopfplatten beim Aufbau der Iris zeigen die Figg. 60. 61. 63. 64. Die von ihnen gelieferte, der Aussenfläche der Pigmentzellen aufliegende Schicht besteht im Erwachsenen aus 1 — 2 Lagen länglicher oder ovaler Zellen, die durch feine Ausläufer unter einander, so wie im peripheren Theil der Iris mit dem Ligamentum pectinatum in Verbindung stehen. Diese Schicht geht continuirlich in die unpigmentirte der Chorioidea über. Gefässwandungen oder Lumina habe ich in der Iris nicht nachweisen können; die Anwesenheit feinster Capillaren kann man nur erschliessen aus den einzelnen hie und da in diese Schicht oder zwischen sie und die Pigmentschicht eingelagerten Blutkörperchen.

Ergebniss: Das bereits am Hühnchen erkannte Bildungsgesetz für die Iris: *Entstehung aus 2 Keimblättern* bestätigt sich auch für den Triton; die Mitbetheiligung des *oberen* Keimblattes, specieller der Medullarplatte durch die beiden Lamellen der secundären Augenblase tritt hier in noch exquisiterer Weise hervor, indem der Augenblasenantheil die Hauptmasse der Iris, der Kopfplattenantheil dagegen nur eine höchst spärliche (Gefäss- ?) Schicht liefert.

Die Vergleichung der Entwickelung und Entwickelungsendproducte der secundären Augenblase des Tritons und des Hühnchens ergiebt: der Anfang der Entwickelung ist bei beiden der gleiche: hier wie dort Verdünnung des vorderen Abschnittes; der Fortgang ist verschieden: bei Triton tritt im verdünnten Theil *keine* weitere Sonderung ein, der *ganze* verdünnte Theil, der beim Hühnchen Iristheil und Ciliartheil der secundären Augenblase liefert, liefert bei Triton (mit einem minimen Antheil der Kopfplatten gemeinschaftlich) ein einziges Gebilde, das man seiner Function nach als Iris bezeichnen muss, dass aber seinem morphologischen Werth nach der Iris *plus* Pars ciliaris des Vogels homolog ist; — bei Triton bleibt also ein Entwickelungsstadium stationär, aus welchem beim Hühnchen durch weitere Differenzirung 2 Gebilde entstehen, von denen das hintere als Pars ciliaris und

Pigment der Proc. ciliar. eine kaum definirbare, das vordere dagegen als Pigmentschicht der Iris eine wesentliche optische Function besitzt.

Die Schicksale der secundären Augenblase sind überhaupt sehr geeignet, zu zeigen, wie weit die Begriffe „Homologie" und „Analogie" auseinanderfallen: während als Theile der Augenblase betrachtet der vordere und hintere Abschnitt offenbar *homolog* sind, können sie doch durchaus nicht in *Analogie* gebracht werden, da ihre Functionen weit auseinander gehen."

Von diesen meinen Angaben bestätigte LIEBERKÜHN (28) nur die, dass beim Hühnchen in der That beide Lamellen der sec. Augenblase an der Irisbildung sich betheiligen; dagegen bestreitet er — und noch entschiedener thut dies ARNOLD (2) — sowohl die Zulässigkeit der von mir am Hühnchen und Triton gewonnenen Ansicht, dass die Bildung der Iris und Ciliarfalten in erster Linie von der Augenblase ausgehe, als auch die Richtigkeit meiner Voraussetzung, dass die Bildung der genannten Theile bei den Säugern eine mit der beim Hühnchen gefundenen übereinstimmende sein werde. — Da beide Autoren auch in Bezug auf ersteren Punkt sich nur auf ihre Befunde an Säugern stützen, so werde ich denselben erst nach Erledigung des zweiten besprechen. In Betreff dieses letzteren giebt LIEBERKÜHN (28. S. 54) an, dass es ihm weder am ausgebildeten Auge noch auch in vorgerückten Embryonalstadien, und zwar schon in einem bulbus von 6 Mm. Durchmesser (S. 40. 61) nicht mehr gelungen sei, im Bereich der Iris 2 Lagen von Pigmentzellen, deren Existenz ich für das Säugethier vorausgesagt hätte, aufzufinden; wo die 2 Blätter bei jüngeren Embryonen überhaupt nicht mehr im Bereich der Iris zu unterscheiden seien, müsse man daher „dem Thatbestand wol so ausdrücken, dass das Zellenmaterial des vorderen Randes der sec. Augenblase als eine *einfache* Lage pigmentirter Zellen *weiter wuchert*, welche sowol aus dem vorderen wie aus dem hinteren Blatt der sec. Augenblase abstammen."

Ganz verschieden von den bisher bekannt gewordenen sind die Ansichten, zu welchen ARNOLD (2) in Betreff der Iris- und Ciliarfaltenbildung, durch seine Untersuchungen an Rindsembryonen gelangt ist; ARNOLD lässt nämlich das Augenblasenpigment nicht in der Pigmentlamelle, sondern — unter gleichzeitiger *Atrophie* und schliesslich *vollständigem Schwund* der *äusseren Lamellen* — als *selbständige Schicht* zwischen *den beiden Lamellen der Augenblase* entstehen; in einem Stadium — ARNOLD's (2) Fig. 5; S. 54. 55 —, welches, nach der Entwickelung der Linsenfasern zu urtheilen, nicht älter ist, als die in meinen Figg. 68 und 83 vorliegenden, sei an der einen Seite der Augenblase die Atrophie der Pigmentlamelle schon eine hochgradige, die Entwickelung des Pigments schon ziemlich vorgeschritten. Die Pigmentlage breite sich dann um so mehr aus und werde um so dicker, je mehr die Atrophie der äusseren („hinteren" ARNOLD's) oder Pigmentlamelle fortschreite; bei 18 Mm. langen Rindsembryonen (einer zwischen meinen Figg. 68 und 69 liegenden Entwickelungsstufe), bei denen die Pigmentlage bereits eine continuirliche sei und die sec. Augenblase in ihrer ganzen Circumferenz umhülle, erstrecke sich der Schwund der äusseren Lamelle schon ziemlich weit nach vorn (S. 56. 60) und sei diese häufig nur noch an der Umschlagsstelle nachweisbar. Zwischen den beiden Lamellen der sec. Augenblase ist an der Umschlagsstelle ziemlich viel Pigment gelegen. — Diese Verhältnisse erfahren eine bemerkenswerthe Veränderung (S. 61) erst bei 70 Mm. langen Embryonen: die Zellen der Umschlagsstelle und der hinteren Lamelle der Augenblase sind *vollständig verschwunden*; die Pigmentschicht ist dicker und stösst unmittelbar an den vor ihr gelegenen Zapfen der Kopfplatten, von dem sie früher durch die an der Umschlagsstelle gelegenen Zellen der sec. Augenblase getrennt worden war". — Aber nicht nur die äussere Lamelle in ihrer ganzen Ausdehnung, sondern auch „das vordere Ende der vorderen (inneren) Lamelle" fällt nach ARNOLD einer „fortschreitenden Atrophie" anheim — ein Process, der bei 14—20 Cm. langen Embryonen sich vollzieht, „während die Pigmentschicht an Dicke zunimmt und stark wellig wird" (S. 62). — Dieser seiner Anschauung über das Verhalten der Augenblasenlamellen und über die Pigmentbildung entsprechen nun auch die specielleren Angaben ARNOLD's bezüglich der Entwickelung der Iris und der Ciliarfalten: Bei der Bildung des corpus ciliare betheiligen sich (2. S. 62) 1) die Kopfplatten, 2) die an Stelle der hinteren Lamelle der sec. Augenblase tretende Pigmentschicht und endlich 3) derjenige Theil der vorderen Lamelle, welcher zur pars cil. retinae wird." — Der Kopfplattenantheil des corp. cil. (S. 63) wird gebildet von dem „vor der Umschlagsstelle der secundären Augenblase gelegenen Abschnitt" der Kopfplatten und kann „als *vorderstes* Ende der Chorioidea aufgefasst werden"; er kommt (S. 64) mit der Pigmentschicht in unmittelbare Berührung durch das vollständige Atrophiren und Schwinden der äusseren Lamelle, welche ursprünglich beide von einander trennte. „Später treten in der Pigmentlage des corp. cil. Wachsthumserscheinungen in der Art ein, dass die Pigmentanhäufung zunimmt, und zwar sowol in der Dicke als in der Flächenausdehnung. Im allgemeinen geht diese Vermehrung des Pigments Hand in Hand mit der Dickenzunahme und Wulstung des Kopfplattenantheils. Eine Abhängigkeit dieser Pigmentbildung mit atrophirenden Vorgängen in dem hinteren Blatt der sec. Abl. besteht nicht, da dieses zu der Zeit gewöhnlich vollkommen geschwunden ist; vielmehr macht die Pigmentbildung den Eindruck eines mehr selbständigen mit der Entwickelung des corp. cil. zusammenhängenden Vorgangs". — Schliesslich lässt dann ARNOLD (S. 64), während in der Pigmentschicht und dem Kopfplattenabschnitt des corp. cil. in späteren Perioden eine vermehrte Anbildung sich bemerkbar macht", auch in der dritten Schicht, welche an der Bildung des Ciliarkörpers sich betheiligt — nämlich dem *Ciliartheil der inneren Lamelle* — eine Atrophie eintreten. — "Die *Iris* entsteht (2. S. 64. 65) durch Auswachsen des vor der Umschlagsstelle gelegenen Abschnittes der Kopfplatten in der Richtung gegen die Augenaxe. — An der Bildung der Iris betheiligt sich auch die Pigmentschichte, indem sie vom corp. cil. aus an der hinteren Fläche der Iris *vorrückt*."

Säuger.

Ein Blick auf meine Zeichnungen Taf. V. genügt, um zu überzeugen, dass sowohl LIEBERKÜHN's als namentlich ARNOLD's Angaben irrthümlich sind, dass vielmehr bei den Säugern die beiden Lamellen der Augenblase an der Bildung der Iris und Ciliarfalten ganz in derselben Weise wie beim Hühnchen Theil nehmen. Die Figg. 69—73 zeigen die stetig fortschreitende Verdünnung der inneren Lamelle und die mit dieser Hand in Hand gehende Flächenverbreitung (vgl. Fig. 71 A. mit Fig. 73) des dem Umschlagsrand nächstliegenden Theiles beider Lamellen der Augenblase, und die Figg. 72 und 73 auch bereits den Beginn der Faltung im Ciliartheil. Jede der beiden Lamellen sowohl als auch die Umschlagestelle sind nicht nur in den bereits genannten Figuren, sondern namentlich auch in Fig. 74 in einer Schärfe und Deutlichkeit erhalten, welche die mit der beim Hühnchen gefundenen vollkommen übereinstimmende Art der Betheiligung beider Lamellen der Augenblase beim Aufbau der Iris der Säuger vollkommen ausser Frage und endgültig fest zu stellen um so mehr geeignet ist, als Fig. 74, nach den weit vorgeschrittenen Differenzirungen im Kopfplattenantheil zu urtheilen, einem Stadium entnommen ist, in welchem die Iris dem *Abschluss* ihrer Entwickelung schon sehr nahe ist[1]).

Die *Pigmentbildung* in der Augenblase beginnt bei Maus und Schaaf (s. Fig. 83) früher als beim Hühnchen, nämlich bereits vor der vollständigen Abschnürung der Linse[2]); und zwar tritt dieselbe *zuerst in dem der inneren Lamelle anliegenden Theil der Zellen der Pigmentlamelle* auf — s. Figg. 68. 69. 83. um von hier aus, den Kern umgehend, allmälig die ganze Zelle zu durchsetzen Figg. 70. 71, — ein Vorgang, der beim Hühnchen bekanntlich in der *umgekehrten* Richtung: von der Kopfplattenseite her nach der inneren Lamelle hin fortschreitend, übrigens aber ganz übereinstimmend sich vollzieht. — Die Figg. 72 und 73 zeigen, wie die Pigmentirung allmälig durch die Umbiegungsstelle am Pupillarrand in die innere Lamelle hinein sich fortsetzt; und in Fig. 74 ist schon der ganze Iristheil der inneren Lamelle ebenso intensiv pigmentirt, wie derjenige der äusseren. Die Zellengrenzen sind in dünnen, i. e. nur eine einzige Zellenschicht enthaltenden Schnitten nach dem Eintritt der Pigmentirung ebenso leicht zu erkennen, wie vorher[3]).

---

1) Das schon vor mehreren Jahren angefertigte Präparat trägt auf der Etiquette nur die Bezeichnung „Kätzchen"; die näheren Angaben über Alter, Grösse u. s. w. des Thieres sind mir verloren gegangen. Die Iris zeigt im vorliegenden Schnitt unter HARTNACK's Ocularmikrometer eine Breite (vom Pupillar- bis zum Ciliarrand) von 0,9 Mm. — Der Bulbus war in Osmiumsäure gehärtet worden.

2) Wenn dies, wie höchst wahrscheinlich, auch bei Rindsembryonen der Fall ist, so würde in dem Umstand, dass in ARNOLD's Fig. 4, in welcher Pigmentirung noch nicht vorhanden, die Linse aber als schon abgeschnürt gezeichnet ist, eine weitere Bestätigung für meine S. 17 und S. 63 ausgesprochene Behauptung liegen, dass das in jener Fig. gezeichnete Präparat kein Meridionalschnitt der Linse ist.

3) Bei LIEBERKÜHN (25. S. 39) findet sich eine Angabe, die einen gewissen Gegensatz gegen diejenigen ARNOLD's bildet,

Die von jüngeren und älteren Stadien von Rinds- und Schaafsembryonen mir vorliegenden Präparate bestätigen meine soeben auf Grund der Zeichnungen von Maus, Ratte und Kätzchen gemachten Angaben vollkommen und will ich hier ausdrücklich nur noch erwähnen, dass nicht nur in den Schnitten von einem 13 mm. im Querdurchmesser haltenden in Osmiumsäure gehärteten Bulbus eines Schaafsembryo, sondern auch noch in denen aus einem viel älteren Auge, in welchem die Retinalgefässe bereits bis an die Ora serrata hin entwickelt sind, die beiden Lamellen der Augenblase im Ciliar- sowohl als im Iristheil bis an den Papillarrand sicher zu verfolgen sind. Nur Präparate, die im Schnitt zu dick ausgefallen sind, oder die aus Objecten angefertigt wurden, welche bei der Härtung erheblich gelitten haben, können den hier in Rede stehenden wahren Sachverhalt verkennen lassen. Eine gute Conservirung dieser Theile wird freilich um so schwieriger, je grösser und dickwandiger der Bulbus wird und je langsamer somit die Erhärtungsflüssigkeiten bis zu denselben durchdringen; geschieht dies aber nicht rasch genug oder in ungenügender Weise, so tritt, wie S. 71 schon erwähnt wurde, ein Theil der Pigmentkörnchen aus den Zellen, in welche sie eingebettet waren, aus und verdeckt, in der Umgebung derselben liegen bleibend, deren Grenzen und Conturen um so mehr, je reichlicher das Pigment bereits vorhanden war und je massenhafter es austreten konnte; der Austritt des Augenblasenpigments findet bei Säugerembryonen anfangs, i. e. so lange das Pigment nur erst in der *inneren* Hälfte der Zellen der Pigmentlamelle vorhanden ist, natürlich nur nach einer Seite, nach der inneren Lamelle hin, resp. in den bei mangelhafter Härtung zwischen beiden Lamellen entstehenden Zwischenraum¹) statt — daher die irrthümliche Angabe Arnold's, dass in diesem das Pigment entstehe —, später aber, je mehr die Zellen der Pigmentlamelle ganz mit Pigmentkörnchen sich füllen, nach *allen* Seiten hin — daher der vermeintliche mit der zunehmenden Pigmententwickelung Hand in Hand fortschreitende *Schwund* (Arnold S. 56 u. s. w.) der äusseren Lamelle oder das „noch nicht" Sichtbarsein der Zellengrenzen (Lieberkühn S. 39).

Es kann nicht Wunder nehmen, dass diejenigen Autoren, welche die Augenblase entweder nur im Iris- oder auch im Ciliartheil in der einen oder anderen Weise verkümmern, entweder nur als einfache Zellenlage weiter wuchern lassen (Lieberkühn) oder beide Lamellen gänzlich schwinden lassen (Arnold), — wie oben bereits erwähnt, nicht geneigt sind anzuerkennen, dass für die Bildung der Iris und Ciliarfalten die Augenblase diejenige wesentliche Bedeutung habe, welche ich ihr (19. S. 25 ff.) zugeschrieben hatte, sondern behaupten, dass die hervorragendere Rolle dabei dem Kopfplattenantheil zufalle; und zwar führt man zu Gunsten der letzteren Ansicht speciell noch an, 1) dass „das Gewebe der Kopfplatten, insofern es bei der Bildung der Iris und Proc. cil. sich betheiligt, weiter nach vorn reicht als der Rand der secundären Augenblase" (Lieberkühn 28. S. 53) oder, was damit gleichbedeutend ist, dass die Pigmentschichte „vom Corp. cil. aus an der hinteren Fläche der

---

nämlich, dass in einem Stadium, in welchem „das Pigment zu einem grossen Theil abgelagert ist, doch auch bei stärkerer Vergrösserung die Zellengrenzen *noch nicht* sichtbar sind".

1) Der Rest der Höhle der prim. Augenblase (Fig. 67 A.) ist schon zur Zeit des ersten Anfangs der Pigmentbildung fast vollständig geschwunden — s. Figg. 68. 69. Etwaige Abhebung oder Entfernung der beiden Lamellen von einander in Präparaten aus späterer Zeit ist stets Kunstproduct.

Iris *vorrückt*" (ARNOLD 2. S. 65). 2) Dass „in späterer Zeit die Pigmentlage im Verhältniss zum Stratum vasculosum doch nur einen geringen Theil des Organs ausmacht" (2S. S. 54).

Diese Angaben, so weit sie nicht Folge der besprochenen mangelhaften Conservirung der Augenblase sind und insofern im obigen bereits ihre Erledigung gefunden haben, beruhen offenbar auf der irrthümlichen Meinung, dass Alles, was an Gewebe des mittleren Keimblattes vor dem Pupillarrand der Augenblase liegt, zur Anlage der Iris gehöre; dies ist nicht der Fall; Osmiumsäurepräparate zeigen besser als die mit CrO_3 behandelten, dass, nachdem die Anlage der Cornea sich abgehoben hat, der freie Rand der Augenblase — abgesehen von der Pupillarmembran und den in ihr enthaltenen spärlichen Körperchen, ausschliesslich und einzig und allein von den Blutgefässen bedeckt ist, welche aus dem Glaskörper und von der Linse her über denselben umbiegend oder gestreckt hinwegziehend das Blut der Arteria centralis abführen; diese den Kopfplattenantheil der Irisanlage durchsetzenden (s. Figg. 70—74) Abflussbahnen der transitorischen Endausbreitung der Centralarterie haben zur Bildung der Iris ebensowenig eine Beziehung, wie die mit der Irisanlage überhaupt gar nicht in Berührung tretenden oder gänzlich fehlenden Endausbreitungen der Arteria centralis in anderen Thierclassen und wie die Arteria centralis im völlig entwickelten Auge zu *dessen* Iris, sie atrophiren und schwinden vielmehr im Lauf der weiteren Entwickelung gleichzeitig mit den Gefässen im Glaskörper und um die Linse (s. Cap. V. und Fig. 74 den dem Pupillarrand nächstliegenden Theil). Der Kopfplattenantheil der Irisanlage bei Säugern besteht mithin nur aus denjenigen, selbst in Fig. 73 noch vollkommen indifferent erscheinenden Zellen, welche von den Ciliarfalten an bis zum Augenblasenrand über und zwischen jenen Gefässen liegen. Ob diese in den Maschen jenes Gefässnetzes hie und da um 1 oder 2 Zellenbreiten über den Pupillarrand der Augenblase vorragen (Fig. 73) oder ebenso weit hinter demselben zurückbleiben (Fig. 72), ist, so lange jene Gefässe existiren, von gar keiner Bedeutung; denn erst mit dem Schwinden der letzteren kann der bisher von jenem Gefässnetz so vielfach durchbrochene Kopfplattenantheil sich consolidiren und nach der Pupillaröffnung hin einen ununterbrochenen, scharf und regelmässig sich gestaltenden Rand herstellen und mit dem bisher durch die Gefässe von ihm getrennt gewesenen Augenblasenrand verwachsen lassen. Dass dabei der Kopfplattenrand dem Augenblasenrand conform sich gestaltet, accommodirt und anlehnt — und nicht umgekehrt: dieser jenem — wird wohl kaum bezweifelt werden. Darnach wird es aber dann auch nicht mehr für unberechtigt gelten dürfen, den Augenblasenantheil als die — einerseits durch den in sich geschlossenen Umbiegungsrand der Lamellen in einander gegen die Augenkammer, andererseits durch die Abknickung gegen den Ciliartheil — von vornherein fest und bleibend begrenzte, von der Augenblase selbstständig gesetzte Basis für die Irisbildung anzusehen, auf welchem der Kopfplattenantheil derselben in wesentlich ganz übereinstimmender Weise sich aufbaut wie beim Hühnchen. Dass der letztere „in *späterer* Zeit" mächtig wuchert und sich weiter entwickelt, während das Fundament, auf welchem er ruht, nicht weiter wächst, kann füglich nicht als Gegenbeweis gegen das ursprüngliche Verhältniss angeführt werden; Fig. 73 zeigt übrigens, in wie weit vorgerücktem Stadium noch der Augenblasenantheil ziemlich dieselbe Dicke hat, wie der Kopfplattenantheil, von welchem ausserdem noch die vorhin besprochenen Gefässe billigerweise in Abzug gebracht werden müssen.

Wurde von den genannten Autoren bestritten, dass nach der Pupille hin die Augenblase die Grenze der Irisanlage bestimmt, so wird von ihnen ebenso wenig zugegeben, dass sie dies nach dem Ciliartheil hin thue; nicht in den Wachsthumsverhältnissen der Augenblase, sondern in denjenigen der Kopfplatten liege die Ursache der Faltenbildung im Ciliartheil und somit auch der Gliederung der Augenblase. — Fig. 75 B. stellt ein Stück eines Meridionalschnittes durch den Ciliartheil eines Katzenembryo (Osminiumsäurepräparat) von 10 Cm. Länge dar; der ursprüngliche Bau der Ciliarfalten ist aus dieser Zeichnung sofort zu ersehen; es sind Duplicaturen der Augenblasenlamellen, deren einander zugekehrte Flächen bei der Faltung so nah an einander zu liegen kommen, dass zwischen denselben nur für ein Gefässchen von capillärer Feinheit Raum bleibt. Anderweitige Kopfplattenbestandtheile sind zur Zeit in diesen Augenblasenfalten noch nicht vorhanden. Sollte nun dieses feinste Gefässchen, welches den ganzen Kopfplattenantheil in den Ciliarfalten bildet, wirklich, wie jene Autoren wollen, im Stande sein, die relativ mächtige Augenblasenwand zu knicken, einzustülpen und vor sich her in den Glaskörperraum hinein zu treiben? zumal da deren Widerstandsfähigkeit gegen einen Druck von Aussen durch ihre gleichmässige Wölbung und ihre Spannung über dem in ihr liegenden Glaskörper noch erheblich gesteigert werden muss. Wir müssen aber noch weiter fragen: Spricht überhaupt *irgend* etwas dafür, dass gerade über dem Ciliartheil die Bedingungen für die Herstellung eines zur Einstülpung und Faltenbildung führenden Druckes gegen die Augenblasenwand von Seiten der Kopfplatten besonders günstige seien, — etwa dadurch, dass hier in den Kopfplatten eine besonders rapide Proliferation stattfände bei gleichzeitiger absoluter Behinderung ihrer Ausbreitung nach allen anderen Richtungen hin? — Weder die eine (massenhafte Proliferation), noch die andere (Ausbreitungsbehinderung) sind aber in Wirklichkeit vorhanden, wie einfach schon aus dem Umstand sich ergibt, dass im Gegentheil gerade über dem Ciliartheil gleichzeitig mit der fortschreitenden Vertiefung der Falten diejenige Rarefication im Gewebe der Kopfplatten eintritt, welche zur Bildung des Ligamentum pectinatum und unter Entstehung einer zwischen liegenden zellenfreien Lücke zur Abspaltung des Ciliartheils der Kopfplatten vom Cornealfortsatz führt (Figg. 18—21)[1].

Bei unbefangener Betrachtung dieser *Thatsachen* wird man sich des Eindrucks nicht erwehren können, dass die genannte Rarefication und die Entstehung des Ligamentum pectinatum nur die Folgen der *Hineinziehung* eines Theiles der hier liegenden Kopfplatten in die sich bildenden Falten der Augenblase sind.

Auf Grund der hier angeführten Verhältnisse darf wohl mit Bestimmtheit in Abrede gestellt werden, dass die Bildung der Ciliarfalten und der Iris von den Kopfplatten ausgeht, oder dass diese die Hauptrolle dabei spielen; letztere kann, da andere Theile ausser den

---

[1] Die von Säugern Taf. V. Figg. 72. 73 gezeichneten Stadien sind zu jung, die Vertiefung der Falten in ihnen noch zu unbedeutend, um diese Wirkung deutlich hervortreten zu lassen; doch ist auch in dem Fig. 73 dargestellten Präparate der erste Anfang der Rarefication schon zu erkennen; vom Lithographen ist dies übersehen und leider nicht zum Ausdruck gebracht worden. —

Kopfplatten und der Augenblase dabei überhaupt nicht concurriren, folglich nur der Augenblase zugeschrieben werden.

Die Betrachtung der letzten unter den morphologischen Veränderungen des embryonalen Auges führt uns also zu demselben Schluss, zu dem wir auch schon bei allen vorhergehenden gelangt sind: bei keiner derselben ist es uns möglich gewesen, den Anstoss dazu in den Kopfplatten zu finden — weder bei der Abschnürung der primären Augenblase vom Hirnrohr (S. 2), noch bei der Umbildung der primären zur secundären (Cap. III), noch bei der Bildung des Glaskörperraumes und dem allmähligen Uebergang der Augenblase aus der Hauben- in die Kugelform (S. 33 ff.), noch auch endlich bei der Bildung der Iris und Ciliarfalten (Cap. VII); bei allen diesen, mithin bei sämmtlichen im Lauf der Entwickelung des Sehorgans abspielenden Gestaltungsvorgängen ist es immer die *Augenblase*, welche von dem ursächlichen Moment, welches zu der Veränderung den Impuls giebt, in *erster* Linie betroffen wird, die Umformung einleitet und mit oder ohne Betheiligung der Kopfplatten — jedenfalls aber unbeeinflusst von ihnen — vollzieht; die Kopfplatten *folgen* nur der Form-Bewegung der *Augenblase*.

Erklärungen zu den Tafeln.

Da sammtliche Figuren im Text ausführlich besprochen sind, so werden folgende kurze Bemerkungen und Verweisungen auf jenen zur Orientirung genügen:

Auf allen Tafeln bezeichnen die Buchstaben:

abl. Augenblase.
a. c. Arteria centralis.
a. p. Arteria pectinis.
asp. Augenblasenfurche resp. -spalte.
C. cornea.
Cf. Cornealfortsatz.
C. p. Cornea propria.
Ch. Chorioides.
c. v. corpus vitreum.
ch. cap. Choriocapillaris.
ch. v. Chorioidalvene.
e. Inneres Epithel der Cornea.
e. a. Aeusseres Epithel der Cornea.
h. Hornblatt.
H. Hirnrohr.
i. innere Lamelle der sec. Augenblase.
I. Iris.
Kpl. Kopfplatten.

k. Linsenkapsel.
Kn. Knochenring.
L. Linse.
L. K. Linsenkapsel.
L. p. Ligamentum pectinatum.
Nf. Nervenfaserschicht.
N. o. Nervus opticus.
O. s. Ora serrata.
p. äussere oder Pigmentlamelle der secund. Augenblase.
p. c. Processus ciliares, Ciliarfalten.
P. Pecten.
r. Retina.
scl. Sclera.
st. Augenblasenstiel; in Fig. 11 B: Linsenstiel.
u. Umbiegungsstelle oder Uebergang der äusseren Lamelle der Augenblase in die innere.
v. Blutgefäss.
v. k. Vordere Augenkammer.

Tafeln I—III: Vogel.

Tafel I.

Frontalschnitte; die in den Figg. 3—8 und 10 a sind durch die Augenblasenfurche resp. Spalte geführt. — Fig. 4 ist einem Osmium-säure-, alle übrigen sind Cr₂O₃-Carminpräparaten entnommen. Figg. 1—3 und 5—10 vom Hühnchen.

Fig. 1. Eben gebildete primäre Augenblase. Hirnrohr und Augenblase ausgefüllt von dem Gerinnsel der Cerebrospinalflüssigkeit — siehe S. 30. — In der Gegend des Ueberganges der lateralen Wand der Augenblase in die dorsale ist der Contur zwischen Augenblase und Hornblatt nicht scharf und rein genug gerathen; derselbe sollte durchweg so aussehen wie ventralwärts von den Buchstaben abl.

Fig. 2. In der Abschnürung begriffene prim. Augenblase.

Fig. 3. Beginn der Linsenbildung und der Umbildung der prim. Augenblase zur secundären.

Fig. 4. Von einem Entenembryo. Eben gebildete secundäre Augenblase.

Figg. 5—8 zeigen die weitere Entwickelung und Abschnürung der Linse – vgl. S. 8 ff. , die Entwickelung des Glaskörpers – vgl. S. 21 ff. und die der Arteria centralis der Säuger homologe Gefässschlinge an der Bauchseite der Augenblase – vgl. S. 35. 36.

Fig. 7 A. Die feinen Fasern im Gerinnsel des Glaskörpers sind in dieser Figur nicht zart genug wiedergegeben; dasselbe gilt von Figg. 8; 11 A; und Taf. VI Figg. 76; 78; 79; 80 A; – Fig. 6 A entspricht in dieser Beziehung besser dem mikroskopischen Bild.

Fig. 7 B und C sind nach demselben Präparate gezeichnet wie Fig. 7 A; Fig. 7 B; die Abschnürungsstelle der Linsenblase vom Hornblatt; Fig. 7 C zeigt den oberen und den rückläufigen Schenkel der genannten Gefässschlinge unterhalb der Linse.

Fig. 8. Aus einem 3 Tage 7 Stunden bebrüteten Ei. —

Fig. 9. Reste des Linsenstiels zwischen Linse und Hornblatt vgl. S. 8. 9; 11.

Fig. 10. Erstes Auftreten der Anlage der Cornea propria (c. p.). vgl. S. 83.

Fig. 10 A ist (ebenso wie in Fig. 7 A und C) zwischen dem oberen und unteren Schenkel der Gefässschlinge der die Augenspalte begrenzende, in den Augenblasenstiel (st) continuirlich übergehende angeschnittene Umbiegungsrand der Augenblase sichtbar.

Tafel II.

Sämmtliche Figg. sind nach CrO_3-Carminpräparaten gezeichnet. —

Figg. 11—19 vom Hühnchen. —

Fig. 11. Anlage der Cornea propria.

Fig. 11 A hat beim Einschliessen des Präparats die C. p. sich an einer Stelle vom Hornblatt abgehoben und ebenso wie die an einer Stelle gerissene Linsenkapsel nach der vorderen Augenkammer hin gefaltet.

Figg. 12—14. Bildung des inneren Epithels der Cornea. vgl. S. 84.

Fig. 13. Embryo vom 5. Brüttag.

(Fig. 14 A sind die Conturen zwischen Hornblatt und C. p. und zwischen innerem Epithel und Linsenkapsel etwas zu stark gezeichnet.)

Figg. 15. 16. Einwanderung der Corneakörperchen in die C. p. — vgl. S. 84.

Fig. 15. Embryo vom 7. Brüttag.

— 16. „ „ 8. „

Figg. 15—21. Entwickelung der Iris und Ciliarfalten vgl. S. 95—97.

Fig. 17. Embryo vom 9. Brüttag.

— 18. „ „ 10. „

— 19. „ 12—13 „

Figg. 20. 21 von Turdus musicus; das Auge ist in der Entwickelung bedeutend weiter vorgeschritten als dasjenige von Fig. 19, die Entwickelung des Chorioidalpigments aber hinter derjenigen des Hühnchens bedeutend zurück.

Fig. 22. Frontalschnitt durch den distalen Theil des Bulbus eines alten Hahnes. In der Linse sind bei der Härtung die Radialfasern geschrumpft. Zwischen den der Linse anliegenden Ciliarfalten und der Ora serr. finden sich noch eine Menge von Erhebungen oder Wulstungen, die ich als „accessorische Ciliarfalten" (p. c. a.) bezeichnet habe; ich habe sie nur bei alten Hähnen gefunden. — C. S. = Canalis Schlemii.

Tafel III.

Figg. 23—45 vom Hühnchen; Figg. 46 von einem wenige Tage alten Küchlein; Figg. 47—50 vom erwachsenen Hahn.

Figg. 23—45 und 49. 50 sind Sagittalschnitte; Fig. 47. 48 sind Horizontalschnitte; Fig. 46 ist ein Frontalschnitt.

Figg. 23—26; 28—44 nach Osmiumsäure-, die übrigen nach CrO_3-Carminpräparaten.

Fig. 23. Embryo von 2^d 20^h. Vgl. S. 38 o., und S. 36.

Fig. 24—37. Siehe S. 36. 37; vgl. auch S. 67. Schnitte senkrecht auf den Augenblasenstiel (Figg. 23. 24. 29) und auf die Augenblasenspalte und das zugehörige Blutgefäss (v.).

Figg. 29—37: von einem 5^d bebrüteten Embryo. —

Figg. 38—44: „ „ 5^d 20^h bebrüteten Embryo; Siehe S. 67. 68. —

Fig. 45. Sagittalschnitt durch den Pecten eines ca. 10tägigen Hühnerembryo; – die innere Lam. der Abl. hat sich bei der Härtung von der Pigmentlam. abgehoben. — gz. Ganglienzellenschicht; m. Moleculärschicht; i. k; a. k: innere und äussere Körnerschicht. vgl. auch S. 74.

Fig. 46. Frontalschnitt durch den unteren Theil des Pecten und dessen Arterie und den Nervus opticus eines vor wenigen Tagen ausgeschlüpften Küchleins. — (Leider habe ich verabsäumt, diese Figur seitlich umkehren zu lassen, wodurch die Beziehung derselben auf die entsprechenden aus jüngeren Stadien, z. B. auf die Figg. 8 und 10 der Taf. I noch erleichtert worden wäre; das auf dieser Tafel nach links gekehrte, mit P bezeichnete ist das distale, der Linse nähere Ende des Pecten; die mit N. o. bezeichnete Stelle des Nerv. opt. entspricht etwa der mit st. bezeichneten Stelle des Augenblasenstiels der Fig. 10 A.

Fig. 47. Horizontalschnitt durch einige Falten des Pecten eines erwachsenen Huhnes. —

Fig. 48. Ein stärker vergrössertes Stück aus demselben Präparat wie Fig. 47.

Figg. 49. 50. Sagittalschnitte durch den Pecten und Nerv. opt. eines alten Hahnes; Fig. 49 hat man sich etwa in der bei Fig. 46 mit 49, Fig. 50 in der dort mit 50 bezeichneten Gegend liegend zu denken. — In den Figg. 46 und 50 ist nur der allerunterste Theil des Pecten gezeichnet, in Fig. 49 ist derselbe ganz weggelassen. — Uebrigens vgl. zu den Figg. 47—50 S. 71—74 und S. 75. —

Fig. 57. Von einem Embryo von 3,5 mm. Länge.
Fig. 58. „ „ „ „ 4,5 mm.
— 59. „ „ „ „ 5,5 „ „
— 60. „ „ „ „ 1,20 cm. Siehe S. 88, 89, Figg. 60. 61. Siehe S. 89—91; 101 ff.
Fig. 61. Larve von 1,5 cm. Länge.
— 62. „ „ „ 1,8 „ „
— 63. „ „ „ 3,3 „ „
Fig. A und B sind nach demselben Präparate gezeichnet; v. N. o. = vagina Nervi opt.
Fig. 64. Aus dem Auge eines alten erwachsenen Tritons. —

Tafel IV.

Triton. Frontalschnitte (nur Fig. 59 ist ein Horizontalschnitt).

Figg. 51—60 nach Goldpräparaten, die übrigen nach CrO₃-Carminpräparaten. —

Figg. 51—54. Primäre Augenblase.

Fig. 54. p. n. Primitive Nahrungshöhle (Remak).

Fig. 55 A gibt von der Linsenanlage des Triton eine falsche Vorstellung; erst nachdem diese von mir nach einem fehlerhaften Präparat gefertigte unrichtige Zeichnung schon auf den Stein gebracht und nicht mehr zu corrigiren war, habe ich das Fig. 55 B gezeichnete Präparat aufgefunden. Fig. 55 B ist also als Correctur der in Fig. 55 A unrichtig dargestellten Linsenanlage anzusehen. Ich habe es für der Mühe werth gehalten, diese Correctur in einer sehr genau und sorgfältig ausgeführten besonderen Figur zu geben, weil aus ihr bei Vergleichung mit der folgenden Fig. 56 hervorgeht, dass die Anordnung der Elemente in einer einzigen Schicht, welche bei den übrigen von uns betrachteten Thieren sowohl in der proximalen als in der distalen Linsenwand erst allmälig im Laufe der Entwicklung, und bei einigen Thieren sogar recht spät erst durch eine Umordnung der Linsenzellen zu Stande kommt, in der Linsenanlage des Triton die ursprüngliche, von vorn herein vorhandene ist. Die erste Anlage und Entwicklung der Linse gehen also bei Triton in einer gewissen typischen Einfachheit vor sich; man kann bei Betrachtung der Fig. 55 B fast dem Eindruck sich hingeben, dass durch die Einziehung der Augenblase die Zellen der tieferen Schicht des Hornblattes nach- und dadurch in die Länge ausgezogen werden, dann von denen der äusseren Schicht sich lösen, um der immer tiefer werdenden Augenblasengrube zu folgen (Fig. 56).

Fig. 56 ist der Contur in der Linsengrube zu hart und zu scharf.

Tafel V.

Säuger. Figg. 65—67. CrO₃-Carmin-, alle übrigen Osmiumsäurepräparate.

Fig. 65. Primäre Augenblase vom Hund. Siehe S. 39, 58.

Figg. 66—73. Von Mäuse- und Rattenembryonen.

Fig. 66. Der Abstand der Linsenanlage von der Augenblase erscheint im Präparate noch geringer als in der vorliegenden Zeichnung. Siehe auf S. 65.

Fig. 67 A—C. Siehe S. 39, 40, 58. Die Vergleichung von Fig. 67 B mit Taf. III Fig. 26 zeigt die frappante Uebereinstimmung im Verhalten der Arteria centralis zur Augenblasenspalte bei Hühnchen und Maus in diesem Stadium. — Zu Fig. 67 A vgl. den die Augenblasenspalte *nicht* berührenden Frontalschnitt aus demselben Auge, den ich in Fig. 5. gezeichnet habe.

Fig. 68. (Vgl. damit Babuchin's (5.) Fig. XIII.) Unterhalb des Augenblasenstieles liegt die Arteria central. im Längsschnitt vor (die Blutkörperchen sind im Schnitt aus derselben herausgefallen und nur in den Verzweigungen im Glaskörper und um die Linse erhalten geblieben. — Siehe S. 12.

Fig. 69. Siehe S. 11, 12.

Figg. 70. 71 zeigen die Beschaffenheit des Glaskörpers (vgl. dazu auch Taf. VI. Fig. 87) und die vollkommen freie und isolirte Lage der Gefässe auf der Linsenkapsel und die Nichtexistenz eines bindegewebigen Ueberzuges der Linse sowol an der proximalen (Figg. 70. 71 A) als an der distalen Wand (Figg. 70. 71 B).

Fig. 71 B. C. Siehe S. 60. 61.

Figg. 72. 73. Siehe S. 92. 101.

Fig. 74. Siehe S. 101. Anm. 1.

— 75 A. Siehe S. 60. 61.

— 75 B. Siehe S. 107. —

Tafel VI.

Vipera berus: Fig. 76; **Lacerta:** Figg. 77—80; **Säuger:** Figg. 81—88.

Figg. 82 und 87 sind Osmium-, die übrigen CrO₃-Carminpräparate.

Fig. 76. Siehe S. 38. 76.

Fig. 77 A und B und Fig. 79: Sagittalschnitte durch die Augenblasenspalte und das in ihr (Fig. 79 über ihr) liegende Blutgefäss.

Fig. 78. Siehe S. 75.6.
— 80. Siehe S. 75.

Figg. 81—85: vom Schaaf; zur Entwickelung der Linse siehe S. 44 ff; zur Entwickelung der Linsenkapsel S. 58. 59; zur Entwickelung des Glaskörpers S. 39. 40.

Fig. 82 B. Siehe S. 63.
— 86. Siehe S. 91.
87. Siehe S. 77.
— 88. Menschlicher Embryo von ca. 4 Wochen. Die Zeichnung desselben verdanke ich Herrn Dr. C. Demo. Siehe über denselben S. 19.

Druck von J. B. Hirschfeld in Leipzig.

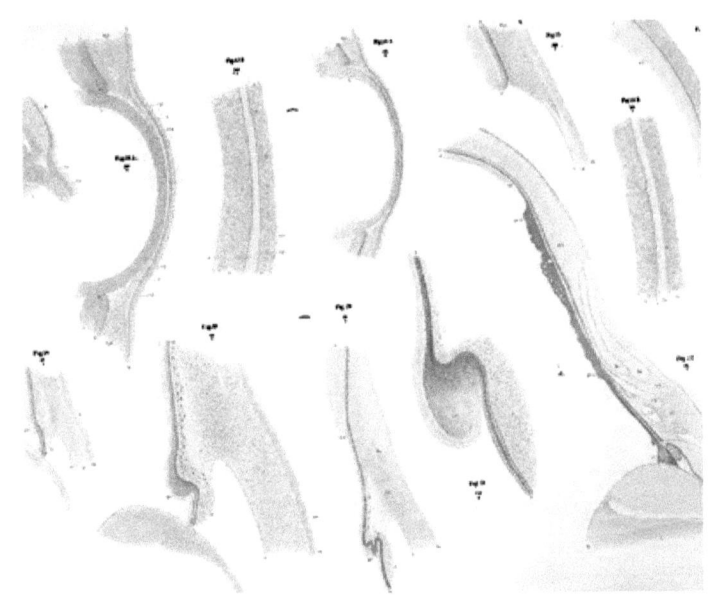

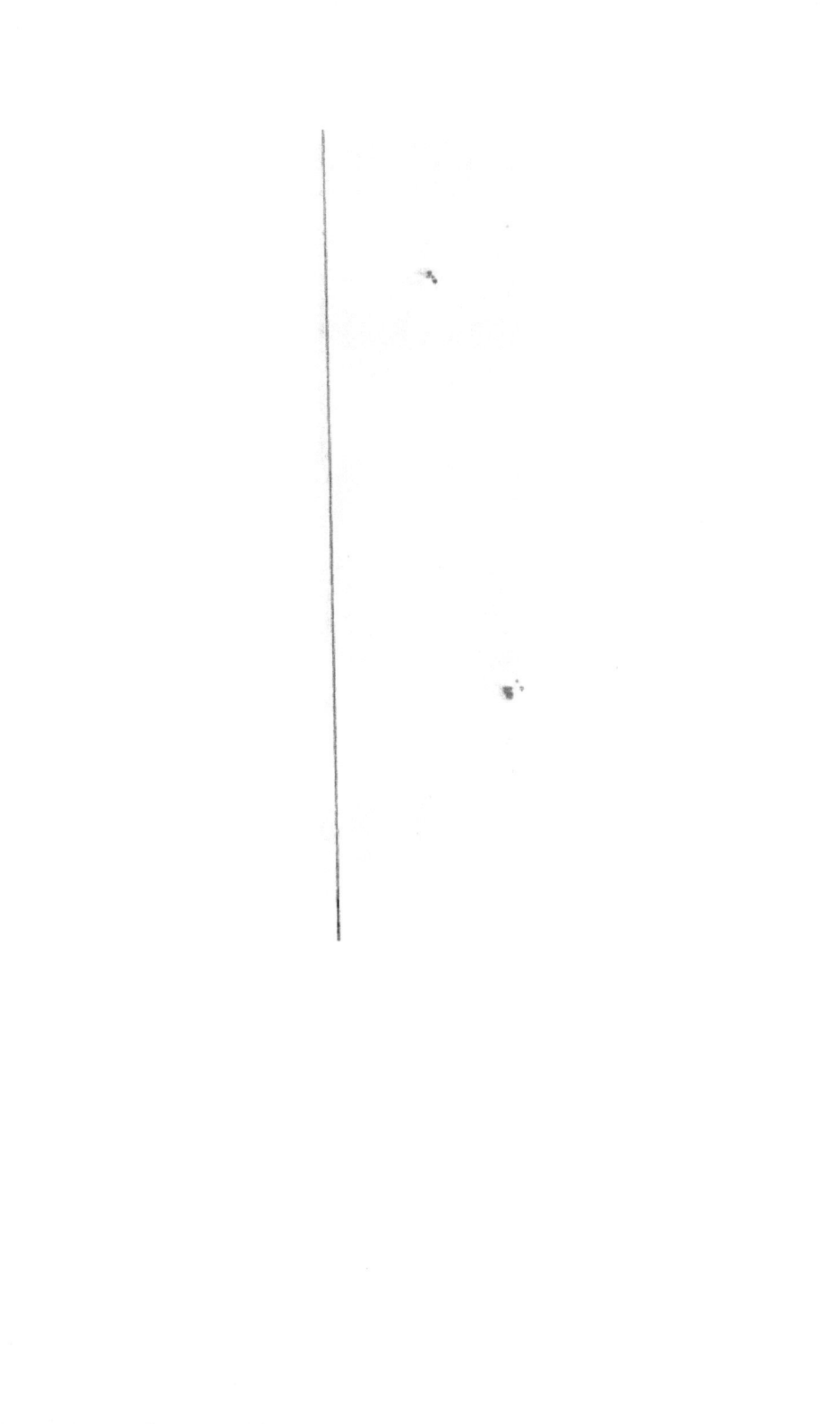

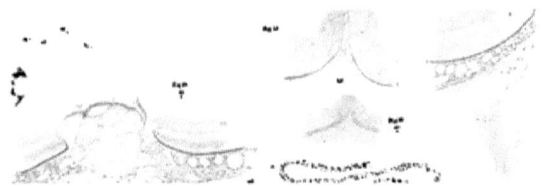

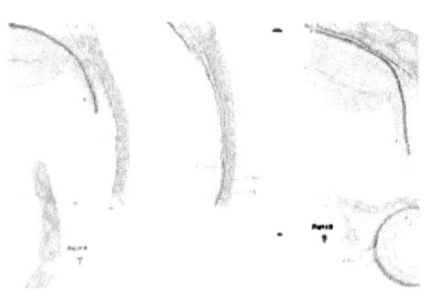

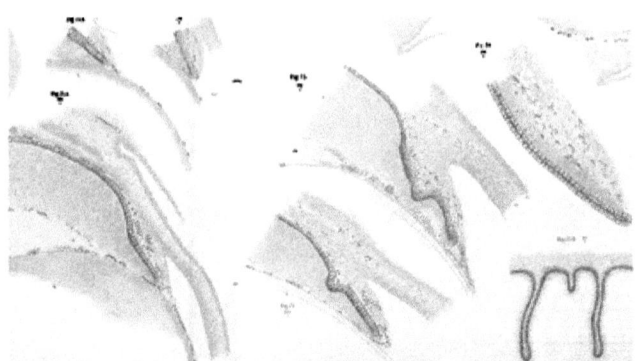